Ulrike Baumann, Rudolf Englert, Birgit Menzel,
Michael Meyer-Blanck, Agnes Steinmetz

Religionsdidaktik

Praxishandbuch für die
Sekundarstufe I und

Die Autoren/innen:

Ulrike Baumann ist leitende Dozentin des pädagogisch-theologischen Institus der evangelischen Kirche im Rheinland.

Rudolf Englert ist Professor für katholische Religionspädagogik an der Universität Essen

Birgit Menzel ist Lehrerin und Fachleiterin für katholische Religionslehre in Hessen.

Michael Meyer-Blanck ist Professor für evangelische Religionspädagogik an der Universität Bonn

Agnes Steinmetz ist Lehrerin und Fachleiterin für katholische Religionslehre in Nordrhein-Westfalen.

Ulrike Baumann, Rudolf Englert,
Birgit Menzel,
Michael Meyer-Blanck,
Agnes Steinmetz

Religionsdidaktik

Praxishandbuch für die Sekundarstufe I und II

Cornelsen
SCRIPTOR

Die in diesem Werk angegebenen Internetadressen haben wir überprüft (Redaktionsschluss 31.12.2004). Dennoch können wir nicht ausschließen, dass unter einer solchen Adresse inzwischen ein ganz anderer Inhalt angeboten wird.

Quellenverzeichnis:
S. 51: © Peer Kaeding, Hamburg; S. 80: © Schütze/Rodemann, Halle an der Saale; S. 120: Andrews McMeel Publishing, Kansas/USA; S. 219: nach Otmar Schwab, Köln (mit freundlicher Genehmigung des Greven Verlags, Köln)

Cornelsen online http://www.cornelsen.de

Bibliografische Information
Die Deutsche Bibliothek verzeichnet diese Publikation in der Deutschen Nationalbibliografie; detaillierte bibliografische Daten sind im Internet über http://dnb.ddb.de abrufbar.

Dieses Werk berücksichtigt die Regeln der reformierten Rechtschreibung und Zeichensetzung.

5.	4.	3.	2.	1.	Die letzten Ziffern bezeichnen
09	08	07	06	05	Zahl und Jahr der Auflage.

Redaktion: lüra – Klemt & Mues GbR, Wuppertal
Umschlagentwurf: Magdalene Krumbeck, Wuppertal
Satz: stallmeister publishing, Wuppertal
Druck und Bindearbeiten: Clausen & Bosse, Leck
Printed in Germany
ISBN 3-589-22119-4
Bestellnummer 221194

Gedruckt auf säurefreiem Papier, umweltschonend hergestellt aus chlorfrei gebleichten Faserstoffen.

Inhalt

Einführung

■ „Ist es nicht eine große Erleichterung, dass es verschiedene Arten von Klugheit gibt? Und dass die auch drankommen in der Schule?", fragt Christian, ein Oberstufenschüler. „Ich diskutiere gern über Gottesbilder, über die Frage nach Gerechtigkeit und über den Sinn meines Lebens, des Lebens überhaupt. Ich schlüpfe gern in andere Rollen, also stelle mir vor, wie andere Menschen gedacht haben und denken. Ich kann nur sagen: Auf meine 13 Punkte in Reli bin ich stolz." (WERMKE/STEINKÜHLER 2002, S. 9) ■

Offensichtlich ist dieser Schüler damit einverstanden, dass es den Religionsunterricht als ordentliches Lehrfach gibt. Aber es geht ihm nicht nur um eine gute Note, sondern er hat etwas von dem Zusammenhang zwischen Bildung, Schule und Religion verstanden. Wenn Bildung wirklich „allgemein" sein soll, müssen wissenschaftliche, philosophische, künstlerische und eben auch religiöse Deutungen des Lebens in der Schule repräsentiert sein.

Thema schulischen Religionsunterrichts ist Religion als Beziehung des Menschen zu sich selbst, zum Anderen, zur Welt und zu Gott als der alles bestimmenden Wirklichkeit. Er geht den Fragen nach, was die Welt im Innersten zusammenhält, was uns Menschen letztlich bindet und verpflichtet, und was uns Hoffnung gibt. Der evangelische wie der katholische Religionsunterricht thematisieren diese Fragen vor dem Horizont und in der Auseinandersetzung mit der jüdisch-christlichen Tradition: ihren heiligen Schriften, ihren theologischen Deutungsmustern, ihren ethischen Handlungsperspektiven, ihrer konkreten Entfaltung in der Geschichte von Kirche und Kultur. Ein solcher Religionsunterricht soll Schülerinnen und Schülern helfen, eigene Sinn- und Wertüberzeugungen zu entwickeln, mit den eigenen Lebensfragen kompetenter umgehen zu lernen und sich im Kontext religiöser und weltanschaulicher Pluralität eigenständig orientieren zu können. Dazu möchte die hier vorgelegte Religionsdidaktik beitragen.

Im **Teil I** des Buches geht es um eine Annäherung an den Religionsunterricht aus der Perspektive:

- der Schülerinnen und Schüler, die sich als Jugendliche auf der Suche nach eigenen Überzeugungen befinden und dabei Religionen begegnen;
- der Lehrerinnen und Lehrer, deren Überzeugungen und deren Glauben die Jugendlichen kennen lernen sollen und werden, ohne der Gefahr der Überwältigung ausgesetzt zu sein;

- der Fachwissenschaft, die nach dem Spezifikum des Religionsunterrichts im Kanon anderer Fächer fragt;
- der Schule, die sich einen Beitrag des Religionsunterrichts zur Gestaltung des Schullebens wünscht.

„Ich entdecke bei den Schülern, bei den meisten, eine ganz große Fragebereitschaft. Und ich finde, das ist schon eine Menge", bemerkt Frau Bechstein, Religionslehrerin in der Sekundarstufe I. „Wenn sie bereit sind zu fragen, dann weiß ich, sie haben zumindest ein gewisses Interesse. Und ich denke, dadurch kann ich manches auffangen, aufarbeiten. Ich bin sehr gesprächsbereit, das wissen sie, und sie dürfen auch Dinge äußern, von denen sie vielleicht denken, dass sie sich mit mir anlegen. [...] Thema Bibel. Ich habe jetzt gerade wieder in der neunten Klasse angefangen – Thema Schöpfung. Bibel lesen? – ‚Bah!' Es ist eine wahnsinnige Hemmschwelle, eine Abwehrhaltung. ‚Das ist nichts für mich.' ‚Wie kann man nur!' ... Ich versuche, diese Schwellen zu überwinden, um sie an einiges heranzuführen, um ihnen zu zeigen, wie aktuell diese alten Texte zum Teil sind. Also darin sehe ich zum Teil, wenn Sie so wollen, das Wichtigste." (Feige u. a. 2000, S. 71)

Diese Lehrerin hat ein waches und kritisches Bewusstsein für die didaktischen Fragen, die mit dem Religionsunterricht verbunden sind. In der Konstruktion dieses Faches ist gleichzeitig der Bezug auf die schulische Bildungsaufgabe und auf den Wahrheitsanspruch religiöser Überzeugungen angelegt. Mit beidem in der konkreten Unterrichtssituation umzugehen, macht das Herausfordernde und Spannende des Berufs der Religionslehrerin bzw. des Religionslehrers aus. Er, sie vermittelt Kompetenzen im Umgang mit religiösen und anderen Überzeugungen und kann dabei den Fragehorizont weit ausdehnen. So werden Identifikation mit bestimmten Überzeugungen und rationale Kritik als Aufklärung hinsichtlich eigener und fremder Überzeugungen möglich.

Teil II möchte die Religionslehrerinnen und Religionslehrer bei ihren Vermittlungsbemühungen unterstützen, indem einige wichtige Themen exemplarisch entfaltet werden:

Ausgangspunkt sind religionsunterrichtlich zentrale theologische und anthropologische Fragestellungen, zum Beispiel „Was ist Glück?", „Wie finde ich Anerkennung?", „Glauben alle an denselben Gott?" usw. Diese Fragestellungen werden nicht nur sachlich bearbeitet, sondern auch didaktisch erschlossen, wobei jede Fragestellung mittels eines anderen, in besonderer Weise geeigneten Zugangs erarbeitet wird: Das Thema Glück zum Beispiel durch Philosophieren und Theologisieren mit Jugendlichen, die Thematik der Anerkennung durch die didaktische Strategie der Elementarisierung, die Gottesfrage durch einen interreligiösen Zugang usw.

■ „Die Trennung des Religionsunterrichts nach Konfessionen finde ich gut, allerdings sollte man sich dann mehr mit der anderen Konfession auseinandersetzen." „Warum sollte man die Konfessionen so strikt trennen? In jedem anderen Fach ist man ja auch mit den anderen zusammen, und so erfährt man ja auch etwas über die Denkweise der anderen Konfession. Bei uns ist es vielleicht nicht mehr das ganz große Problem, aber es gibt genügend Beispiele, wo die Konfessionsverschiedenheit zu großen Problemen führen kann, man nehme nur Nordirland. Und gerade in unserer heutigen Zeit sollte man sich darauf besinnen, für andere offen zu sein." (Kliemann/Rupp 2000, S. 61, 118–119) ■

Dass Religionsunterricht „konfessionell" ist, heißt: Religiöse Fragen werden nicht abstrakt über ein Thema erschlossen, sondern vom christlichen Glauben in seinen kirchlichen Lehr- und Lebensformen her aufgegriffen. Dass Religionsunterricht in dieser Weise an den gelebten Glauben konkreter Kirchen angebunden ist, gleichzeitig aber die Schülerinnen und Schüler zur Freiheit eigenen Denkens und Glaubens ermutigen und befähigen möchte, macht seine Besonderheit aus. Dieses Verständnis von Konfessionalität lädt zu konfessioneller Kooperation und interreligiöser Offenheit ein.

Auch die hier vorgelegte Religionsdidaktik ist ein Projekt konfessioneller Kooperation: Sie wurde in gemeinsamer Verantwortung evangelischer und katholischer Religionspädagoginnen und Religionspädagogen erarbeitet. Die Autorinnen und Autoren sprechen nicht nur informierend und distanziert über Konfessionalität. Vielmehr kommt in den unterschiedlichen Beiträgen der individuelle Standpunkt in der jeweiligen Konfession erkennbar zum Tragen. Das Gleiche gilt für die verschiedenen Erfahrungshintergründe der Autorinnen und Autoren in Schule und Universität sowie der Aus- und Fortbildung von Religionslehrerinnen und Religionslehrern.

Die evangelische wie die katholische Kirche betonen die Möglichkeit und die Notwendigkeit der Kooperation bei den gemeinsamen schulischen Bildungsaufgaben. Diese Fachdidaktik für den Religionsunterricht versucht, dem gerecht zu werden

- durch die Berücksichtigung des Standpunkts der jeweils anderen Konfession bei den theologischen Fragen;
- durch die Frage nach den Lebensvollzügen beider Konfessionen und ihren Möglichkeiten, einen Beitrag zur Gestaltung des Schullebens zu leisten.

Die Autorinnen und Autoren, im Februar 2005

Teil I
Annäherung

Zugänge Jugendlicher zu Religion und Glauben

von Ulrike Baumann

Die Weltwahrnehmung von Kindern und Jugendlichen ist heute zunehmend durch Vielfalt und Differenz geprägt. Jugendliche gewinnen innerhalb unserer hochdifferenzierten Gesellschaft Zugang zu verschiedensten Lebensbereichen und Spielräume für eine autonome Lebensführung. Dadurch steigen die Optionen für die Gestaltung der eigenen Biografie, aber auch die damit verbundenen Anforderungen. Identitätssuche ist eine komplexe Aufgabe:

- Sie vollzieht sich in vielfältigen Realisierungsformen des Jugendalters, die sich in ihrer Stilisierung und Ästhetisierung deutlich unterscheiden.
- Gesellschaftliche Institutionen und Traditionen werden von den Jugendlichen kritisch daraufhin befragt, wie weit sie bei der Bewältigung eigener Lebensprobleme helfen.
- Diese Haltung ist jedoch durchaus mit grundlegenden Wertorientierungen und sozialem Engagement verbunden. Jungen und Mädchen nehmen weithin Freiheit und Eigenständigkeit für sich in Anspruch, und trotzdem genießen sozial-integrative Werte eine hohe Akzeptanz, vor allem Freundschaft und Partnerschaft. Für das, was in ihrem Leben Sinn ausmachen soll, müssen Jugendliche in hohem Maße selbst Verantwortung übernehmen (Dt. Shell 2002, S. 17, 143).

Von diesen allgemeinen Merkmalen des Jugendalters sind auch die religiösen Einstellungen betroffen. Wer das Verhältnis von Jugend und Religion heute verstehen will, sollte zu einer möglichst offenen Wahrnehmung bereit sein. Die religionspädagogische Praxis beginnt nicht erst mit dem Handeln in einem konkreten Praxisfeld, etwa dem Religionsunterricht. Sie beginnt schon mit der möglichst unvoreingenommenen Wahrnehmung des Verhältnisses Jugendlicher zur Religion und seiner weiter reichenden Deutung. Es gilt, auf ihre Äußerungen zu hören, auf ihre eigene Stimme. Darin finden sich explizit oder implizit Alltagstheorien über Religion, die ihr Bewusstsein prägen. Diese Äußerungen interpretierend, ist nach der je eigenen Logik in den Stimmen von Mädchen und Jungen zu fragen.

Soll jeder selbst entscheiden?

Die Kirchenmitgliedschaft erreicht bei Jugendlichen in den westlichen Bundesländern nach wie vor hohe Zahlen. Sie sagen jedoch kaum etwas über die Bedeutung der Religionszugehörigkeit für die Identitätsbildung aus. Vor allem in den östlichen Bundesländern gibt es demgegenüber eine große Gruppe Jugendlicher ohne Religionszugehörigkeit, die zum Teil der Selbstdefinition „Ich bin nicht religiös" zustimmen (vgl. Dt. Shell 2000, S. 173). Es könnte sein, dass sich die Distanz zur Religion bei vielen als entwicklungsbedingt erweist, weil sie Religiosität und Erwachsensein noch nicht zusammendenken können, als Teil eines psychosozialen Moratoriums.

Aber wir dürfen junge Menschen nicht für religiös erklären, wenn sie es nicht sein wollen. Gleichwohl haben Jugendliche ein Interesse an religiösen Fragen und stellen eine „höhere" Wirklichkeit in Rechnung (a. a. O., S. 158, 177). Bezeichnend für das Jugendalter ist die Suche nach dem eigenen Glauben (vgl. SCHWEITZER 1996, S. 7). Wir erkennen eine Individualisierung der Religiosität unter Jugendlichen, deren primärer Bezugspunkt die eigene Erfahrung ist. In einer explorativen Studie befragten Tübinger Religionspädagogen im Jahr 2001 Jugendliche zwischen 13 und 18 Jahren in Stuttgart und Leipzig zu ihren religiösen Einstellungen und Interessen. Hier wird die Tendenz zur Individualisierung sehr deutlich. Ein Jugendlicher antwortet:

■ „Ich denke halt, jeder muss da seinen eigenen Weg finden und seinen Glauben, in welche Richtung er da gehen will, wird dann die Sache von jedem Einzelnen sein." Ein anderer sagt: „Ich denk, jeder hat ein Stück weit auch so ein bisschen seinen ganz eigenen Glauben oder so." (SCHWEITZER/CONRAD 2002, S. 300) ■

Inhaltlich bleiben die Überzeugungen eher unbestimmt. Der Glaube soll einen individuellen Inhalt haben. Solche Veränderungen sind ebenfalls entwicklungsbedingt. Im Laufe der adoleszenten Entwicklung muss die Welt der Kindheit neu strukturiert werden und deshalb ist gerade bei den jüngeren Jugendlichen der Unabhängigkeitsanspruch hoch. Im Zuge der Veränderung der Beziehung zu den Eltern wird die Religiosität der Kindheit erschüttert. In der Regel erfolgt der Übergang zu einem synthetisch-konventionellen Glauben, das heißt, es wird das System der Bilder und Werte der jeweiligen Bezugsgruppe übernommen, der man sich zugehörig fühlt.

> *James W. Fowler* (geb. 1940), Professor für Theologie und Entwicklungspsychologie in Atlanta (USA), hat auf der Grundlage kognitiver Entwicklungstheorien **Stufen der Glaubensentwicklung** beschrieben. Für Jugendliche in der Sekundarstufe I und II sind vor allem die Stufen 3 und 4 relevant:
>
> **Stufe 3:** Auf dieser Stufe des synthetisch-konventionellen Glaubens ist die Autorität auch in religiöser Hinsicht noch außerhalb des Selbst angesiedelt. Die religiösen Vorstellungen sind auf die Erwartungen und Urteile bedeutender anderer abgestimmt. Man will so sein und so glauben wie die anderen. In unserer Gesellschaft kann auch ein religiöser Individualismus sozial geboten sein.
>
> **Übergang:** Mit der Entdeckung des Selbst erhebt die eigene Subjektivität Anspruch auf Wahrheit und Wirklichkeit, die kulturellen Vorgegebenheiten werden von einem subjektiven Standpunkt aus kritisch befragt. Eine Subjektivierung von Glaubensinhalten, gekennzeichnet durch ein auswählendes Verhalten und persönliche Modifikationen allgemeiner Lehren, ist für viele Jugendliche charakteristisch. Glaubensüberzeugungen sind danach etwas Subjektives, über das die Einzelnen selbst entscheiden sollen:
>
> **Stufe 4:** Auf dieser Stufe des individuierend-reflektierenden Glaubens wird die Autorität im eigenen Ich verortet. Jetzt entwickelt sich die Fähigkeit zur kritischen Reflexion über Weltanschauungen mit einem ausgeprägten Vertrauen in das kritische Denken überhaupt. (Fowler 1991, S. 167, 201)

■ „Ich glaube, dass Gott alle Taten vergilt, die guten sowie die bösen. Aber ich glaube auch, dass er mich kennt und meine Schwächen akzeptiert", schreibt Sarah, 14 Jahre (Pawlowski 2000, S. 40). ■

Der Glaube an eine höhere Gerechtigkeit, die später über ihr Leben Bilanz ziehen und es richten wird, und an eine höhere Bestimmung, die in allem wirkt, ist besonders bei den muslimischen Jugendlichen verbreitet (vgl. Dt. Shell 2000, S. 176). Durch die gestiegene Bedeutung des Islam sind religiöse Unterschiede im jugendlichen Alltag wirksamer geworden.

- Die jungen Muslime wachsen häufig noch in einem religiösen Milieu auf, das verschiedenste Lebensdimensionen betrifft. Von der überwiegenden Mehrheit wird der erste Ramadan begangen. Viele nehmen auch am deutschen Weihnachtsfest teil: eine Integrationsleistung.
- Aber wenig spricht dafür, dass im konkreten Alltag interreligiöse Lernprozesse stattfinden. Zwar ist für die Jugendlichen in der Bundesrepublik

Toleranz ein hoher Wert (Dt. Shell 2002, S. 24, 144), und sie beziehen diesen Wert in besonderem Maß auf den Umgang mit anderen Religionen. Aber diese Toleranz scheint Gemeinsamkeiten und Unterschiede zwischen den Religionen gar nicht ernsthaft in den Blick zu nehmen. Jeder hat eben das Recht zu glauben, was er bzw. sie möchte.

- Die muslimischen Jugendlichen in der Bundesrepublik bezeichnen ihre Religiosität mehrheitlich als wichtig in ihrem Leben. Andererseits zeigen sie durchaus Anpassungsbereitschaft im Rahmen der deutschen Lebensverhältnisse, obwohl sie sich ihrer Zukunft in Deutschland keineswegs sicher sind.
- Selbst bei den muslimischen Mädchen, die am strengsten zu einer häuslichen Lebensweise angehalten werden, scheint die religiöse Verankerung sich nicht signifikant auf die Wertorientierung auszuwirken. Zwar wollen sie später die eigenen Kinder religiös erziehen, aber ganz anders als sie es durch ihre Eltern erfahren haben (Dt. Shell 2000, S. 120, 159 ff).

Die Religiosität Jugendlicher muss als eigenständiger Faktor unabhängig von ihrer Wertorientierung betrachtet werden. (Dt. Shell 2002, S. 148)

Irgendwie Gott

Der Wandel des Selbstverständnisses in der Adoleszenz kann existenzielle Krisen mit sich bringen, die fundamentale Fragen berühren. Von daher wird die bleibende Bedeutung der Gottesfrage bei Jugendlichen verständlich. Wenn laut Shell-Jugendstudie 46 Prozent der Jugendlichen im Rahmen einer Erhebung den Gottesglauben als unwichtig bezeichnen (Dt. Shell 2002, S. 145), muss dies noch nicht bedeuten, dass sie sich von Gott verabschieden. Phasen des jugendlichen Atheismus können anzeigen, dass zunächst die Gottesvorstellungen der Kindheit aufgegeben werden. Nach wie vor wenden sich viele Jugendliche in Grenzsituationen, in denen die alltägliche Lebenswelt brüchig wird, an Gott.

> „Wenn man irgendwie alleine ist ... und über alles nachdenkt und irgendwie Sorgen hat und man kann also jetzt momentan nicht mit jemand reden, dann überlegt man das so und erzählt das irgendwie manchmal irgendwie Gott.“ (Schweitzer 1996, S. 40).

Im Übergang zum Jugendalter wird das Gottesverhältnis persönlicher. Gesucht wird die innige Nähe zu einem Du, das schützt und wesentliche Schritte der Selbstwerdung begleitet. Gelegentlich stellen Jugendliche die Frage

nach männlichen und weiblichen Gottesbildern: „Warum wird denn Gott immer als Mann dargestellt?" „Warum kann Gott keine Frau sein?" – so wie hier in einer 6. Klasse begegnet Lehrern die Frage heute in der Praxis des Religionsunterrichts.
Menschliches Reden von Gott macht eine Vielzahl von Bildern nötig und möglich. Anzustreben ist eine wandelbare Vielgestaltigkeit von Symbolen, die eben auch aus der weiblichen Erfahrung erwachsen können. Das anthropozentrische Gottesbild der christlichen Tradition verweist in seiner Symbolkraft eher auf den männlichen Identitätskonflikt der Lösung und auf Autonomiegewinnung. Im Gottesverständnis von Mädchen ist aber die Geborgenheit in der Beziehung zu Gott zentral. Umgekehrt kann eine gelungene Beziehung, in der Heranwachsende Anerkennung durch andere erfahren, positiv an die Gottesfrage heranführen und die Erfahrung ermöglichen, dass Gott in der Liebe gefunden werden kann. Dies zeigt die Äußerung einer 16-jährigen Schülerin:

■ „Heute ist Gott für mich vielmehr ein Gefühl. Gott ist für mich in der Liebe, die mir entgegengebracht wird. Das ist mir erst in letzter Zeit klar geworden. Ich habe gelernt, Liebe, wirkliche und starke Liebe zu empfinden ... In der Liebe ist für mich Gott." ■

Im Laufe der Adoleszenz erreicht die Entwicklung auch eine Stufe des religiösen Urteils, in deren Zentrum die Selbstbestimmung des Menschen steht, der nicht mit dem unmittelbaren Eingreifen des Göttlichen rechnet. Manche meinen, Gott als Projektion oder Fiktion zu durchschauen, die menschlichen Wünschen entstammt.

■ Der 14-jährige Jens schreibt: „Ich glaube, dass der Gott, wie er in der Bibel beschrieben wird, nicht existiert. Er ist ein Produkt der Fantasie. Früher, als fast alle an Gott glaubten, brauchten die Menschen etwas Großes, an das sie glauben konnten." (Rosien 1999, S. 27) ■

Manche scheinen unter Gott eher eine philosophisch aufzufassende Idee zu verstehen. Man nähert sich der Vorstellung von Gott auf einer abstrakten Ebene, glaubt vielleicht noch an ein abstraktes Gottesprinzip. Es scheinen unpersönliche Vorstellungen an Boden zu gewinnen wie die Annahme einer „Kraft oder Energie" und die pantheistische Gleichsetzung von Gott und Natur, Gott und Leben. Hier ist die Tendenz erkennbar, Gott im Jenseits aller menschlichen Vorstellungen anzusiedeln. Insgesamt scheint der Gottesglaube unter den Jugendlichen heute deutlich die Form des Fragens und Suchens anzunehmen. Benutzt werden sprachliche Formulierungen wie „Irgendwie-Gott" oder „Irgendwie-Glauben", die in einer diffusen Schwebe bleiben.

Gleichzeitig wird immer wieder die Neigung beobachtet, hinter verschiedenen Religionen selbstverständlich denselben Gott zu sehen.

Das Beten bleibt als private religiöse Praxis bei Jugendlichen bestehen. Doch Jugendliche, die nicht beten, sind deshalb nicht ohne religiöse Überzeugung (vgl. Dt. Shell 2000, S. 163). Im Zuge der Entwicklung wird auch neuer Sinn aufgebaut, der zumindest in einem erweiterten Verständnis als religiös bezeichnet werden kann.

Wenn Jugendliche heute versuchen, ohne Gott erwachsen zu werden, kann das viele Gründe haben. Die 12-jährige Bettina zum Beispiel bringt ihre Naturerfahrung noch unmittelbar mit Gott in Verbindung:

■ „Ich hab bestimmt mal ne halbe Stunde in der Wiese gesessen und hab in den Himmel gestiert. Auf einmal hab ich da irgendwie an Gott geglaubt." (Klein 2000, S. 134) ■

Die Frage nach dem Ursprung der Welt, die für viele Jugendliche zentral ist, stellt aber auch eine Einbruchstelle für Zweifel am Gottesglauben dar. Bei manchen Jugendlichen mag sich hinsichtlich unterschiedlicher Weltdeutungen und -erklärungen ein komplementäres Denken finden. Bei anderen dagegen treten Glaube und Naturwissenschaft, die Rede von Gott dem Schöpfer und die Evolutionstheorie in Konkurrenz zueinander.

Die bedeutsamste Einbruchstelle für Zweifel an Gott jedoch markiert die Theodizee-Problematik. Sie kann durch Beziehungsverlust und Leid aufgeworfen werden: „Wie kann Gott das zulassen?" „Tell me why", dieser Video-Clip der Gruppe ‚Genesis', beginnt mit bedrückenden und authentischen Elendsbildern von Krieg und Hunger. „Mach voran! Sie weinen!", heißt es am Schluss zum Bild einer weinenden Frau. Wenn Gottes Hilfe angesichts von Krankheit und unerklärlichem Leid ausbleibt, stellen sich bei Jugendlichen tiefe Enttäuschung und Zweifel ein.

■ „Wenn er nun lieb ist, alles gut meinte und den Anfang schon machte, wie sie immer sagen, und wenn er auch noch allmächtig ist – ja dann soll er das Leiden doch beenden! Wozu dient es ihm denn sonst?", überlegt Sigrun, 16 Jahre. „Doch wenn es einen Gott gibt, dann nur als stiller Beobachter. Gott ist alt geworden und gleichgültig. Er könnte eh nichts ändern, wenn es ihn gäbe.", so ein 15-jähriges Mädchen (Nipkow 1998, S. 281). ■

Die Vorstellung von einem Gott, der selbst leidet, ist vielen Jugendlichen offenbar fremd. Das Interesse der Jugendlichen an Gott versteht sich selten christologisch (s. Beitrag S. 74). Gerade in diesem Bereich scheinen die theologischen oder kirchlichen Lehrauffassungen von ihrem Denken weit entfernt zu sein. Eine enge Verbindung zwischen Jesus und Gott betonen kirchennahe Jugendliche. Kirchenferne sehen Jesus meist als Lehrer und als einen Menschen, der durch besondere Gaben beeindruckte. Dass Gott in der Person Jesu Christi um der Menschen willen konkrete Gestalt angenommen hat, kommt in ihren Äußerungen kaum vor.

■ Folgende Äußerung von Jens bildet eher die Ausnahme: „Der Gott von heute und an den ich glaube ist eine sterbliche Person, die nicht allmächtig ist, sondern auch selber einen Gott braucht." (Rosien 1999, S. 27) ■

Vielleicht hat Jens etwas davon verstanden, dass sich Gottes Macht paradox in der Schwachheit und Stärke seiner Liebe zeigt. Von manchen Jugendlichen dagegen wird das Kreuz als Schmuck zur Stilisierung und Selbstinszenierung gemäß ihren lebensweltlichen Bedürfnissen verwendet. Andere erkennen darin nur das isolierte Todeskreuz. Trotzdem sind in der populären Kultur beeindruckende Passions- und Auferstehungsgeschichten zu finden. Die Frage nach der Auferstehung der Toten und dem Leben nach dem Tod interessiert Jugendliche durchaus. Eine Reihe von ihnen glaubt daran. Jugendliche wollen die Sinnfrage der menschlichen Existenz positiv beantworten und halten sich dabei auch offen für Antworten aus der christlichen Tradition. Religiös bedeutsame Lebensfragen brechen bei ihnen nicht zuletzt dort auf, wo es um ein mögliches Ende des Lebens auf einer bewohnbaren Erde geht. Die Theologie wird von der jungen Generation also in christologischen und ethischen Fragen besonders herausgefordert.

Kirche – nein danke?

Jugendliche antworten auffallend häufig mit kritischen Hinweisen auf die Kirche, wenn sie nach Gott gefragt werden. Das geringe Verständnis für kirchliche Lehrauffassungen und die geringe Beteiligung an kirchlichen Aktivitäten weisen auf ein eher spannungsvolles Verhältnis zur Kirche hin. Kirchen als Gebäude faszinieren. Aber der Gottesdienstbesuch ist, vor allem unter den evangelischen Jugendlichen in größeren Städten, die Angelegenheit einer kleinen Minderheit geworden. Die Teilnahme an Gemeindeveranstaltungen liegt auf einem niedrigen Niveau (Dt. Shell 2000, S. 162 f.). Die Konfirmandenarbeit wird tendenziell positiv bewertet. Der soziale Kontext der kirchlichen Gemeinschaft ermöglicht neuartige Grunderfahrungen. Es begegnen sich hier Jugendliche aus verschiedenen Schulformen und Erwachsene mit unterschiedlichen gesellschaftlichen Positionen.

■ Klaudia, 14 Jahre, hat positive Erinnerungen „an unsere Konfirmandengruppe, an die Freizeiten, an die Gruppenarbeit“. Jannis fallen „Jugendarbeit und Weihnachtsspiele“ ein. „Kirche ist für ärmere Menschen da“, betont Stefan. „Ich finde das gut mit der Kirche, besonders auch, weil sie viele Arbeitsplätze hat“, so die Sichtweise von Jannis. ■

Aber das kirchliche Engagement setzt sich in späteren Lebensjahren nicht ungebrochen fort. Die Zugehörigkeit zu kirchlich-konfessionellen Jugendgruppen nimmt mit steigendem Alter deutlich ab. Trotzdem sind die privaten Glaubensüberzeugungen keineswegs vollständig von kirchlich vermittelten Praktiken und Einstellungen gelöst. Selbst Jugendliche, die der Kirche distanziert gegenüberstehen, gewinnen ihrer rituellen Dimension Bedeutung ab:

- Mehrheitlich nehmen sie an den kirchlichen Hochfesten Ostern und besonders Weihnachten teil.
- Auch die lebensbegleitenden Amtshandlungen der Kirchen besitzen für Jugendliche weiterhin Bedeutung und man sollte diese Formen der Frömmigkeit nicht vorschnell auf die Erwartungen von Eltern und Verwandten zurückführen.
- Jugendliche bestimmen ihre Beziehung zur Kirche nach Maßgabe persönlicher Bedürfnisse, die sich in ihren Lebenszusammenhängen einstellen.
- Skeptisch sind sie allerdings, ob die Kirchen gesellschaftlich etwas zu bewirken vermögen. Mit den globalen Problemen der Weltgesellschaft sind Jugendliche vertraut. Sie haben seit dem 11. September 2001 verstärkt Angst vor möglichen Terroranschlägen und machen sich Sorgen wegen der schlechten wirtschaftlichen Situation und der Umweltzerstörung. Aber dass die Kirchen zur Bewältigung solcher Probleme beitragen könnten, glauben sie kaum.

Das Vertrauen in die Kirchen als gesellschaftliche Kraft ist eher mäßig (Dt. Shell 2002, S. 23). Offensichtlich sind alle Bemühungen der Kirchen um weltweite Gerechtigkeit und um eine am Prinzip von Ökumene orientierte Globalisierung kaum ins Bewusstsein der Jugendlichen gedrungen.

Der im Jahr 2000 erschienenen Shell-Jugendstudie zufolge sahen sich 51 Prozent der 20- bis24-Jährigen aus kirchlich–konfessionellen Gruppen noch als Jugendliche; der subjektive Übergang in den Erwachsenenstatus war also verzögert (Dt. Shell 2000, S. 170). Hält die Kirche keine Angebote vor, die jungen Menschen Aufgaben von Erwachsenen zumuten? Die Kirchen sind aufgefordert, den Glauben so zu beschreiben, dass er Jugendlichen als attraktive Möglichkeit auf ihrem Weg zum Erwachsenwerden erscheint. Sie müssen die Entwicklung auch auf der Stufe eines individuierend-reflektierenden Glaubens stützen.

Dank ihrer erweiterten Reflexionsfähigkeit sind Jugendliche in der Lage, einen Plan für ihr künftiges Leben zu entwerfen. Ihre Auseinandersetzung mit der Kirche findet im Rahmen der bohrenden Fragen des Alltags statt. Die Kirchennahen schöpfen Kraft aus ihrem Glauben und verstehen diesen als Gegenentwurf zur bloßen Orientierung an materieller Sicherheit. Sie können in diesem Idealismus leicht ausgenutzt werden. Auch andere Jugendliche halten ihre Lebensziele und Werte hoch und richten ihr Handeln danach aus, sofern sie sich dadurch nicht biografisch behindern (a. a. O., S. 156). In dieses Bemühen um Selbstbestimmung ist die Kirche einbezogen.

Familie und Beruf in ihrem Leben gleichwertig zu erreichen, ist ein Wunsch der meisten Jugendlichen. In dieser Hinsicht könnten engagierte Frauen in der Kirche gerade die Mädchen unterstützen, wenn sie ihnen ihre Wahrnehmungen und ihre eigene Stimme nicht vorenthalten. Solange die Mädchen und Frauen sich nämlich nur als Opfer einseitiger kirchlicher Traditionen und Strukturen sehen können, bleiben sie in Klagen und Schuldzuweisungen stecken. Sie gewinnen noch kein Bild, mit dem sie ihre Realität transzendieren und ihre Freiheit symbolisieren können. Die positiven Erfahrungen, die in der feministischen Theologie zum Ausdruck kommen, stellen hier einen Gewinn für die Religionspädagogik dar: Sie ermöglichen es den Mädchen, sich theologisch zu glaubwürdigen weiblichen Autoritäten in Beziehung zu setzen. Auch bei den jungen Erwachsenen, die hinsichtlich ihrer religiösen Entscheidungen ein hohes Maß an Autonomie in Anspruch nehmen, findet sich ein Interesse an kirchlich-christlich getragenen Angeboten für eine individuell lebbare, religiöse Deutungs- und Verhaltenspraxis. Aber Sinnstiftung lässt sich nicht unterweisen, sondern nur anregen.

Meine Religion

■ „Meine Religion: Fußball. Sie ist international und deshalb die größte Weltreligion. Beim größten und heiligsten Ritual, genannt ‚Weltmeisterschaft', zieht es Menschen in allen Ländern vor ihren persönlichen Übermittler (Fernseher) ... Als heilige Stätten werden die so genannten ‚Fußballstadien', die es in fast jeder großen Stadt gibt, ernannt ... Als heilige Gegenstände bezeichnet man: Pokale, Fußbälle und so genannte Trikots der einzelnen Götter (Fußballer), welche die Anhänger sich zum Beispiel im Stadion anlegen. Der Sieg der eigenen Götter gegen andere wird oft als Erlösung anstrengender 90 Minuten empfunden ..." (GUTMANN 1998, S. 204 f.) ■

Diese etwas ironische Äußerung eines Bottroper Berufsschülers zeigt, dass junge Leute Religion nicht automatisch mit Kirche gleichsetzen. Doch persönliche Religiosität und transzendente Glaubensvorstellungen haben zumindest im Westen an Boden gewonnen. Ein undogmatischer Glaubensbegriff stellt sich ein, der sich nur schwer in Worte fassen lässt:

■ „Ja, also das mit meinem Glauben, das ist eigentlich so eine Sache, wenn, Mensch, das ist gar nicht so einfach, das zu erklären ..." Da ist die Rede davon, daß es „irgend so einen Gott gäbe", „höhere Mächte", „übersinnliche Kräfte", „kosmische Energien" oder von „kosmischer Religiosität" und dem „Leben an sich" (SCHWEITZER 1996, S. 204 f.). ■

Die differenzierten Tendenzen informeller religiöser Gruppierungen sind schwer einzuschätzen.

- Es finden sich dualistisch-abgrenzende Bewegungen mit Tendenzen der Pluralismusverweigerung, die auch bei jungen Menschen mit fundamentalistischer Orientierung erkennbar sind. Diese Richtung kritisiert an der Volkskirche, dass sie sich zu sehr dem säkularen Zeitgeist anpasse.
- Manche Jugendliche zeigen Affinitäten zum Okkulten, zum magischen Denken und Handeln, was zumindest ambivalent beurteilt werden muss. Möglicherweise äußert sich hier eine Sehnsucht nach Wiederverzauberung der Welt. Positiv könnte sich in der Okkultfaszination Jugendlicher eine neugierige Suche nach dem Geheimnis der Welt bemerkbar machen, die wesentlich zur Erkundung der Welt gehört. Aber häufig kommt es hier zu einem wörtlich-dinghaften Missverstehen religiöser Symbole.
- Breite Sympathien finden sich für monistisch-entgrenzende Tendenzen von Religiosität, bei denen das persönliche Glück zur entscheidenden Instanz für die religiöse Suche geworden ist. Diese Neigungen ergeben sich wohl aus gesteigerten Ansprüchen nach Selbst-Bezug im Rahmen eines verlängerten Jugendmoratoriums. Aber emotionale Evidenz ersetzt auch im religiösen Bereich nicht das kritische Nachfragen.

Die neue Religiosität kann Ausdruck des Leidens Jugendlicher unter Entfremdung und persönlicher Bedeutungslosigkeit sein angesichts zweckrationaler Strukturen, die ihnen im Alltag begegnen. Sie entfaltet sich nicht als Alternative zur Kirche, sondern eher als Ergänzung und Erweiterung der Glaubensmöglichkeiten. Allerdings kann durch eine Entfremdung von Kirche und Christentum Wichtiges verloren gehen: die Bindung an eine Institution, in der man sich individuell positionieren kann; eine mit anderen geteilte spirituelle Praxis; die intellektuell redliche Auseinandersetzung mit den biblischen Quellen (vgl. ZIEBERTZ u. a. 2003, S. 384, 407).

Das Interesse an Spiritualität und Transzendierung von Ich und Alltagswelt ist bei Jugendlichen keineswegs rückläufig. Wir beobachten keine unaufhaltsame Säkularisierung, sondern einen Umbruch im gesamten Leben, von dem auch die religiösen Einstellungen betroffen sind. Erkennbar ist eine unbestimmte Christlichkeit und schwebende Religiosität. Religion ist in unsere Alltagswelt zerstreut, bis dahin, dass religiöse Symbole in der Werbung dem Verkauf von Produkten dienen. Ein kritisches Symbolverständnis entwickelt sich aber erst in der mittleren und späten Jugendzeit.

Vielfach trägt das Musikerlebnis junger Menschen religiöse Züge. Nicht wenige Rockmusiker und Rockgruppen präsentieren in anspruchsvollen Texten eine religiöse Thematik. Etwa zehn Prozent der Musikvideos enthalten auch religiöse Bilder. Die Rockmusik weckt bei jugendlichen Hörern religiöse Gefühle. Aber die religiöse Dimension der Rock- und Popmusik ist alles andere als eindeutig. Ein anderer Berufsschüler aus Bottrop antwortete auf die Frage: Was ist für mich das „Heilige"?:

■ „Heilige Orte und Zeiten sind für mich: Kino im CentrO (= Neue Mitte Oberhausen, Verf.) um 19.30 Uhr, besonders im Kinosaal Nr. 5. Die Schauspieler Bruce Willis, Tom Hanks, das sind für mich heilige Menschen ..." (Gutmann 1998, S. 204). ■

In der populären Kultur, die einen bedeutenden Teil der Jugendkultur ausmacht, findet sich objektiv ein breites Spektrum religiöser Themen. Aber wir wissen noch zu wenig über die subjektive Rezeption religiöser Themen aus der populären Kultur, als dass hier schon von einer religiösen Sozialisation eigener Art gesprochen werden könnte. Wie ist das Verhältnis zwischen den jüdisch-christlichen Symbolen und der Religion in der populären Kultur zu bestimmen? Manche Idole der Popmusik sehen sich längst als Priester einer neuen Religion. Jugendliche können also auch Objekte gesellschaftlicher und zweifelhafter religiöser Einflüsse werden.

Im Jugendalter stehen in religiöser Hinsicht gravierende Wandlungsprozesse an, die Zeit brauchen. Deshalb wird eine theologische Anthropologie, die jugendtheoretische und empirische Erkenntnisse nur in einen vorgegebenen theologischen Rahmen einzeichnet, im Grunde aber schon die fertigen Lösungen kennt, dieser Lebensphase nicht gerecht. Hier gehören der eigene Glaube und das Recht auf eigene Sinnsuche unbestreitbar zusammen. Diese bedarf der Begleitung durch vertrauenswürdige Bezugspersonen, die einen gewissen Vorschuss an Teilnahmebereitschaft mitbringen. Sinnfragen sollen nicht verdrängt, sondern als Chancen zur Ausbildung geprüfter Überzeugungen genutzt werden.

Die Situation von Religionslehrern und -lehrerinnen

von Rudolf Englert

Der menschliche Faktor im Ensemble der schulischen Verhältnisse

Nichts ist für das Gelingen von Unterricht so wichtig wie die Person des Lehrers oder der Lehrerin. Für den Religionsunterricht gilt dies in ganz besonderer Weise. Deshalb muss in diesem Buch natürlich auch von den Religionslehrern und -lehrerinnen die Rede sein: von ihren Aufgaben und ihren Kompetenzen, aber auch von den ihre Arbeit erschwerenden Belastungen. Die Frage ist: Was haben wir zu diesen Punkten an einigermaßen verlässlichem Wissen?

Nach Jahren einer weit gehenden Lehrervergessenheit kam es in den 1980er-Jahren in der Religionspädagogik zu einer Wiederentdeckung der Lehrerpersönlichkeit. Neben Überlegungen grundsätzlich-orientierenden Charakters (z. B. zum Religionslehrer als Glaubenszeugen: vgl. Exeler 1981) wurden nun vermehrt auch Untersuchungen empirischer und historischer Art angestellt (vgl. Biehl 1987; Ziebertz 1995). Auf diese Weise konnte eine vertiefte Kenntnis der beruflichen Realität und der ihr eigenen Spannungen und Widersprüche gewonnen werden. In der allgemeinen Lehrerforschung verlief die Entwicklung ähnlich. Auch hier wandte man sich von der Frage nach den allgemeinen Persönlichkeitsmerkmalen des guten Lehrers mehr und mehr ab und untersuchte stärker die konkreten Tätigkeiten von Lehrkräften. Die Frage war jetzt: Wie arbeiten Lehrerinnen und Lehrer, deren Unterricht effizient ist? Wie arbeiten jene, deren Unterricht eine hohe didaktische Qualität bescheinigt wird?

■ Unter dem Einfluss des „Persönlichkeitsparadigmas" brachte die Lehrer-Forschung eine Reihe von Typologien hervor, die auch heute noch helfen können, sich über sein eigenes Selbst- und Berufsverständnis klarer zu werden: angefangen von der Gegenüberstellung eher sachorientierter bzw. „logotroper" und eher schülerorientierter bzw. „paidotroper" Lehrerpersönlichkeiten (vgl. Caselmann 1964) über psychologisch begründete Unterscheidungen zum Beispiel von „Sensitivisten" und „Dogmatikern" (vgl. COMBE 1983) bis hin zu stärker berufsbiografisch ausgerichteten „Lehreridentitätstypen" (z. B. „Stabilisierungstyp", „Krisentyp", „Resignationstyp": vgl. HIRSCH 1990). ■

Das Wissen um ihre Bedeutung und ihre Verantwortung kann gerade junge Lehrer und Lehrerinnen auch schrecken. Deshalb ist es nützlich, ja, sogar notwendig, sich zu vergegenwärtigen, dass man als Lehrer doch auch wiederum nur *ein* Faktor innerhalb eines ganzen Geflechts pädagogisch wirksamer Einflussgrößen ist. Dabei wird man vielleicht zunächst an „geheime Erzieher" wie die Massenmedien denken oder an Eltern, die der geistigen Neugier ihrer Kinder kaum irgendwelche Nahrung und ihren Suchbewegungen kaum irgendeine Orientierung geben können. Doch auch im Kontext Schule selbst und in ihrer zentralen Veranstaltung, dem Unterricht, stellt der Lehrer ja keineswegs die einzige Wirkungsgröße dar. Einfluss auf das unterrichtliche Geschehen und sein Gelingen haben neben ihm zum Beispiel auch:

- die Qualität der schulischen Kultur,
- die äußeren Voraussetzungen des Unterrichts (Klassengröße, Platzierung des Unterrichts in der Stundentafel, räumliche Bedingungen, Ausstattung mit Lehr- und Lernmitteln usw.),
- das Ansehen des jeweiligen Faches in der Schülerschaft,
- der Lehrplan oder
- die einschlägigen fachdidaktischen Konzepte.

Das heißt, Lehrer können ihre Wirkung nicht anders als im Kontext der ihnen jeweils vorgegebenen Voraussetzungen entfalten. Diese sind für den Einzelnen nur eingeschränkt veränderbar. Sich auf die damit gegebenen Grenzen der eigenen Wirkungsmöglichkeiten einzustellen, kann unter ungünstigen Umständen eine der schwierigsten Anforderungen an den Lehrerberuf darstellen.

Ausbildung und Beruf zwischen Theorie und Praxis

Welche Entwicklungen vollziehen sich in den 30 bis 40 Berufsjahren, die (Religions-)Lehrer durchlaufen? Ist dies gänzlich individuell oder gibt es so etwas wie eine Phasenstruktur im Berufsleben von (Religions-)Lehrerinnen und -lehrern, „berufsbiografische Epochen" sozusagen? Lassen sich erwartbare Krisen erkennen, auf die man sich vielleicht sogar einrichten kann?

Schon die *Berufswahl* kann unter sehr unterschiedlichen Vorzeichen getroffen werden. Es gibt Lehrer, die „immer schon" Lehrer werden wollten, und andere, die aus einer gewissen Ratlosigkeit heraus Lehrer wurden oder weil sich ihnen keine Alternative zu bieten schien. Dass jemand seinen Traumberuf ergreifen konnte, heißt aber nicht schon, dass ihm für die berufsbiografische Entwicklung günstigere Prognosen gestellt werden könnten. Retrospektive Studien haben sogar gezeigt, dass hochgeschraubte Erwartungen an den Lehrberuf (z. B. als Medium zur Humanisierung der Menschheit, zur Reform der Gesellschaft usw.) nicht selten zu schweren Frustrationen und langfristig auch zu Formen der Resignation und Verbitterung führen. Die Ausprägung einer realistischen Berufserwartung ist von daher eine wichtige Ausbildungsaufgabe!

Der *ersten Ausbildungsphase* (an der Hochschule) wird von berufserfahrenen Lehrerinnen und Lehrern im Rückblick häufig eine nur geringe Praxis-Relevanz zugesprochen. Schon Lehramtsstudierende kritisieren „die oft fehlende Möglichkeit, Erlerntes in der Praxis umzusetzen", bzw. praktisches Handeln widerum theoretisch zu reflektieren" (Nolle 2003, S. 27). Dies heißt aber nicht, dass dieser Entwicklungsabschnitt berufsbiografisch bedeutungslos wäre. So erzählen nicht wenige Religionslehrer im Rückblick auf ihr Studium von markanten Hochschullehrern, die als nachhaltig wirksame Modelle für das Ethos wissenschaftlicher Arbeit und die Leidenschaft theologischer Reflexion erinnert werden. Allerdings gibt es auch Studierende, die sich von der Theologie kaum wirklich berühren lassen und ihren Kindheitsglauben fast unbeschädigt durch das Studium retten. Wo eine solche Selbst-Konfrontation vermieden wird, wird es für die Betreffenden später als Lehrkräfte nicht leicht sein, aus der Arbeit an den Fragen ihrer Schülerinnen und Schüler berufliche Befriedigung zu ziehen.

Wissenschaftliche Theorie und schulische Praxis

Schon 1967 schrieb der Schulpädagoge Jakob Muth: „Nicht selten enden pädagogische Tagungen mit stereotypen Wendungen wie diesen: ‚Rezepte für Ihre Praxis durften Sie hier nicht erwarten. Es konnte nur darum gehen, Grundlagen zu klären.'" (Muth 1968, Vorwort). Solche Äußerungen, so Muth, „spiegeln und verdecken das in der wissenschaftlichen Pädagogik verbreitete Unvermögen, den Lehrer auf sein praktisches Tun zu stützen und zu klären". Die Kritik an der Praxisferne der Lehrerbildung ist seither nicht geringer geworden.

Die Verwissenschaftlichung der Lehrerbildung führte nicht zu wachsender Verhaltenssicherheit der Lehrerinnen und Lehrer, sondern, jedenfalls zunächst, eher zu wachsendem Defizitbewusstsein: „Die Wissenschaft stellt den Alltag infrage; sie kritisiert die Routinen und Rituale, die täglichen Entlastungen und die Fassaden des Alltags. Sie nimmt den Lehrern und Erziehern die Naivität ihrer einfachen ‚Erfahrungen'. ... überall mischt sie sich in den Alltag des Lehrers oder Erziehers ein mit aufgeklärtem Besserwissen. Aber kümmert sie sich hinreichend darum, wie aus diesem Übermaß von Kritik und Desillusionierung auch wieder Alltag aufgebaut, zum Beispiel tägliches Schulehalten wieder ermöglicht werden kann?" (FLITNER 1978, S. 189).

Es hat sich komplementär zu den oft als wenig hilfreich empfundenen Konzepten der Erziehungswissenschaft ein Markt pädagogisch-didaktischer Sofort-Hilfen ausgebildet („Hilfe, ich gebe Religionsunterricht!"), auf dem man die Erwartungen handfester Orientierungen geschäftstüchtig bedient. In der Folge dessen fragen Erziehungswissenschaftler ihrerseits mit unüberhörbar klagendem Unterton: „Hat die Theorie der Praxis nichts mehr zu sagen?" (HEITGER 1994).

Als eine äußerst strapaziöse Phase wird allgemein *das Referendariat* empfunden. Nach einem vielfach als praxisfern empfundenen Lehramts-Studium sind die Erwartungen hoch – und werden nicht selten herb enttäuscht. Wer Glück hat, begegnet in Schule und Studienseminar professionell prägenden Modellen und menschlich verständnisvollen Begleitern und ist sich nach zwei Jahren sicher, den richtigen Beruf gewählt zu haben. Wer nicht so viel Glück hat, wird mit pädagogisch garnierten Abhängigkeitsstrukturen und normativen Erwartungen konfrontiert, die ihm kaum Freiheit lassen, erste Schritte in Richtung eines individuellen Stils pädagogisch-unterrichtlicher Arbeit zu gehen (vgl. LEHMANN 1999).

Die *Berufseinstiegsphase* mit der Übernahme eines (meist) vollen Deputats ist ein berufsbiografisch wichtiger Entwicklungsabschnitt. Jetzt müssen berufliche Rollenmuster und praktische Routinen ausgebildet werden, mit denen sich ein anstrengender Berufsalltag bestehen lässt. Aber auch wer sich damit schwer tut und einen schwierigen Start hat, kann über eine Phase des Experimentierens noch zu hoher beruflicher Zufriedenheit gelangen. Und umgekehrt: Aus manchen begeisterten Berufsanfängern sind später ausgebrannte Dienst-nach-Vorschrift-Lehrer geworden. Außerschulische Supervision wäre in dieser Phase wichtig, gerade wenn man das Lernen-im-Beruf als dritte Phase der Lehrer-Ausbildung betrachtet.

Nach vier bis sechs Jahren im Beruf kommt es in der Regel zu einer *Stabilisierungsphase*. Es gibt jetzt kaum mehr etwas, das man nicht schon (mindestens) einmal gemacht hätte, man weiß im Allgemeinen, wie die Dinge laufen, hat berufliche Sicherheit gewonnen, wird teilweise selbst schon zum Mentor jüngerer Kollegen. In dieser Phase lassen sich gewisse geschlechtsspezifische Muster feststellen: Während sich viele männliche Lehrer nun über die unterrichtliche Arbeit hinaus schulorganisatorisch, verbandlich oder sonstwie engagieren und teilweise Funktionsstellen anstreben, stecken Frauen ihre beruflichen Ambitionen häufig zugunsten eines familiären Engagements etwas zurück. Interessanterweise scheint diese Relativierung der Tätigkeit in der Schule der beruflichen Zufriedenheit langfristig eher zugute zu kommen, die bei Frauen vielfach höher ist als bei Männern.

Erst seit kürzerer Zeit beschäftigt sich die biografisch orientierte Lehrerforschung mit dem gesamten Lehrerleben, also *bis zum Eintritt in den Ruhestand* (vgl. HIRSCH 1990; HUBERMAN 1991; TERHART 1994). Gerade die damit neu in den Blick gekommenen Abschnitte der mittleren und späteren Berufsbiografie jenseits der Vierzig weisen offenbar die größten Differenzen auf. Da gibt es Lehrer-Lebensläufe, die in weitgehend stabilen Bahnen verlaufen sind, und andere, in denen einschneidende berufliche Krisen zu bestehen waren, solche, in denen Transformationen des beruflichen Selbstverständnisses zu einer neuen, befriedigenden Tätigkeitsauffassung geführt haben, und andere, die in Ernüchterung und Resignation mündeten.

Erwartungen an Religionslehrer und -lehrerinnen

Wer genau ist und was genau tut ein Lehrer, eine Lehrerin? Die Antworten auf diese Frage haben sich im Laufe der Zeit erheblich gewandelt. In den letzten anderthalb Jahrhunderten kann man im Wesentlichen drei größere Akzentverschiebungen feststellen (vgl. OELKERS 1986):

- Eine **erste Entwicklungsphase** ist bestimmt durch die sich im 19. Jahrhundert allmählich ausprägende Standesmoral des Volksschullehrers. Der rechte Lehrer hat demnach einer Reihe hoher moralischer Ansprüche zu genügen: Er soll tatkräftig, gerecht, ordnungsliebend, gesammelt, lebendig, freundlich, langmütig, diszipliniert und pflichtbewusst sein. Der Lehrer soll sozusagen die Verkörperung der zu seiner Zeit geschätzten Tugenden sein. Faktisch hieß das, dass sich der deutsche Lehrer überwiegend an preußisch-protestantischen Lebensidealen orientierte.
- Eine **zweite Phase** ist gekennzeichnet durch die Vorstellungen der Reformpädagogik. Die Reformpädagogik sieht den Lehrer in der Hauptsache nicht mehr als Tugendvorbild, sondern als Künstler. Erziehung wird als eine mit der Kunst vergleichbare intuitive Einfühlung in die Persönlichkeit des Kindes gesehen. Es liegt auf der Hand, dass man eine solche künstlerische Tätigkeit nicht durch Anforderungskataloge regeln kann. Wichtig ist allein, dass es zu einer echten pädagogischen Begegnung kommt.

- In einer **dritten Phase** (in der wir uns noch befinden) wird vor allem die Professionalität des Lehrers betont. Dies geschieht mit unterschiedlicher Betonung; einflussreich sind zunächst vor allem zwei Vorstellungen: vom Lehrer als kompetentem Fachmann in einer wissenschaftsorientierten Schule und vom Lehrer als findigem Didaktiker, der es schafft, seine Schüler auch für den unerquicklichsten Stoff noch irgendwie zu motivieren. In jüngerer Zeit tritt auch die erzieherische Seite des Lehrerberufes deutlicher in den Blick und es kommt zu stärker pädagogisch akzentuierten Vorstellungen von Professionalität.

Auch die Erwartungen speziell an die Religionslehrerschaft haben sich im Laufe der Zeit gewandelt (vgl. MEYER 1984). Sie sind in hohem Maße abhängig von den fachdidaktischen Konzepten, die dem Religionsunterricht jeweils zugrunde liegen (vgl. ADAM 1984). Am Beispiel der drei zwischen 1945 und 1975 einflussreichsten Konzepte sei dies etwas näher konkretisiert:

Kerygmatischer Religionsunterricht Evangel. Unterweisung	**Hermeneutischer Religionsunterricht**	**Problemorientierter Religionsunterricht**
	Blütezeit	
1950er-Jahre	1960er-Jahre	1970er-Jahre
	Zielvorstellung	
Einübung in den Glauben und das kirchliche Leben gegenwärtiger Erfahrungen	Verstehen biblischer Texte im Lebenszusammenhang	Erkennen der Relevanz des Glaubens für die Bewältigung persönlicher und gesellschaftlicher Probleme
	Rolle des/r Religionslehrers/-in	
Der RL als Kirchenmann und Verkündiger des Glaubens	Der RL als Schulmann und theologischer Experte	Der RL als Zeitgenosse und Anwalt der Schüler

Es fällt nicht leicht, dieses Schema für die neueste Entwicklung fortzuschreiben. In Abhängigkeit von den Bedingungen, unter denen Religionsunterricht jeweils erteilt wird (Schulart, Jahrgangsstufe, religiöse Voraussetzungen der Schülerschaft usw.), haben sich in der Praxis nämlich unterschiedliche konzeptionelle Muster ausgebildet – auch wenn sich diese unter weiten Dächern wie „Korrelationsdidaktik“, „Symboldidaktik“ oder „Elementarisierungsansatz“ halbwegs zusammenfassen lassen. Es gibt von daher kein eng gefasstes fachdidaktisches Anforderungsprofil für heutige

Religionslehrer. Auf eine Reihe von Grundintentionen wird allerdings durchgängig großer Wert gelegt: vor allem auf das Bemühen, die Erfahrungen der Schülerinnen und Schüler gründlich aufzunehmen und sie mit den Perspektiven der jüdisch-christlichen Glaubenstradition in einen produktiven Dialog zu bringen. Von daher müssen Religionslehrerinnen nicht allein über theologische und lebensweltliche Sachkenntnis verfügen; sie sollten sich vor allem zu Expertinnen für eine Art „Theologie der Lebenswelt" entwickeln; sie sollten einen Sinn dafür ausbilden, wo und wie theologische Perspektiven und lebensweltliche Problemlagen einander etwas zu sagen haben könnten.

Allerdings hat nicht nur die Fachdidaktik bestimmte Vorstellungen von der Aufgabe eines Religionslehrers. Religionslehrende sehen sich vielmehr einem ganzen Spektrum von – noch dazu teilweise ziemlich unterschiedlichen – Erwartungen ausgesetzt; dies auch deshalb, weil neben den jeden Lehrer betreffenden Bezugsgrößen – den Schüler/innen, der staatlichen Schulaufsicht, der Gesellschaft (insbesondere den Eltern), den Kollegen – in diesem Fall noch die Kirche bzw. die kirchliche Schulaufsicht hinzukommt. Es dürfte unmöglich sein, all diesen Erwartungen gleichzeitig in vollem Umfange zu entsprechen. Nicht von ungefähr hat man die Situation des Religionslehrers häufig unter dem Stichwort des „Rollenkonflikts" thematisiert (vgl. Raske 1978; Schach 1980; Schneider 1983).

Das heißt, die Aufgabe des Religionslehrers ist geprägt durch einen hohen Spannungsreichtum: Er soll „Anwalt der Schüler" sein, ist gleichzeitig aber auch Funktionär des staatlichen Systems „Schule"; er soll „die Fragen der Schüler ernst nehmen" und in eine durch „Verlangsamung" gekennzeichnete Lernkultur einüben, gleichzeitig aber auch einen höchst umfangreichen Lehrplan abarbeiten; er soll „authentisch" sein und nichts sagen, zu dem er nicht selbst stehen kann, gleichzeitig aber auch seinen Unterricht in Übereinstimmung mit den Bekenntnistexten bzw. der Lehrüberlieferung seiner Kirche gestalten; er soll Schüler ermutigen, sich persönlich mitzuteilen und „ins Unreine zu reden", gleichzeitig aber ist er auch gehalten, an Schüleräußerungen objektivierbare Standards der Leistungsmessung anzulegen …

Wie soll der Religionslehrer derartig unterschiedlichen Erwartungen gerecht werden können? Und wie soll er dabei „er selbst" bleiben und seinen eigenen Weg zu beruflicher Identität finden? Eine hilfreiche Perspektive lässt der Beschluss zum Religionsunterricht erkennen, den die Gemeinsame Synode der Bistümer Deutschlands 1974 verabschiedet hat. Die dem Religionslehrer hier zugedachte Stellung wird maßgeblich durch den Gedanken der kritischen Solidarität bestimmt:

- **einer kritischen Solidarität mit den Schülern:**
  „Ein Religionslehrer soll bereit sein zu kritischer Solidarität mit seinen Schülern, indem er ihre Fragen als Ausdruck gegenwärtiger Welterfahrung ernst nimmt." (Pkt. 2.8.6)
- **einer kritischen Solidarität mit der Kirche:**
  „Die Bindung des Religionslehrers an die Kirche erfordert gleichzeitig ein waches Bewusstsein für die Fehler und Schwächen ... Liebe zur Kirche und kritische Distanz müssen einander nicht ausschließen." (Pkt. 2.8.5)
- **eines kritischen Bezugs auf die Wissenschaft:**
  Selbstverständlich muss der Religionsunterricht, „wie jedes Schulfach, einen überprüfbaren Wissenszuwachs erbringen"; doch er dient primär nicht „einer systematischen Stoffvermittlung", sondern muss sich auf die Situationen der Schüler beziehen, sich ihren Fragen stellen und ihren Problemen nachgehen (vgl. Pkt. 3.7).
- **eines kritischen Bezugs auf die Gesellschaft:**
  Der Religionsunterricht darf sich nicht auf „die Pflege weltloser Religiosität abdrängen lassen", sondern soll dazu beitragen, dass „gesellschaftskritische und humanisierende Impulse des Evangeliums wirksam werden können" (Pkt. 2.6.2).

Dieser Gedanke der kritischen Solidarität macht es möglich, eine selbst verantwortete Balance zwischen verschiedenen Anforderungen herzustellen (vgl. dazu auch die umfangreiche Studie FEIGE 2000).

Kompetenzen guter Religionslehrer und -lehrerinnen

Eine der interessantesten und wichtigsten Fragen gerade für Lehrer/innen, die noch am Anfang ihres berufsbiografischen Weges stehen, ist sicherlich: Was muss ich wissen und können, um ein guter Lehrer, eine gute Lehrerin zu sein? Über welche Kompetenzen muss ich verfügen, wenn mein Religionsunterricht gelingen soll? Allerdings zeigt sich, dass diese wichtige Frage auch besonders schwer zu beantworten ist. Denn die Entwicklung (religions-)pädagogischer Handlungskompetenz lässt sich nicht monokausal erklären. „Erst durch das Zusammenspiel verschiedener persönlicher Dispositionen und verschiedener (berufs-)biografischer Erfahrungen entstehen die spezifischen Kompetenzbündel" (HERRMAN/HERTRAMPH 1999, S. 50).

In der älteren Lehrerforschung suchte man hauptsächlich nach den Persönlichkeitsmerkmalen, die jemanden als Lehrer qualifizieren *(Persönlichkeitskompetenz)*. Dabei zeigte sich, dass sehr unterschiedliche Persönlichkeiten als Lehrerinnen und Lehrer Erfolg haben können (und dass „Erfolg" natürlich auch eine Frage der Sichtweise ist). Dennoch gibt es eine Reihe von

Eigenschaften, die immer wieder angesprochen wurden und die man auch einem heutigen Lehrer wünschen möchte: Kontaktfreude und eine positive Ausstrahlung, geistige Wachheit und Einfühlungsvermögen, psychische Belastbarkeit und Selbstkontrolle, Geduld und Humor. Alle diese Eigenschaften gelten als relativ dauerhafte Persönlichkeitsmerkmale, müssen trotzdem aber nicht einfach als naturgegeben betrachtet werden. Das heißt, auch für seine geistige Wachheit oder seine psychische Belastbarkeit kann man etwas tun.

Selbst-Test: Interessenten für ein Lehramtsstudium erhalten ein Faltblatt mit einer Reihe von Skalen zur Selbsteinschätzung samt Auswertungshilfe. Damit können sie ihre persönlichen Werte bei den drei Dimensionen „Kontaktbereitschaft", „emotionale Stabilität/Belastbarkeit" und „Selbstkontrolle" mit denen einer untersuchten „Normstichprobe" vergleichen. Liegen die Selbsteinschätzungen im unteren Verteilungsquartil („niedrig"), so wird dies als Risikofaktor gewertet (vgl. RHEINBERG/BROMME 2001, S. 50).

Was sollte ein guter (Religions-)Lehrer noch mitbringen? Zunächst sicherlich eine gewisse Leidenschaft für seine Sache, ein spürbar eigenes Interesse an den Fragestellungen seines Faches. Dann natürlich fachliches Wissen; etwas altmodisch könnte man sagen: Er muss den „Stoff" wirklich gut beherrschen. Das heißt in „Religion" besonders: Er sollte imstande sein, religiöse Überlieferungen und theologische Fragestellungen auf die Lebenswirklichkeit seiner Schülerinnen und Schüler zu beziehen *(Fachkompetenz)*. Die Lehrerin sollte darüber hinaus in der Lage sein, für ein gutes Sozialklima in ihren Lerngruppen zu sorgen. Sie sollte das Geschick haben, eine Klasse mit einer gewissen Bestimmtheit zu führen, ohne autoritär aufzutrumpfen. Sie sollte für eine angenehme und akzeptierende Grundstimmung sorgen, ohne sich bei den Schülern anzubiedern *(Sozialkompetenz)*. Schließlich sollte sie über ein breites Spektrum an methodischen Zugängen und Arbeitsformen verfügen, die sie situativ flexibel einzusetzen weiß. Sie sollte Lernprozesse so anlegen können, dass Schüler weder unterfordert und gelangweilt („ewig das gleiche Gelaber") noch überfordert und abgestoßen werden *(Methodenkompetenz)*.

Die Geheimnisse guter Lehrerinnen und Lehrer sind damit allerdings noch keineswegs gelüftet. Befragungen von als erfolgreich geltende Lehrkräften ergaben, dass diese zum großen Teil selbst nicht sagen konnten, warum ihnen gelingt, womit andere sich schwer tun. Offensichtlich wachsen hier Intuition und Erfahrung, Know-how und Routine zu so etwas wie einer professionellen Performance zusammen, deren Rezeptur sich an andere nicht einfach umstandslos weitergeben lässt. Das heißt, die offensichtlich wichtigste Quelle professioneller Kompetenz ist die berufliche Praxis selbst.

Einige Komponenten einer solchen professionellen Performance, die in der einschlägigen Lehrer-Forschung immer wieder herausgestellt werden, lassen sich immerhin nennen:

- **Ausbildung praktischen Urteilsvermögens.** Schon Johann Friedrich Herbart hat sehr deutlich gesehen, dass pädagogische Handlungsfähigkeit nicht so sehr von theoretischem Wissen, aber auch nicht primär von handwerklichem Know-how abhängt, sondern von etwas, das gewissermaßen „dazwischen" liegt und mit beidem zusammenhängt. Herbart nannte dieses Moment den „pädagogischen Takt". Dieser „Takt" ist ein aus beruflicher Erfahrung erwachsenes praktisches Urteilsvermögen; mittels dessen vermag ein „Profi" zum Beispiel eine komplexe unterrichtliche Situation blitzschnell zu entschlüsseln oder einen Handlungsplan an unvorhergesehene Entwicklungen anzupassen. Es ist dies eine Fähigkeit, die sich nicht in Trockenübungen und auch nicht in Crashkursen erwerben lässt, sondern offensichtlich nur „on the Job". Allerdings stellt sie sich auch nach noch so vielen Dienstjahren nicht einfach automatisch ein, sondern nur als Resultat einer stets aufs Neue reflektierten Praxis.
- **Effektive Darbietung.** Kognitionswissenschaftliche Untersuchungen machen deutlich, dass Unterricht dann effizient ist, wenn Lehrerinnen und Lehrer den entscheidenden Punkt eines unterrichtlichen Arbeitsvorhabens präzise ansprechen, wenn sie ihren „Stoff" klar strukturieren können, wenn ihr Unterricht den Lernvoraussetzungen der Schüler/-innen entspricht, wenn sie es verstehen, die Schüler/-innen durch Fragen zu eigenem Mitdenken herauszufordern und Schüler/innen auf deren Beiträge ein differenziertes Feedback zu geben.
- **Ein Überzeugtsein von der eigenen Wirksamkeit.** Eine entscheidende Voraussetzung dafür, dass Lehrerinnen pädagogische Probleme durch den Einsatz adäquater Mittel bewältigen können, ist die so genannte „Selbstwirksamkeitsüberzeugung" (vgl. HERRMANN/HERTRAMPH 1999, im Anschluss an A. Bandura). Lehrerinnen und Lehrer, die sich als Opfer negativer Arbeitsbedingungen sehen (eines „schlechten Schülermaterials", eines „miesen Schulklimas", „unfähiger Kollegen/Kolleginnen", einer „lästigen Bürokratie", „schulpolitischen Missmanagements", „massenmedialer Verblödung" usw.), haben vielfach die Hoffnung aufgegeben, durch eigenes Bemühen noch Positives bewirken zu können.

Die Folgen sind Demotivierung, Unzufriedenheit und ein hohes Burn-out-Risiko. Demgegenüber stehen Lehrer, die fähig sind, auch unscheinbare Zeichen positiver Wirksamkeit als Verstärker eigenen Bemühens zu „lesen“ und sich so immer wieder neu zu motivieren.

- **Ein hohes pädagogisches Ethos.** Ein solches Ethos zeigt sich ganz besonders im Interesse am Wohlergehen der Schüler und Schülerinnen; es motiviert zu dem immer wieder neuen Versuch, eine positive emotionale Beziehung zu den Kindern und Jugendlichen aufzubauen, auch und gerade dann, wenn diese „schwierig“ sind. Zu einem pädagogischen Ethos gehören darüber hinaus aber auch solche „preußisch“ anmutenden Tugenden wie Selbstdisziplin und Verantwortungsbewusstsein. Es schließt des Weiteren mit ein, dass man einen in manchen Kollegien sich mit der Zeit einschleichenden Professions-Zynismus nicht einfach von sich Besitz ergreifen lässt. Wichtig sind schließlich auch der Respekt vor der Eigenständigkeit des Anderen und die Akzeptanz der Grenzen eigener Wirksamkeit. Gerade die Akzeptanz dieser Grenzen müssen Lehrerinnen oder Lehrer und Erzieher oft erst leidvoll lernen.
- **Die Fähigkeit zu selbstkritischer Reflexion.** Nur wer die berufliche Praxis tatsächlich ernsthaft als die dritte Phase seiner Ausbildung begreift, ist in der Lage, sich auf die sich wandelnden Gegebenheiten immer wieder neu einzustellen – was die Schülerschaft und das Verständnis von Schule, was die fachwissenschaftlichen Erkenntnisse und auch die fachdidaktischen Konzepte anbelangt. Nur wer sich dazu zwingt, seine eigene Praxis selbstkritisch zu überprüfen, wer in der Lage ist, Misserfolge einzugestehen und aus ihnen zu lernen, wer bereit ist, in Fortbildungsveranstaltungen seine Kompetenzen zu erweitern, entwickelt sich weiter.

Abschließend sei noch ein kurzer Blick auf Kompetenzen geworfen, über die speziell Religionslehrer verfügen sollten. Drei davon, die in den letzten Jahren an Bedeutung gewonnen haben, seien eigens herausgestellt:

1. *Religiöse Wahrnehmungsfähigkeit.* Das heißt zunächst einmal: sich für die spezifischen Zugänge interessieren, die Schüler eines bestimmten Alters und Milieus zu einem Thema haben; sodann: den spezifischen Ausdrucksformen kindlicher Religiosität und jugendlichen Lebensglaubens im Unterricht Raum verschaffen; und schließlich: Äußerungsformen kindlicher und jugendlicher Religiosität als Zeugnisse respektieren, die es wert sind, sensibel und aufmerksam interpretiert zu werden (vgl. HILGER/ROTHGANGEL 1999).

■ „In der gegenwärtigen religionspädagogischen Diskussion werden Konzepte vermutlich scheitern, wenn sie nicht endlich trotz erklärter Absichten die Suchbewegungen und Verarbeitungsweisen der Schüler bis in die Mikrostrukturen des konkreten Unterrichts hinein zum Thema machen." Das heißt: sich Zeit zu nehmen, „um die Schülerinnen und Schüler in ihrem Verhältnis zu den eingebrachten oder einzubringenden Unterrichtsthemen kennen zu lernen, und zwar jeweils neu zu Beginn jeder Unterrichtseinheit, besonders aber zu Beginn des Schuljahres bei der Übernahme einer neuen Klasse" (vgl. Schweitzer 1995, S. 166/170). ■

2. *Seelsorgerliche Kompetenz.* Der Religionsunterricht sollte, gerade in Anbetracht der gewachsenen sozialen und seelischen Probleme der Schülerinnen und Schüler, auch eine im weitesten Sinne heilende Wirkung haben; er sollte Hilfe zum Leben sein. Es versteht sich von selbst, dass ein solcher Unterricht in besonderer Weise über sich hinausweist und auch Lehrende über ihr unterrichtliches Bemühen hinaus beansprucht. So wird es immer wieder gerade der menschlich offene Religionslehrer sein, den Schüler in persönlichen Belangen ansprechen und ins Vertrauen ziehen. In diesem Falle ist er nicht als Experte für *Inhalte*, sondern als Experte für *Menschen* gefragt, als Mit-Mensch, als Begleiter.

3. *Politische Argumentationsfähigkeit.* In einer Situation, in der der Religionsunterricht unter gesellschaftlichem Rechtfertigungsdruck steht, hat die Aufgabe der Religionslehrer auch eine politische Dimension. Religionslehrerinnen und -lehrer sollten bereit sein, Rechenschaft darüber zu geben, inwiefern ein auf den Glauben der Kirchen bezogener Religionsunterricht auch in den Schulen einer pluralistischen Gesellschaft sinnvoll ist. Sie sollten aktiv bemüht sein, das Image des Faches zu verbessern. Dies fängt in der Schule an. So zeigt sich immer wieder, dass Eltern nur ein sehr diffuses oder einseitiges Bild von den Zielen und Inhalten des Religionsunterrichts haben. Eine behutsam werbende Aufklärungsarbeit kann hier manches bewirken.

Berufszufriedenheit, Umgang mit Belastungen

Eine vom „Spiegel" im Jahr 2003 veröffentlichte Untersuchung bei etwa 7000 deutschen Lehrkräften zeichnet ein bedrückendes Bild: 50 Prozent der Lehrerschaft fühlten sich „im Übermaß" belastet, etwa 30 Prozent strapazieren ihre Gesundheit „durch extreme Selbstüberforderung" und ungefähr genauso viele zeigten bereits deutliche Symptome des Ausgebranntseins (vgl. LEFFERS 2003). Auch wenn man gegenüber effektheischend aufgemachten „Spiegel"-Reportagen ein gewisses Misstrauen hat, die aus den Untersuchungsergebnissen herauszulesende Grundtendenz bleibt: Die Tätigkeit des Lehrers bringt ein erhebliches Maß an physischen und psychischen Belastungen mit sich. Was ist der Grund dafür?

„Umfragen bei Lehrern wie auch arbeitsphysiologische Untersuchungen zeigen, dass Schwierigkeiten bei der Steuerung des alltäglichen Unterrichtsablaufes, insbesondere Probleme mit ‚schwierigen Schülern'... zu den besonderen Belastungen des Lehrerberufs gehören." (RHEINBERG/BROMME S. 323) Mit anderen Worten: Ein wesentlicher Grund für das von vielen heute beklagte Gefühl der Überforderung und Belastung ist in den disziplinären Problemen zu sehen. Dies gilt ganz besonders für Berufsanfänger. Offensichtlich wird die Frage, wie die Voraussetzungen dafür zu schaffen sind, dass einigermaßen effizienter Unterricht überhaupt in Gang kommen kann, in der Lehrerausbildung sträflich vernachlässigt.

■ Arno Combe und Sylvia Buchen, die Fallstudien zu alltäglichen Formen der Lehrerbelastung angestellt haben, meinen, es sei die „unsichtbare Beziehungsarbeit, die die eigentümliche Anstrengung heutiger Lehrertätigkeit ausmacht". Gerade in den sich durch die Pubertät kämpfenden Jahrgangsstufen kann sich diese Beziehungsarbeit für die Lehrerinnen und Lehrer zu einem ziemlich strapaziösen Dauerstress auswachsen. Immer wieder neu muss legitimiert werden, „warum wir dies hier überhaupt machen", ständig muss versucht werden, ein ‚Arbeitsbündnis' herzustellen oder aufrechtzuerhalten, damit an die Klärung von Sachen (v. HENTIG) überhaupt zu denken ist. Da kann man sich schon dann und wann fragen: „Warum nehme ich das alles auf mich, diese endlosen Diskussionen: Warum darf ich nicht rauchen, warum der? Warum darf ich den Schulhof nicht verlassen? Der hat aber und ich will auch ..." (COMBE/BUCHEN 1996, S. 67). ■

Zu den Disziplinproblemen kommen freilich noch andere Schwierigkeiten: zum Beispiel die von vielen Lehrern als belastend empfundene Widersprüchlichkeit der an sie herangetragenen Erwartungen. So tun sich gerade Religionslehrer oft schwer, ihr Bemühen um authentische Kommunikation und unzensierte Meinungsäußerung mit der Notengebung zu vereinbaren. Andere leiden an den strukturellen Rahmenbedingungen einer Schule, die ihnen abverlangt, „letzte Fragen" im 45-Minuten-Takt zu bearbeiten. Belastend kann auch sein, dass Lehrer es häufig mit Problemen zu tun bekommen, deren Ursachen sie nicht beheben können (Abstumpfungs- und Verrohungssymptome bei Teilen der Schülerschaft, Aggressivität, ethnische Konflikte, Auswirkungen verschärfter ökonomischer Gegensätze und sozialer Konflikte usw.). Dazu können Auseinandersetzungen mit Kolleginnen und der

Schulleitung kommen, Verärgerung über das Ausmaß schulischer Bürokratie und einer pädagogisch hinderlichen Verrechtlichung des Schullebens usw. Auch die erheblich zurückgegangene religiöse Prägung der Schülerinnen und Schüler kann zur Belastung werden, wenn sie Religionslehrern das Gefühl gibt, sie seien als Einzelkämpfer tätig. Und schließlich hat das Fach „Religion" noch ein Legitimationsproblem, sodass sich Religionslehrerinnen und -lehrer immer wieder nach allen möglichen Seiten hin „erklären" müssen. All dies kann als Herausforderung und sogar als Ansporn, aber auch als Quelle des Verdrusses erfahren werden.

Es ist erstaunlich und sehr bemerkenswert, was empirische Untersuchungen immer wieder feststellen: dass die große Mehrheit der Religionslehrer mit ihrer Tätigkeit durchaus zufrieden ist. Nach einer österreichischen Befragung liegt die Quote berufszufriedener Religionslehrer bei fast 90 Prozent (vgl. Bucher 2004, S. 5). Auch was den „Burn-out-Faktor" anbelangt, schneiden sie ungewöhnlich positiv ab. Ihre Burn-out-Gefährdung scheint geringer zu sein als die zum Beispiel von Managern, Sozialarbeitern oder Krankenschwestern (vgl. Bucher 1996, S. 134). Dementsprechend groß ist auch die Quote der Religionslehrerinnen und -lehrer, die, hätten sie erneut die Wahl, den gleichen Beruf wieder ergreifen würden.

■ Welche Faktoren sind der beruflichen Zufriedenheit von (Religions-)Lehrer/-innen förderlich? Wenn man drei Faktorenbündel unterscheidet: pädagogische Faktoren (die Arbeit mit den Schülerinnen und Schülern, der unterrichtliche und erzieherische Erfolg usw.), systemische Faktoren (das Schulklima, die kollegiale Kooperation usw.) sowie standespolitische Faktoren (die Besoldung, die Arbeitszeit, die Aufstiegsmöglichkeiten usw.), zeigt sich, dass pädagogische Komponenten für die Berufszufriedenheit klar am wichtigsten sind (vgl. Ipfling/Peez/Gamsjäger 1995, S. 150). Eine große Rolle spielt auch das Empfinden, die für den beruflichen Erfolg relevanten Größen selbst steuern zu können – es ‚selbst in der Hand zu haben'. ■

Gelegentlich wurde die Vermutung geäußert, dass die relativ starke Burnout-Resistenz von Religionslehrerinnen auch mit den spirituellen Ressourcen zu tun haben könnte, über die diese Gruppe vielleicht mehr verfügt als andere Lehrerinnen und andere Berufsgruppen. Dies erscheint durchaus plausibel und könnte auf einen bemerkenswerten Zusammenhang verweisen: dass offenbar Religionslehrer von dem, was die Pädagogische Psychologie „Psychohygiene" nennt, wirklich etwas verstehen; man könnte ein wenig vollmundiger auch sagen: dass ihnen der Glaube tatsächlich hilft zu leben.

Religion im Kanon der anderen Fächer

von Michael Meyer-Blanck

Wie einmalig das Schulfach Religion ist, hat man als Student(in) der Theologie für das Lehramt schon lange gewusst: Eine halb bewundernde, halb erschreckte Rückfrage unter Mathematikern, Philologen oder anderen Kommilitonen („Ach, du studierst wirklich Theologie? Na, da muss man ja richtig von überzeugt sein, oder?") begegnet als Reaktion bei der Mitteilung dieses Studien- oder Unterrichtsfaches immer wieder (und bei anderen Fächern so gut wie nie). Häufig ergeben sich aus derartigen Fragen lange Gespräche, etwa bei Geburtstagseinladungen oder in der Kneipe: Überzeugung macht neugierig.

Religion – ein Überzeugungsfach

Die Themen und die Medien (Quellentexte, Bilder, Lieder) des Religionsunterrichts mögen andere sein, aber der eigentliche Inhalt des Faches sind Überzeugungen von Menschen. Vor der theoretischen Beschreibung im Kontext der anderen Schulfächer kann auf der alltagssprachlichen Ebene schlicht gesagt werden: Religion ist ein Überzeugungsfach, bei dem es zwar auch um Wissen und Können geht, aber um Wissen und Können in Bezug auf Überzeugungen, und vor allem: in Bezug auf die eigene Überzeugung. Im Fach Religion ist man als Lehrer oder Lehrerin wie als Schüler selbst, als Person, Thema. Zwar gilt das mehr oder weniger auch für andere Fächer, denn ein wesentlicher Teil des Unterrichts hat mit Beziehungen zu tun. Nur stehen diese in Mathematik, Englisch oder Latein eher im Hintergrund des zu erwerbenden Könnens und Wissens. Demgegenüber sind aber Beziehungen des Menschen im Religionsunterricht selbst Thema. Religion ist ja nichts anderes als der Ausdruck der Beziehungen zu sich selbst, zum anderen, zur Welt und zum Ganzen, zu der alles bestimmenden Wirklichkeit, zu Gott.

Man kann von Überzeugungen auch sehr informierend und distanziert sprechen. Aber selbst in diesem Falle wissen alle, *dass* eine Distanzierung vorgenommen wird, weil der Selbst-, Fremd- und Gottesbezug in das Zentrum der Religion gehört und nur aus verständlichen Gründen methodisch kontrolliert zurückgestellt wird. Auch wenn die Überzeugung der Lehrenden nicht thematisiert wird, bildet sie den Hintergrund aller Themen. Das Maß des Zurückstellens der eigenen Überzeugung, verbunden mit dem gemeinsamen Wissen, dass da etwas zurückgestellt wird, macht die didaktische Spannung des Faches aus. Denn die Schülerinnen und Schüler sollen Überzeugungen begegnen, ohne der Gefahr der Überwältigung ausgeliefert zu sein. Gerade so aber entfaltet der Religionsunterricht sein Spezifikum im Ensemble der schulischen Fächer. Er fragt nach dem Ganzen des Lebens und der Welt und macht so gleichzeitig die Möglichkeiten und die Grenzen des Redens vom Ganzen deutlich. Er ist überzeugungskritisch, indem er nicht nur Überzeugungen thematisiert, sondern auch das Überzeugtsein selbst: Was folgt aus der Annahme Gottes für das Zusammenleben im säkularen Staat? Welche alternativen Gesamtdeutungen des Lebens und der Welt gibt es? Welche Chancen und welche Probleme haben naturwissenschaftliche, ökonomische und ästhetische Gesamtbeschreibungen des Lebens im Vergleich zur religiösen Überzeugung? Welchen Status haben Wissen und Überzeugung für den Menschen, wie verhalten sich beide zueinander und wo gehen sie merklich oder unmerklich ineinander über? Ein Bewusstsein von der mit diesen Fragen gegebenen Problematik erwartet man von gebildeten Menschen, die nach der Reifeprüfung die Schule verlassen.

Man könnte auch sagen: Das Unverzichtbare des Überzeugungsfaches Religion in der Schule ist, dass es ein Bewusstsein bilden hilft für die Notwendigkeit wie für die Problematik von Überzeugungen. Dieses Fach leistet Ideologiekritik nicht durch Destruktion, sondern durch Einblicke in die Konstruktion von Überzeugungen, Weltanschauungen und praktischen Lebensdeutungen. Die drei klassischen Fragen Kants nach der Ethik, nach der Erkenntnistheorie und nach dem Grund menschlicher Hoffnung („Was soll ich tun?“, „Was kann ich wissen?“, „Was darf ich hoffen?“, Kant 1981, S. 677) werden nicht abstrakt zum Thema, sondern vom christlichen Glauben in seiner kirchlichen (im Wesentlichen katholischen und evangelischen) Ausprägung her. Damit ist die Konfessionalität als didaktische Bedingung angesprochen.

Religionsunterricht in Deutschland – eine „res mixta“ zwischen Kirche und Staat

Der besondere Charakter des Religionsunterrichts als Schulfach in Deutschland beruht auf spezifischen rechtlichen Rahmenbedingungen, die ähnlich nur noch in Österreich, in einigen Schweizer Kantonen und in den Departements Alsace und Moselle in Frankreich gegeben sind (auch die Neueinführung von schulischem Religionsunterricht nach der Wende in Osteuropa entspricht nicht dem deutschen Modell, weil z. B. in Polen der Unterricht nahezu allein von der Kirche verantwortet wird). Dass staatliche Lehrkräfte zugleich eine kirchliche Funktion in der öffentlichen Schule haben, oder umgekehrt: dass die Religionslehrer keine kirchlichen „Katecheten“ sind, sondern ganz „normale“ Lehrkräfte mit Mathematik oder Latein als anderem Fach, das macht die besondere Spannung dieses Faches in Deutschland aus.

Die Kooperation des Staates und der Religionsgemeinschaften unterliegt staatskirchenrechtlichen Bestimmungen: Der Religionsunterricht gehört (wie auch die Seelsorge z. B.in Krankenhäusern) zu den „gemeinsamen Angelegenheiten“ („res mixtae“) von Staat und Religionsgemeinschaften. Der Religionsunterricht ist das einzige Schulfach, das im Grundgesetz (Art. 7,3) ausdrücklich geregelt ist. Wichtig ist, dass Art. 7 zu den Grundrechten des Bürgers gehört. Denn die Grundrechte (GG, Art. 2,18) haben nicht Institutionen (und deren Rechte oder „Privilegien“) im Auge. Sie garantieren vielmehr die Rechte des Einzelnen gegenüber der staatlichen Gewalt.

Legislative, Exekutive und Judikative sind an die Grundrechte gebunden (GG, Art. 1,3). Der konfessionelle Religionsunterrichtin Art. 7 GG gehört unter die Gesamtüberschrift von Artikel 2,1: „Jeder hat das Recht auf die freie Entfaltung seiner Persönlichkeit, soweit er nicht die Rechte anderer verletzt.“ Die freie Entfaltung der Persönlichkeit aber ist ein Bildungsvorgang. Die Aufgabe des Staates ist es, dafür zu sorgen, dass *jeder* (GG, Art. 2,1, also nicht nur der deutsche Staatsbürger!) dieses Bildungsrecht verwirklichen kann. Dazu schafft der Staat mit Bildungseinrichtungen die nötigen Rahmenbedingungen. Und weil der Staat dabei der Realität seiner Bürger entsprechen muss, greift er auch auf die Religionsgemeinschaften zurück.

Die Bestimmungen des Grundgesetzes müssen also streng in ihrer vorliegenden Reihenfolge gelesen werden: Die Bildung oder freie Entfaltung der Persönlichkeit (Art. 2) benötigt die Religionsfreiheit (Art. 4), welche sich u. a. (und nicht nur) in der öffentlichen Wirksamkeit der Religionsgemeinschaften ausdrückt (Art. 7). Die Religion des Einzelnen ist unbeschränkt *frei*, doch gerade deswegen ist sie nicht *Privatsache* – ebenso wenig wie die politische

Willensbildung, die sich ebenfalls auch öffentlich organisiert vollzieht (Art. 21; die Bestimmung von Art. 21 gehört jedoch deswegen – anders als die Artikel 8, 9, 18 – nicht zu den Grundrechten, weil es ab Art. 20 um die vom Volke ausgehende *Staatsgewalt* geht, während die Grundrechte als *Grenzmarkierungen* des Einzelnen gegenüber der Staatsgewalt diesen Bestimmungen vorangestellt sind).

Seit der Religionsunterricht ab den 1950er-Jahren schulisch und nicht mehr kirchlich begründet wurde, hat man unter dem Begriff der *Bildung* zu beschreiben versucht, was Religion nicht für die Kirchen, sondern für das mündige Individuum und damit für die Gesellschaft zu leisten vermag. Das also gilt grundsätzlich. Doch im Einzelnen liegt der Religionsunterricht wie das gesamte Schulwesen in der Zuständigkeit der einzelnen Bundesländer, in denen es teilweise völlig verschiedene Regelungen gibt.

Organisationsmodelle von Religionsunterricht in den einzelnen Bundesländern

Links in der folgenden Tabelle stehen die Modelle, die den Religionsunterricht (RU) am stärksten in kirchlicher Verantwortung sehen, nach rechts nehmen die Einflussmöglichkeit der Kirchen und die didaktische Bedeutung der Konfession der Lehrerinnen und Lehrer ab. Andererseits nimmt nach rechts die Notwendigkeit von Absprachen mit den verschiedenen Religionsgemeinschaften zu, jedenfalls dann, wenn die Begegnung der Schülerinnen und Schüler mit Menschen angestrebt wird, die in Religionsgemeinschaften verwurzelt sind. Die in den Spalten 2 und 3 genannten Formen beschreiben die überwiegende Praxis des schulischen Religionsunterrichts in Deutschland.

RU-Modell	**1.** Kirchlicher RU in der Schule	**2.** Konfessioneller RU nach GG, Art. 7,3	**3.** Konfessionell-kooperativer RU: Kooperation von evangelischem und katholischem RU
Bundesländer	Berlin	Alle Bundesländer außer Berlin, Brandenburg und Bremen	Kooperationsprojekte in verschiedenen Bundesländern, etwa in Baden-Württemberg und in Niedersachsen

RU-Modell	**4.** Nominell Evangelischer RU mit weiter interreligiöser Öffnung (aber ohne Beteiligung der röm.-kath. Kirche)	**5.** RU auf allgemein christlicher Grundlage	**6.** Religions- und Ethikunterricht in einem gemeinsamen Unterrichtsfach für alle
Bundesländer	Hamburg	Bremen („Biblische Geschichte")	Brandenburg („Lebensgestaltung – Ethik – Religionskunde", „LER")

In *Berlin* ist der Religionsunterricht kein ordentliches schulisches Lehrfach. Dieser ist vielmehr „allein Sache der Religionsgemeinschaften" (Berliner Schulgesetz). Inhalt (Lehrpläne), Gestaltung und die Prüfung der Lehrenden werden allein von den Kirchen verantwortet. In jedem Kirchenkreis gibt es spezielle Ämter. Spätestens ab der Jahrgangsstufe 9 geht die Zahl derer, die sich zum Religionsunterricht anmelden, erheblich zurück und in der Oberstufe entfällt er meistens.

Beim *konfessionellen* Unterricht handelt es sich um den deutschen Normalfall. Die zur Erteilung berechtigten Religionsgemeinschaften (nach GG, Art. 7,3) sind nicht nur die evangelische und die katholische Kirche. Allen anerkannten Religionsgemeinschaften wird die Möglichkeit eines eigenen Religionsunterrichts eingeräumt, soweit die erforderliche Mindestschülerzahl pro Jahrgangsstufe gegeben ist (in der Regel 12). So wird beispielsweise von der griechisch-orthodoxen Kirche und von der jüdischen Religionsgemeinschaft ebenfalls konfessioneller Unterricht unter staatlicher Aufsicht erteilt (jüdischen Religionsunterricht als ordentliches Lehrfach gibt es in Hamburg wieder seit dem Schuljahr 1993/94). Hinsichtlich des Konfessionalitätsprinzips gibt es Unterschiede in der Interpretation zwischen den beiden großen Kirchen. So hält die katholische Kirche an der konfessionellen Trias, am katholischen Lehrer *und* den katholischen Schülern *und* der katholischen Lehre, fest und benennt alle anderen Modelle lediglich als Ausnahme. Demgegenüber ist die Konfessionalität nach evangelischem Verständnis durch die konfessionelle Bindung der Lehrerin und durch die Unterrichtsinhalte in konfessionsspezifischer Entfaltung gegeben. (Zur konfessionellen Kooperation s. S. 158)

In *Hamburg* wird ein de jure evangelischer, de facto aber interreligiöser Unterricht erteilt, der sich selbst programmatisch „Religionsunterricht für alle" nennt. Städtische Besonderheiten haben zu diesem Modell beigetragen: In Hamburg hat die katholische Kirche nach 1945 das Privatschulwesen stark ausgebaut und auf einen konfessionellen Unterricht als ordentliches Lehrfach verzichtet. Zudem ist die Gruppe der Konfessionslosen mit 40 Prozent der Bevölkerung inzwischen höher als die Gruppe der Evangelischen.

In *Bremen* wird (nach Art. 32 der Bremischen Verfassung von 1947) in den allgemein bildenden öffentlichen Schulen anstelle des konfessionellen Religionsunterrichts ein „bekenntnismäßig nicht gebundener Unterricht in Biblischer Geschichte auf allgemein christlicher Grundlage" erteilt. Dieser Bremer Bibelunterricht verfolgt einen weniger biblischen als vielmehr problemorientierten Ansatz und hat eine lange Tradition. Im Bremer Streit um den Religionsunterricht stellte man dieses Schulfach schon 1905 grundsätzlich in Frage.

Während in den anderen vier neuen Bundesländern nach teilweise längeren Auseinandersetzungen bis Ende 1991 Religion als ordentliches Lehrfach (GG, Art. 7,3) eingeführt wurde, hat man in *Brandenburg* mit Beginn des Schuljahres 1992/93 ein neues integratives Unterrichtsfach mit der Bezeichnung „Lebensgestaltung – Ethik – Religion" (kurz LER) als Modellversuch an ausgewählten Schulen geschaffen, und zwar unter zeitweiliger Beteiligung der evangelischen, aber nicht der katholischen Kirche. 1996 wurde LER (jetzt unter der Bezeichnung „Lebensgestaltung – Ethik – Religions*kunde*") fest eingeführt. Religion soll nicht lediglich ein Fach für die Kirchenmitglieder sein (in Brandenburg etwa 25 Prozent). Eine vom Bildungsministerium des Landes Brandenburg in Auftrag gegebene und 1999 durchgeführte empirische Unterrichtsstudie hat ergeben, dass die Ansprüche dieses Faches sehr hoch – wahrscheinlich zu hoch waren (Ministerium für Bildung 2002, S. 148 f.). Dieselbe Studie zeigte, dass die Bezüge zwischen den lebenskundlich-ethischen und den religionskundlichen Themen bisher nur wenig gelingen (ebd., S. 144 f.).

Der Streit über LER wurde jahrelang in der öffentlichen Meinung, in der religionspädagogischen Diskussion und schließlich auch vor Gericht geführt. Denn hier wurde für alle öffentlich sichtbar das Prinzip der Konfessionalität des Religionsunterrichts diskutiert. Nach einem Vorschlag zur „einvernehmlichen Einigung" (also keinem Urteil!) des Bundesverfassungsgerichts (BVG) vom Dezember 2001 kam es im Juli 2002 zu einer Vereinbarung zwischen Staat und Kirche. Der Vorschlag des BVG hatte die Frage nach der Berufung Brandenburgs auf die „Bremer Klausel" (GG, Art. 141) nicht geklärt, aber damit auch implizit die Ansicht zu erkennen gegeben, dass LER *nicht* verfassungswidrig ist (denn eben dies hatten u. a. die Ev. Kirche in Berlin-Brandenburg, Eltern und die CDU/CSU-Bundestagsfraktion in ihrer Klage beim BVG geltend gemacht). Andererseits wurde der kirchliche

Unterricht durch den Vorschlag des BVG auch gestärkt: Ab einer Gruppengröße von zwölf Schülerinnen und Schülern ist nach der Vereinbarung von 2002 der kirchliche Religionsunterricht einzurichten, die Teilnahme an ihm ist ein Grund zur Befreiung von LER (wobei der Verpflichtungscharakter von LER für die Kirchen ein besonderer Stein des Anstoßes gewesen war). Die staatlichen Lehrerinnen und Lehrer können sich jetzt bis zu acht Stunden Religionsunterricht auf ihr Lehrdeputat anrechnen lassen.

Die verschiedenen in Deutschland eingeführten Modelle spiegeln auf der rechtlichen und organisatorischen Ebene die Spannungen zwischen der weltanschaulichen Neutralität des Staates und den sachbedingten Gegebenheiten des Inhaltes, eben der religiösen Überzeugung, wider. Zwischen den Extremen der bekenntnisfreien Organisation des Faches in Brandenburg und der alleinigen kirchlichen Verantwortung in Berlin liegen die Vermittlungsmodelle zwischen staatlicher und kirchlicher Bildungsbemühung, wie sie in den meisten Bundesländern bestimmend sind. Was bedeutet dieser bundesdeutsche Normalfall didaktisch?

Wissen, Glaube, Überzeugungswissen: Religionsunterricht und die anderen Fächer

Religionsunterricht ist ein Überzeugungsfach. Diese Beschreibung ist allerdings nur dann zutreffend, wenn man sie im umfassenden Sinne versteht. Es geht mithin nicht darum, fest stehende Wahrheiten als von den Kirchen garantierte (oder gar überwachte) Überzeugungen „weiterzugeben". Mit einem solchen Verständnis würde man Überzeugungen von den sie vertretenden Menschen abtrennen und sie so doktrinär missverstehen. Das Thema des Religionsunterrichts ist aber der Glaube von Menschen bzw. der Mensch als Glaubender im Gegenüber zu Gott. „Überzeugungsfach" bedeutet vielmehr, das Entstehen von Überzeugungen zu fördern.

- Im Religionsunterricht sollen Überzeugungen in ihrer historischen und personenbezogenen Entstehung verstanden werden, einschließlich historischem, hermeneutischem und methodischem *Wissen* (etwa Textbearbeitung).
- Im Religionsunterricht können Überzeugungen als eine solche Interpretation und Aneignung von Wissen beschrieben werden, die darin gerade nicht aufgehen. Die gegenwartsbezogene Aneignung von Überzeugungen ist ein unableitbares Wagnis, das nur mit dem Begriff *Glaube* zutreffend beschrieben werden kann. Das zeigt sich etwa an den großen Gestalten, die als Identifikationsfiguren angeboten werden (Franz von Assisi, Dietrich Bonhoeffer, Mutter Teresa).

- Im Religionsunterricht sollen aber Überzeugungen nicht einfach nebeneinander stehen (nach dem Motto „jeder glaubt, was er glaubt, und das muss er selbst wissen"). Die Überzeugungen sollen vielmehr bis an die Grenze des persönlich Möglichen befragt werden können hinsichtlich ihrer Wirkung, ihrer Bedingtheit, ihrer Gefahren und Schuldverstrickung (wie etwa während des „Dritten Reiches"). Wenn das gelingt, ohne dass jemand deswegen zur Annahme oder Aufgabe seiner Überzeugung gedrängt, sondern die Spannung zwischen Glaube und Wissen ausgehalten wird, dann bildet sich ein *Überzeugungswissen*, das man als „religiöse Kompetenz" umschreiben könnte.

Das Überzeugungswissen ist damit nicht nur die Aufklärung über den eigenen und fremden Glauben. Es bedeutet gleichzeitig eine Art *Aufklärung über die Aufklärung*. Denn das Beschreiben des Evangeliums *als* einer bestimmten Wirklichkeitsdeutung, der Blick auf jede Überzeugung als menschliche, historisch bedingte und ideologiekritisch zu analysierende Realität macht nicht vor religiösen Überzeugungen halt. Aber diese kritische Grundeinstellung bezieht sich nicht nur auf religiöse Überzeugungen, sondern auf Überzeugungen generell. Der Religionsunterricht als Überzeugungsfach macht kundig und kritisch für den Umgang mit Überzeugungen überhaupt. Auch die literarische, philosophische und erst recht die naturwissenschaftliche Weltbetrachtung wird dann aber *als eine Art der Betrachtung* erkennbar.

Für das Unterrichten von Religion in der Schule verbindet sich mit dem spannungsvollen Charakter des Faches eine spezifische Anforderung. Zum Wissen, Glauben und Überzeugungswissen gehört für die Unterrichtenden die Fähigkeit zum religiösen Reden ebenso wie zum Reden über Religion und die Fähigkeit, zwischen beiden Redeformen in bewusster und kontrollierter Form zu wechseln. Wer seine Überzeugung zur Diskussion stellen kann (ohne sie deswegen zur Disposition zu stellen), wird nicht vor allem Anhänger oder Gegner finden, sondern anderen zum eigenen Überzeugungswissen verhelfen können. Wer seine eigene Überzeugung nicht ängstlich versteckt und sich selbst über diese im Klaren ist, wird anderen zu eigenständigen Überzeugungen verhelfen, anstatt ungewollt die didaktisch spannungslose Banalität zu unterstützen, dass jeder nach seiner eigenen Fasson glauben muss. Das Gefährliche bei dieser letzten Meinung ist die verborgene Botschaft, bei den Überzeugungen gelte es, nach dem Wohlbefinden (weniger freundlich: bei ihnen gelte es nach den jeweiligen Vorteilen) zu entscheiden.

Wo der Streit fehlt, gibt es auch keinen Widerspruch, und wo es keinen Widerspruch gibt, regiert über kurz oder lang (das Recht und) die Überzeugung des Stärkeren. Weil das die für eine Demokratie schlimmste denkbare Vorstellung wäre, darum müssen Überzeugungen in der Schule rational, aber engagiert besprochen werden. Der Religionsunterricht hat seine Besonderheit darin, dass er die rationale Behandlung von solchen Überzeugungen praktiziert, die zwar rational beschrieben werden können, deren Potenzial aber darin gerade nicht aufgeht und die letztlich eben nicht rational abzuleiten sind. An dieser Stelle liegt die *particula veri* des Gedankens, dass jeder für seine tiefsten Überzeugungen als Person einstehen muss, ohne das im Letzten begründen zu können. Religionen lassen sich letztlich nicht ästhetisch, moralisch oder philosophisch begründen, sondern nur religiös. Nur handelt es sich bei diesem Satz um das letzte Wort nach eingehenden Auseinandersetzungen – und der Satz darf nicht zur Strategie der Verhinderung von Auseinandersetzungen und Denkanstrengungen werden.

Indem der Religionsunterricht die Spannung zwischen Überzeugtsein und rationaler Kritik aller Überzeugungen weit ausdehnt, erbringt er für den Umgang mit allen Überzeugungen, nicht nur mit den religiösen, die nötigen Kompetenzen der gleichzeitigen Identifikation und Aufklärung. Dabei handelt es sich um die rationale Aufklärung hinsichtlich der eigenen Identifikation ebenso wie hinsichtlich der Aufklärung selbst. Wenn Überzeugungen *als* Überzeugungen erkannt werden, dann werden nicht nur Religionen und ihre Mythen aufgeklärt, sondern auch umgekehrt rationale Denkmuster als Mythen aufgeklärt. Darin liegt der fachdidaktische Gewinn des Religionsunterrichts für die allgemeine schulische Didaktik: Wer es gelernt hat, über das Ganze des Lebens, über Gott und den Glauben zu streiten, wird auch mit politischen Überzeugungen – die ja wesentlich stärker der Abwägung unterliegen sollten – analog verfahren können. Er wird auch historische Quellen, wissenschaftliche Theorien, Geschichtsbilder einschließlich der Naturgesetze und mathematischen Formeln nicht mehr naiv als *Abbildungen* der Wirklichkeit, sondern als *Darstellungen* von Wirklichkeit auffassen können. Wer weiß, dass er immer auch glaubt, der glaubt nicht alles, was er weiß.

„Wissen gewinnt nur dann Raum, wenn es seine Ordnungsmuster und seine Grenzen kennt.“ (Dressler 2004, S. 11) Bernhard Dressler hat an dieser Stelle auf die PISA-Studie hingewiesen: Denn der Leiter der deutschen PISA-Sektion, Jürgen Baumert, hat das schlechte Abschneiden deutscher Schüler bei der Evaluation der naturwissenschaftlichen „literacy“ gerade mit einem derartig naiven Wissenschaftsbild in Verbindung gebracht. Das induktive

Vorgehen im naturwissenschaftlichen Unterricht fördere den Eindruck, Experimente führten zur Entdeckung der in der Natur verborgenen Gesetze, anstatt die Schüler Naturwissenschaften als Modelle der Darstellung von Realität begreifen zu lassen. So werden Naturwissenschaften mit Wahrheitsansprüchen überlastet, die die naturwissenschaftlichen Forscher selbst nicht vertreten. So aber droht bei den Schülern und Schülerinnen ein naives Weltbild von Realität und Abbildung gefördert zu werden, das zu einem falschen Gegensatz, ja zu einem falschen Bild sowohl von der Religion als auch von der Naturwissenschaft führt.

Der Religionsunterricht, so Dressler, bildet in sich die verschiedenen Perspektiven des Weltverstehens ab, um die es in der Schule generell geht. Religion hat mit Wissen und Argumentieren zu tun und weiß in solchem Wissen aber gerade, dass Religion weder im Wissen noch in moralisch-ethischen Orientierungen, noch in ästhetischen Formen aufgeht. Religion kann nur als Übergangsphänomen beschrieben werden und verlangt im Unterricht solche Übergänge zwischen Auffassungsweisen, um die es im schulischen Lernen als Ganzem geht: „So kann ... der Religionsunterricht zugleich als schulisches Fach *und* als ein transdisziplinäres Regulativ im schulischen Fächerkanon verstanden werden: Er bildet *fachintern* jene Übergänge nach, die für das Verhältnis *zwischen* den Fächern bedeutsam sind" (DRESSLER 2004, S. 17). Daran anknüpfend können wir die Zusammenhänge so beschreiben:

- Wie der *Sprach- und Literaturunterricht* erschließt der Religionsunterricht, dass Sprache und Texte die Realität nicht lediglich abbilden, sondern erst konstituieren. Beim Lesen eines Gedichtes von Hölderlin und beim Sprechen eines Psalms verändert sich die uns umgebende Welt. Literatur wertet die Existenz um, indem sie beschreibt.
- Im Gegenüber zum *naturwissenschaftlichen Unterricht* erschließt der Religionsunterricht, dass das Denken des Menschen immer nur zu Welt*modellen* führt und dass immer eine Differenz zwischen der Welt „an sich" und ihrer symbolischen Anschauungsform in Raum, Zeit, Zahl und Gesetz bestehen bleibt (CASSIRER 1994). Eben dies ist das, was ich oben als „Aufklärung der Aufklärung" beschrieben habe: Auch die Naturwissenschaften sind Anschauungsformen von Realität und nicht die Realität selbst. Der Glaube an Gott ist eine Überzeugung (und kein „Super-Wissen") und schützt gerade so vor naiven Erkenntnistheorien, die das Überzeugungsmoment in allem Wissen zu übersehen drohen.
- Analoges gilt gegenüber dem *historischen und sozialwissenschaftlichen Unterricht*. Dessen Grundbilder wie die Freiheit oder Teleologie, das Konzept einer gerechten und klassenlosen Gesellschaft und der mündigen Persönlichkeit sind ohne die zugrunde liegenden religiösen Wurzeln gar nicht zu verstehen. Aber das ist noch nicht alles. Die Religionskritik, die im Religionsunterricht zu Recht laut

wird, muss sich nicht nur gegen ein naives Verständnis von Religion, sondern auch gegen die naiven Überschätzungen von Abkömmlingen der Religion richten, gerade wenn diese nicht sofort als solche erkenntlich sind (wie etwa das neuzeitliche Bildungsideal, der Marxismus oder die Psychoanalyse). Das Überzeugungsfach Religionsunterricht ist nicht gegen Überzeugungen, sondern vertieft alle Überzeugungen dadurch, dass es diese *als* Überzeugungen verstehbar machen lehrt.

- Die *ästhetischen Fächer* wie Kunst und Musik haben über viele gemeinsame Medien viele Anschlussmöglichkeiten und aus gutem Grund ist in letzter Zeit eine Tendenz zum fächerübergreifenden Unterricht immer deutlicher geworden (Wüpper 2000; Lindner 2003). Der Religionsunterricht hat deutlich zu machen, dass sich religiöse Erfahrungen in ästhetischen Zeichen ausdrücken lassen, ohne mit diesen identisch zu sein. Die religiöse Erfahrung des Ganzen, der alles bestimmenden Wirklichkeit Gott ist eine Interpretation der Welt. Sie liegt allenfalls in der jeweiligen Interpretation von Kunst und Musik, aber nicht in diesen selbst. So hilft der Unterricht auch hier, Erfahrungen als Erfahrungen genauer in den Blick zu nehmen und ideologischen Überhöhungen (selbst-)kritisch gegenüberzustehen.

Die Religion des Religionsunterrichts: Fachdidaktische Konzeptionen

Seit der eigenständigen Entwicklung des schulischen Religionsunterrichts, unabhängig von der kirchlichen Katechese, die vor etwa 100 Jahren begann (zu nennen ist dabei an erster Stelle Richard Kabisch, vgl. dazu im Einzelnen Meyer-Blanck 2003a, S. 83–107), hat man in der deutschen Fachdidaktik des Religionsunterrichts um die Spannung zwischen religiöser Rede und der Rede über Religion gerungen. Immer ging es um die Vermittlung zwischen dem Glauben als dem Gegenstand des Unterrichts und der Schule als dem Ort, an dem alle Überzeugungen der Rationalität zu unterwerfen sind. Denn nur so kann die eigenständige Auseinandersetzung der Lernenden mit den Gegenständen gefördert werden, sodass aus Tatbeständen bildende Inhalte werden.

Je nach den Zeitumständen und den pädagogisch-theologischen Grundmustern hat man die Vermittlungsaufgabe anders umschrieben. Das lässt sich an exemplarischen evangelischen Konzeptionen im 20. Jahrhundert leicht zeigen. Gerhard Bohne (1895–1977) betonte in aller Schärfe die Spannung zwischen dem Wort Gottes und dem Unterricht. Martin Rang (1900–1988) versuchte die Schüler durch das eigenständige Durchdenken der biblischen Lebenszusammenhänge das Evangelium selbst verstehen und es vom bloßen „Stoff" unterscheiden zu lassen. Martin Stallmann (1903–1980) schließlich machte den Lernort Schule und die Existenzialität des Menschen zum Schlüssel der Vermittlung zwischen individueller Religion und religiöser Tradition und Hans Bernhard Kaufmann (geb. 1926) bemühte sich darum, diesen Gedanken weiterzuführen, indem er eine Theologie der Alltagsfragen und die biblische Theologie didaktisch aufeinander bezog. Es ist vielfach üblich geworden, diese Entwicklung in der deutschen evangelischen Religionsdidaktik mit drei Konzeptionen zu beschreiben: Man spricht von der „Evangelischen Unterweisung" (Bohne, Rang und Helmuth Kittel, 1902–1984), vom „Hermeneutischen Religionsunterricht" (Stallmann u. a.) und vom „Problemorientierten Religionsunterricht" (Kaufmann u. a.) bzw. in derselben Zeit von der „Korrelationsdidaktik" im katholischen Bereich (Baudler u. a.), worauf dann gemischte Ansätze und schließlich ab 1980 ästhetische, symbol- und kunstorientierte Vermittlungsbemühungen in den Vordergrund traten (Meyer-Blanck 2003a, S. 249–272, zu Peter Biehl u. Hubertus Halbfas). Vergegenwärtigt man sich die Konzeptionen jedoch genauer, dann ergibt sich, dass diese keinesfalls derartig etikettierend voneinander abgesetzt werden können. Die Frage nach der Vermittlung von Religion, Schule und Bildung verbindet die genannten Religionspädagogen viel mehr als sie sie trennt (Meyer-Blanck 2003a). In der Gegenwart lässt sich eine zweifache Tendenz beobachten. Zum einen ist die ästhetische Orientierung und die Verbindung zu Musik und Kunst immer stärker geworden. Zum anderen aber wird nach dem spezifischen Beitrag des Religionsunterichts an zu erwerbenden Qualifikationen gefragt. Diese werden vielfach ästhetisch, hermeneutisch, ethisch, textbezogen und diskursiv begründet. Es wird aber im Rahmen dieser „Bildungsstandard"-Diskussion darauf zu achten sein, dass man den Religionsunterricht speziell von seiner Sache her als bildendes Fach begründen kann. Er macht kundig für die Fragen nach dem Ganzen, nach der alles bestimmenden Wirklichkeit, nach Gott und gerade so auch für übergreifende Weltdeutungen. Und er sorgt gleichzeitig diesen gegenüber für ein waches und kritisches Bewusstsein. Dies wurde oben im Gegenüber zu den anderen Fächern beschrieben. Man wird darauf achten müssen, diesen Unterricht nicht mit sekundären „Standards", sondern von seinem ureigensten Potenzial her zu beschreiben. Denn letztlich lässt sich die Religion nur religiös begründen.

Der gleichzeitige Bezug auf die schulische Bildungsaufgabe und auf den Wahrheitsanspruch der religiösen Überzeugung bleibt bestehen. Er ist in der deutschen Konstruktion des Faches Religion angelegt. Das Umgehen mit der Spannung stellt das eigentliche Professionsmerkmal des Religionslehrerberufes dar. Das hat die große niedersächsische Religionslehrerstudie (FEIGE u. a. 2000) eindrücklich empirisch belegen können. Die Studie hat ergeben, dass sich die geschilderte Vermittlungsbemühung in der Überzeugung der Lehrerinnen und Lehrer selbst abbildet: Man kann von so etwas wie einer „Bildungsreligion" sprechen, die weder kirchlich noch unkirchlich ist. Die Bildungsreligion sei keine Religion sui generis, „wohl aber eine bestimmte Reflexionsgestalt der christlichen Religion. Es ist keine Religion, die unabhängig von den außerschulischen Lehr- und Lebensformen entsteht, wohl aber eine genuine Gestalt der christlichen Religion, die den Bedingungen des Lernortes Schule auf besondere Weise entspricht. Die Kooperation mit der Kirche bei gleichzeitiger Unabhängigkeit macht die besondere Funktion des Faches Religion aus" (FEIGE u. a. 2000, S. 464). Religionsunterricht ist und bleibt von seinen rechtlichen Gegebenheiten wie von seinen wissenschaftspropädeutischen Möglichkeiten her ein besonderes Fach.

Beurteilen – beraten – Schulleben gestalten

von Ulrike Baumann

Johann Amos Comenius bezeichnete Schulen als „Werkstätten der Menschlichkeit“ und beschreibt damit den anthropologischen Horizont schulischer Bildung. Zu den charakteristischen Grundaufgaben des Lehrerberufs gehören im Schulsystem die Funktionen des Beurteilens und Beratens. Sie scheinen in Spannung zueinander zu stehen, aber die Religionspädagogik sieht keine unüberwindlichen Differenzen zwischen beiden Funktionen. Ob sich die Vereinbarkeit zwischen Beurteilen und Beraten allerdings in der Praxis zeigt, hängt stark von dem Leistungsverständnis ab, das Unterrichtende haben und ihrer Beurteilung zugrunde legen.

Leistung und Leistungsbeurteilung

Zum Kern der für den christlichen Glauben zentralen Überzeugung der Rechtfertigung gehört die Unterscheidung von *Person* und *Leistung*. Menschen sind immer schon als Personen von Gott anerkannt und brauchen sich diese Anerkennung nicht zu verdienen. Kann diese Glaubensüberzeugung konkret mit Leistungserwartungen in Verbindung gebracht werden, die zu einem ordentlichen Schulfach gehören? Für den Umgang mit Leistung im Religionsunterricht stellt Karl Ernst Nipkow den Grundsatz auf:

> ■ „Schüler und Schülerinnen erleben, dass sie als Personen ernst genommen werden und dass den Lehrenden daran gelegen ist, zu fördern, bevor sie fordern.“ (Nipkow 2001, S. 1214) ■

Wert und Würde der Person sind unabhängig von ihrer Leistung (Röm 3,21). Der Grundsatz trägt aber der Tatsache Rechnung, dass die Schule Leistung erwarten und bewerten muss. Im Unterricht können Lernende erfahren, dass Leistungen ihrer Person zugute kommen. Leistungen sind ein Hinweis darauf, dass sie ihre Fähigkeiten weiterentwickelt und neue Fähigkeiten erworben haben. Ein Unterricht, der die sachlichen Anforderungen sehr niedrig hält und Inhalte oberflächlich behandelt, steht in der Gefahr, dass sich die Lernenden nur langweilen. Leistung definiert sich also auch von der Sache her, die der Unterricht verhandelt. Unter diesen Gesichtspunkten gilt die Feststellung: Kinder und Jugendliche wollen im Rahmen ihrer Möglichkeiten Leistungen erbringen. Ihnen Anlässe zu bieten, etwas zu leisten, ist auch Aufgabe des Religionsunterrichts.

Ein solcher Religionsunterricht achtet die Individualität der Beteiligten und nimmt Rücksicht auf Schwächen. Dem entsprechen Wege der *inneren Differenzierung* in der Unterrichtsorganisation. Im Idealfall heißt das:

- Die Schülerinnen und Schüler lernen, selbstständig zu arbeiten und für sie passende Aufgaben zu wählen.
- Sie lernen, vernünftig zu kooperieren.
- Die Unterrichtenden gewinnen Spielräume, um die Lernenden zu beobachten und ihnen zu helfen. Sie sind bereit, ihre Unterrichtsplanung entsprechend ihren Beobachtungen zu optimieren.

Schon in diesem Zusammenhang der Leistungsthematik ist *Beratung* gefragt. Sie hat die Funktion, Lernende davor zu bewahren, dass sie sich ehrgeizig selbst überfordern oder dass sie sich unterfordern und damit hinter ihren Möglichkeiten zurückbleiben.

Hinsichtlich der Akzeptanz von Leistungsbewertungen ist viel gewonnen, wenn den Lernenden die Kriterien transparent sind:

- Worin unterscheiden sich leichtere von schwierigeren Aufgaben (Unterschied von Reproduktion, Übertragung und eigener Stellungnahme)?
- Warum werden welche Aufgaben mit welcher Punktzahl bewertet?
- Eine halbjährliche Ziffernbenotung besteht aus mehreren mündlichen bzw. schriftlichen Teilnoten, sodass die Lernenden eine angemessene Rückmeldung erhalten und nicht nur punktuell auf eine Leistung festgelegt sind.

Insgesamt sind kriterienbezogene Formen der Leistungsbewertung hilfreich: Die Leistung wird gemessen am Sachanspruch der Lerninhalte. Dieser wird durch realistische Lernziele beschrieben, die Schülerinnen und Schüler einer bestimmten Lerngruppe erreichen können. Dabei muss Offenheit bestehen für individuelle, unvorhergesehene Lösungen einzelner Schülerinnen und Schüler, zum Beispiel im Rahmen eines Referats oder einer Facharbeit.

Beratung und Schulseelsorge

Zusammenhänge von Schulklima, Lernqualität und Gewaltbereitschaft zeigen, dass Schulentwicklung für die gesamte Gesellschaft von Bedeutung ist. Nicht nur um besserer Leistungen, sondern auch um ihrer *persönlichen Entwicklung* willen brauchen Heranwachsende eine Schule, in der sie sich als Personen wahrgenommen und akzeptiert fühlen. Deshalb tragen Religionslehrerinnen und -lehrer in Kooperation mit anderen Kolleginnen und Kollegen zur Gestaltung des Schullebens bei und engagieren sich als Schulseelsorger für ein angemessenes Beratungsangebot.

Grundlegend für die Bestimmung von *Seelsorge* ist die Überzeugung, dass Menschen etwas von der Menschenfreundlichkeit Gottes erfahren, wenn sie füreinander aufmerksam werden und sich einander zuwenden, sei es helfend, ermutigend, ratend oder herausfordernd. Allerdings lassen sich Kriterien für die Qualität von Seelsorge im Rahmen der Schule benennen (HEIMBROCK 1998, S. 461):

- Personenangemessenheit,
- Situationsangemessenheit,
- Institutionsangemessenheit.

Personenangemessenheit: Schulseelsorge sollte auf Einzelkonflikte eingehen können und zur Lebensbegleitung in biografischen Übergangssituationen in der Lage sein. Bezogen auf die kommunikative Kompetenz in der Bearbeitung von Konflikten im Einzelgespräch bieten die klassischen pastoralpsychologischen Konzepte durchaus eine methodische Qualifizierung an, die tragfähig ist. Beim aktiven Zuhören muss der oder die Beratende die eigenen Reaktionen kontrollieren. Durch empathisches Reagieren soll beim Gegenüber die Möglichkeit gefördert werden, über sich selbst mehr Klarheit zu gewinnen. Diese klassischen Methoden sind aber ergänzungsbedürftig, denn Schulseelsorge findet nur selten in Sprechstunden in einem separaten Raum statt.

Situationsangemessenheit: Viele Kontakte mit Kindern und Jugendlichen, die Rat suchen, aber auch mit Lehrerinnen und Lehrern sind so genannten „Zwischen-Tür-und-Angel-Gespräche", zum Beispiel direkt nach dem Unterricht, auf dem Flur, auf dem Pausenhof, im Lehrerzimmer, im Schülercafé. Eine Kollegin berichtet:

■ „Kurz nach den Weihnachtsferien erkrankt die erst vor zwei Jahren aus dem Ausland zugezogene Leonie an Leukämie. Als sich die Schwere der Erkrankung herausstellt, sind die Heilungschancen nicht sehr hoch. Ich werde durch die Klassenlehrerin in einem Pausengespräch über die Erkrankung informiert. Fragen, die im Hintergrund der Information mitschwingen, sind: Wie gehe ich das Gespräch in meiner Klasse an? Wie gehe ich auf Leonies Schwester ein? Wie weit kann diese schwere Krankheit überhaupt in der Klasse und im Besonderen im Religionsunterricht thematisiert werden?" ■

Schulseelsorge muss als seelsorgerliches Handeln Hilfestellung geben in spezifischen Konflikten des schulischen Alltags. Die Anlässe dafür können unterschiedlich sein: eine schlechte Note, Liebeskummer, ein Freund, der mit Drogen experimentiert, vor allem aber handfeste Konflikte wie die persönliche Betroffenheit von Gewalt und Zerstörung. Gerade weil Seelsorge sich in den „Zwischenräumen" der Schule befindet, kann sie in solchen Schwierigkeiten des Alltags präsent sein. Für weiterführende Gespräche bieten sich feste Räume an: ein Religionsraum, eine Teestube, ein Meditationsraum etc.

■ „Am Sprechtag beklagen sich die Eltern des Schülers René aus meiner neuen fünften Klasse. Ihr Sohn werde seit einigen Wochen auf dem Schulweg und in den Pausen wegen seiner langen Haare von mehreren Schülern nicht nur verbal, sondern auch durch Beinchenstellen und Schubsen gemobbt. Bei einem so provozierten Sturz sei eine seiner Hosen zerrissen. René habe bereits mehrfach zu Hause geweint und gesagt: ‚Da gehe ich nicht mehr hin'." So berichtet ein Religionslehrer von einem Ereignis aus seinem Berufsalltag. Er fühlt sich herausgefordert, etwas zu unternehmen. ■

Eisbergmodell

Um situativ angemessen reagieren zu können, sollten die Lehrerinnen und Lehrer mit Grundstrukturen von Konflikten vertraut sein. Hierzu gehört das aus der Mediation bekannte Eisbergmodell.

Es verdeutlicht: Nur ein Achtel dessen, was die Partner mit in einen Konflikt bringen, ist offensichtlich und leicht erkennbar. Etwa sieben Achtel sind als Bedürfnisse unter der Oberfläche verborgen. Seelsorgerinnen und Seelsorger sollten den Mut haben, bei den Beteiligten unter die Oberfläche in den Bereich der Bedürfnisse und Gefühle vorzudringen. Nur wenn es gelingt, Positionen zu hinterfragen und auf die zugrunde liegenden Bedürfnisse zu kommen, führt der Weg des Einzelnen vom Angriff gegen andere zum Reden über sich selbst. Das sind Voraussetzungen für das rationale Lösen von Konflikten. Andernfalls bleiben Verhärtungen bestehen und der Konflikt kann stufenweise eskalieren.

Institutionsangemessenheit: Christliche Schulseelsorge kommt aus dem System Kirche, befindet sich im System Schule und kommt oft mit dem System Familie im Berührung. Sie sollte Hilfen geben zur Wahrnehmung der Verflochtenheit von Seelsorgethemen mit den institutionellen Hintergründen von Gruppe, Klasse, Familie und Schule (Heimbrock 1998, S. 461). Hier kommen Rollenkonflikte im Rahmen des Systems auch für den Schulseelsorger oder die Schulseelsorgerin selbst in den Blick, zum Beispiel die Ambivalenz zwischen Beratung und Bewertung von Leistungen im Zusammenhang des Unterrichts.

Die Rolle der Seelsorge in der Schule wird von verschiedenen Mitgliedern des Systems unterschiedlich interpretiert. Darüber sollte sich die Seelsorgerin im Klaren sein. Es ergeben sich seelsorgerliche Handlungsalternativen, wenn man die systemische Wirklichkeit nicht nur als unumstößliches Faktum erkennt. Seelsorge kann hier zu einer schrittweisen Erweiterung von Wahrnehmungs- und Deutungsspielräumen führen und damit schlussendlich zu mehr Freiheit.

Schulseelsorge ist keine „Therapie“, sondern Lebensbegleitung und Beratung. Die Fortbildung zum Schulseelsorger in verschiedenen religionspädagogischen Instituten qualifiziert für die Förderung von Klärungsprozessen, die Begleitung von Kommunikation sowie die Unterstützung von Entwicklung und Konfliktbewältigung im Alltag.

Schulleben gestalten

Die Situation, in der Kinder und Jugendliche heute aufwachsen und sozialisiert werden, fordert Reformen in vielen Dimensionen von Schule. Die Denkschrift „Zukunft der Bildung – Schule der Zukunft“ des Landes Nordrhein-Westfalen tritt für eine größere Selbstständigkeit der einzelnen Schulen ein. Sie erweitert den Lernbegriff und plädiert insgesamt für eine Schule als *„Haus des Lernens“* (Bildungskommission NRW 1995, S. 86). Dabei betont sie die wirksam genutzte Unterrichtszeit und die Anerkennung fachlicher Leistungserfolge. Aber ein funktionalistisches Bildungsverständnis reicht heute nicht aus. Die Institution Schule ist auch ein *„Haus des Lebens“*, das es zu gestalten gilt. Dazu gehört ein „Ethos“, eine Grundstruktur bestimmter Wertorientierungen, die sich in einem differenzierten Arrangement von Lern- und Erfahrungsmöglichkeiten niederschlagen. Dabei kommt es auf verschiedene Faktoren an: auf einen schülerorientierten Zeitrhythmus, die Gestaltung der Schulräume und der sozialen Verfassung, die Kooperation im Kollegium, die Öffnung zur Schulumwelt, eine aktive Schulleitung und die Unterstützung durch die Schulbehörden. Durch das besondere Zusammenspiel dieser Faktoren entwickelt jede einzelne Schule ihr Profil, über das sie im Schulprogramm Auskunft gibt.

Im jeweiligen Schulprogramm sollte die *religiöse Dimension* nicht fehlen. Es ist nicht nur Aufgabe kirchlicher Schulen, Spiritualität zu entwickeln.

■ Schulentwicklung braucht Schulkultur, und zwar nicht nur als Organisationskultur, Sozialkultur und Lernkultur, sondern auch als Spiritualität.
Die Kultur einer Schule zeigt sich darin, welcher Geist in ihr spürbar wird. Diese Spiritualität kann vom Religionsunterricht ausgehen, aber er ist auch auf sie angewiesen (HALBFAS 1987, S. 165–191). ■

Schulseelsorge und Spiritualität

Jugendliche haben nach wie vor Erwartungen hinsichtlich einer überzeugenden Auslegung des christlichen Glaubens mit Blick auf ihre Lebenssituation; das gilt auch für viele Lehrerinnen und Lehrer. Deshalb sind *Gottesdienste, Andachten und Meditationen* im Rahmen der Schule als ein schulbezogener Dienst und als ein Angebot zu verstehen. Christinnen und Christen können im Rahmen der Schule solche Angebote als Äußerungen ihres eigenen Lebens aus Glauben unterbreiten. Sie zeigen damit, dass ihnen der Glaube im Leben viel bedeutet und dass sie diese Lebensdimension den Jugendlichen nicht vorenthalten wollen. Auf diese Weise werden Schülerinnen und Schüler ermutigt, ihren eigenen Glauben durch schöpferische Versuche mit eigener Stimme auszudrücken, durch Gebete, Lieder, Musik und Meditation.

Die Schule soll sich nicht nur auf vorgängige Erfahrungen der Schülerinnen und Schüler beziehen, sondern auch neue Erfahrungen ermöglichen. Liturgische, meditative, religiös-ästhetische und symbolische Praxisformen im Schulleben tragen dazu bei, die Schule als Erfahrungsraum zu gestalten.

- Schulgottesdienste können neue Erfahrungen stiften, die der Schule und dem persönlichen Leben der Einzelnen zugute kommen.
- Sie bringen den Schülerinnen und Schülern meditative und ästhetische Seiten des Lebens im Vollzug nahe.
- Häufig werden Gottesdienste zum Anfang oder zum Ende der Schulzeit gewünscht. Dahinter verbirgt sich mehr als das Bedürfnis nach der festlichen Gestaltung eines Übergangs zwischen zwei bedeutsamen Lebensabschnitten. Der Gottesdienst kann hier – besonders für Eltern und Kinder – ein Ort sein, wo sie sich ihrer selbst bewusst werden, ein Ort der Rückschau, der Vorschau und des Dankes.

Neben den genannten integrierenden Funktionen für die Schulgemeinschaft besitzen Gottesdienste und Schulandachten nach Christian Grethlein auch eine „hierarchiekritische, die Institution Schule transzendierende Funktion." Diese Funktion kann der Schulgottesdienst erfüllen, wenn er sich zwar auf ein konkretes schulisches Anliegen bezieht, dieses aber „in eine weitere nichtschulische Perspektive, nämlich das Evangelium rückt." Eine Schule, die unter dieser Perspektive Schulgottesdienste pflegt, bringt gegenüber allen Beteiligten zum Ausdruck, „dass sie sich nicht selbst genügt, sondern auch um ihre Begrenztheiten weiß, dieses Wissen aber gestalten will und kann." (Grethlein, in: Wermke 2002, S. 199)

Im Gottesdienst wird unmittelbar zu Gott in der *ersten Sprache des Glaubens und der Anbetung* von Menschen gesprochen, die davon ausgehen, dass er selbst in der ersten Person *zu* ihnen gesprochen hat (Nipkow 1998, S. 308). Auf Gottes Anrede an uns Menschen erfolgt die Antwort von Menschen. Im Gottesdienst ereignet sich also Vollzug von Religion.

- Die Schülerinnen und Schüler brauchen hier keine Lernleistungen zu erbringen, sondern ihnen wird als Evangelium gebracht, was Gott für uns getan hat.
- Der Schulgottesdienst wird Kinder, Jugendliche und junge Erwachsene aber nur erreichen, wenn er sich mit ihrer Lebenswelt und ihren Erfahrungen verbindet.
- In der gemeinsamen Feier soll es ihnen ermöglicht werden, in der ersten Sprache des Glaubens zu sprechen und ihre Erfahrungen vor Gott mit eigener Stimme und eigenen Worten zur Sprache zu bringen.

Im Religionsunterricht geht es demgegenüber um ein *zweites Sprechen über das erste Sprechen* im Sinne der Auslegung, Interpretation, Unterscheidung und Abgrenzung (a. a. O. S. 308–309, 536). Schulgottesdienste sind Feiern des Glaubens und eben keine Fortsetzung des Religionsunterrichts mit anderen Mitteln. Religionsunterricht und Schulgottesdienst bilden zwei eigenständige Räume. Aber didaktisch können sie aufeinander bezogen werden. Was im Schulgottesdienst vollzogen wird, steht im Religionsunterricht als gelebte Religion zur Diskussion. In der Religionsdidaktik gewinnen heute Arbeitsformen an Bedeutung, die nicht nur aus einer Außenperspektive theoretisierend auf Religion blicken und damit die konkreten religiösen Vollzüge immer schon voraussetzen. Weil der Religionsunterricht aufgrund der Individualisierung der Religion immer weniger auf gemeinsame Erfahrungen der Kinder und Jugendlichen mit gelebter Religion zurückgreifen kann, wird über Unterrichtskonzepte nachgedacht, in deren Vollzug auch gemeinsame Erfahrungen gestiftet werden.

- Die Erlebnisqualität und die sinnlich-ästhetische Dimension von Religion haben im Religionsunterricht nicht nur der unteren Klassen an Bedeutung gewonnen. Stilleübungen und Meditationen sind Arbeitsformen, durch die Heranwachsende neu lernen können zu empfinden.
- Im Religionsunterricht sollen Schülerinnen und Schüler nicht nur über Religion zu theoretisieren lernen, sondern sie sollen mit Religion in Kontakt kommen. Deshalb ist der Religionsunterricht auch der Ort für ein probeweises, freies Herantasten an religiöse Formen, das jedoch den Weg der distanzierenden Reflexion offen hält.

Schulgottesdienste sind gemeinsame Feiern von Schülerinnen und Schülern, Lehrerinnen und Lehrern und häufig einer Pfarrerin oder einem Pfarrer. Dabei bestehen ausgesprochen oder unausgesprochen bestimmte Erwartungen an die Erwachsenen: In der Regel werden die Auslegung eines *Bibelwortes*, eines *theologischen Gedankens* und der *Segen* von den Erwachsenen erwartet. Dahinter steht der Wunsch nach einem Zuspruch, der von außen kommt und den ich mir nicht selber sagen kann. Heranwachsende wollen von uns Erwachsenen die Zusage hören, auf die wir uns gemeinsam mit unserem christlichen Glauben verlassen können. Das schließt die Rede über Zweifel im Glauben durchaus ein.

Schulseelsorge und Jugendbildungsarbeit

Schülerinnen und Schüler haben das Bedürfnis nach Selbstreflexion in der Gruppe Gleichaltriger und deshalb gehört zur Schulseelsorge auch das Angebot religiöser Freizeiten und Bildungsseminare. Heute engagieren sich Hauptamtliche aus der kirchlichen Jugendarbeit mit Lehrerinnen und Lehrern bei der Gestaltung und Durchführung von Besinnungstagen, Tagen religiöser Orientierung und Reflexionstagungen. Stadtjugendpfarrämter entwickeln Angebote für Projektwochen und bieten Tage der Orientierung an. Solche Klassentagungen sind Teil des Handlungsfeldes Schulseelsorge.

- Es handelt sich um Seminare, die über einen Zeitraum von zwei bis drei Tagen an einem Ort außerhalb der Schule stattfinden.
- Das Angebot richtet sich an Schülerinnen und Schüler ab der Klasse 9. Die Teilnehmenden gehören meist einer Klasse oder einem Kurs an, oft dem Religionskurs. Die Lehrerinnen und Lehrer sind kooperativ in die inhaltliche Gestaltung der Tagung einbezogen.
- Thematisch bewegen sich die Tagungen im Dreieck von Glaube, Ethik und Lebenswelt der Jugendlichen. Die Themenpalette reicht von Meditationswochenenden über die Bearbeitung von Schwerpunkten wie „Glück“, „Liebe“ und „Zukunft“ bis hin zum Beispiel zu Auswertungstagungen für Sozialpraktika.

Methodisch können hier auch solche Arbeitsformen zum Zuge kommen, die den Zeitrahmen von Unterrichtsstunden überschreiten: Interaktionsspiele, Methoden der Spiel-, Theater- oder Medienpädagogik, Planspiele und anderes. Im Zusammenhang dieser Tagungsarbeit wird der Bildungsauftrag der Schulseelsorge deutlich erkennbar: Sie schafft Räume, in denen bei der persönlichen Auseinandersetzung mit Themen die Sinnfrage gestellt und ohne Druck gemeinsam mit anderen bearbeitet werden kann. Dabei können auch biografische Erfahrungen von Diskontinuität und Diskrepanz sensibel aufgenommen werden.

- Schulseelsorge findet in den drei Dimensionen Beratung, Spiritualität und Jugendbildungsarbeit statt.
- Aus christlicher Verantwortung können Religionslehrerinnen und -lehrer für ihre Schulen in allen drei Dimensionen Angebote unterbreiten, die zu einer menschlichen Schule beitragen.
- Zwischen Schulseelsorge und einem pädagogischen Leistungsverständnis, das die unumkehrbare Reihenfolge von Fördern und Fordern beachtet, bestehen keine unüberwindlichen Spannungen.

Teil II
Exemplarische Themen

Was ist Glück? Theologisieren mit Jugendlichen

von Rudolf Englert

Hartmut von Hentig hat sechs Maßstäbe genannt, an denen sich die Bildung eines Menschen zu bewähren habe. Der zweite dieser Maßstäbe lautet: „Die Wahrnehmung von Glück". Damit ist gemeint: „Bildung soll Glücksmöglichkeiten eröffnen, Glücksempfänglichkeit, eine Verantwortung für das eigene Glück." (v. HENTIG 1996, S. 79) Vermutlich würden sich die meisten Schülerinnen und Schüler schwer tun, die Schule mit einer solchen Glücks-Perspektive in Verbindung zu bringen. Aber ist damit nicht wirklich eine wichtige Aufgabe der Schule und ganz besonders auch des Religionsunterrichts beschrieben: Jugendliche zu befähigen, „Verantwortung für das eigene Glück" zu übernehmen? In diesem Sinne könnte eine Unterrichtsreihe zum Thema „Glück" eine Reihe elementarer Lebensfragen aufwerfen: Was bedeutet für mich ein „glückliches Leben"? Was kann ich tun, dass mein Leben glückt? Wie viel Glück muss man haben, um glücklich zu sein?

Das Glück hat tausend Facetten: Zugänge

- Du hast mit deiner Fußballmannschaft ein wirklich gutes Auswärtssspiel gemacht, erschöpft lässt du dich auf den Sitz des Kleinbusses fallen, der euch zurückbringt … Du hast das erste Mal versucht, dein Brot selbst zu backen, du machst den Backofen auf und siehst: Es ist gut geworden … N.N., genau der!, hat dich angesprochen und du hast gespürt: Er findet dich nett … Du hattest einen Ring verloren, den du besonders mochtest, und da, auf einmal ist er wieder aufgetaucht, ganz plötzlich ... Ganz verschiedene Situationen. Und doch haben sie etwas gemeinsam. Was ist das? Wie lässt es sich beschreiben? – So könnte eine Unterrichtsreihe zum Thema „Glück" beginnen. Könnte! Denn das „Glück" hat tausend Facetten und das Thema lässt sich entsprechend vielfältig erarbeiten.

- Alle Menschen streben nach Glück. Das ist eine Binsenweisheit. Doch wenn man zehn Leute fragt, was „Glück" ist, kann es gut sein, dass man zehn verschiedene Antworten erhält. Das ist eine Erfahrung. Man kann versuchen, sie selbst zu machen: Die Schüler ziehen mit einem Kassettenrecorder los und interviewen Bekannte oder Verwandte, Passanten oder „Prominente". Interessante Antworten verspricht auch die Frage: „Können Sie sich an eine Situation erinnern, von der Sie sagen würden: Da war ich einmal so richtig glücklich?" Wird sich etwas finden lassen, was sich quer durch die Antworten hindurchzieht – so etwas wie das Wesen oder das Geheimnis des Glücks, etwas, das unbedingt dazugehört, ohne das kein Glück denkbar ist?
- Was lässt sich eigentlich lernen über das Glück, wenn es doch so schwer fassbar ist und für die Einzelnen offenbar sehr Unterschiedliches bedeutet? Muss nicht jeder *sein* Glück finden? Der Soziologe Alfred Bellebaum hat 1990 ein „Institut für Glücksforschung" gegründet. Nach zehn Jahren Forschungstätigkeit ist er zu der Einsicht gelangt: „Glück ist das, was sich Menschen ... unter Glück vorstellen." (Bellebaum 2002, S. 28) Das hört sich zunächst tatsächlich so an, als sei das Glück, das alle wollen, für jeden etwas anderes. Bei genauerem Hinsehen zeigt sich jedoch, dass durch die Vielfalt der Varianten immer wieder ähnliche Grundmuster durchschimmern: das große ekstatische Glück und das kleine bescheidene Glück, das Glück gelungener Gemeinschaft und das Glück frei gewählter Selbstgenügsamkeit, das mit Erfolg, Reichtum und Macht verbundene Glück und das Glück der Bedürfnislosigkeit ... Offenbar gibt es nur eine begrenzte Anzahl von Modellen menschlichen Glücks. Diese konfrontieren den Einzelnen mit der Frage: In welche Richtung gehen meine eigenen Glücks-Hoffnungen? Was ist mir so wichtig, dass mein Glück davon abhängt?

Die folgenden Überlegungen und Bausteine können aus der Fülle dessen, was sich in Verbindung mit der Thematik „Glück" ansprechen ließe, nur Ausgewähltes herausgreifen. Bei dieser Auswahl waren vor allem zwei Rücksichten maßgebend: Erstens waren uns diejenigen Aspekte des Glücks besonders wichtig, die etwas mit Religion und mit Glaube zu tun haben; und zweitens sollte es um jene Punkte gehen, die das eigene Nachdenken besonders herausfordern. Um die Nachdenklichkeit der Schüler und Schülerinnen gezielt zu fördern, haben wir den Zugang des „Philosophierens mit Jugendlichen“ gewählt.

Hat Glück mit Religion und Glauben zu tun?

Ist „Glück“ überhaupt ein religionsunterrichtlich relevantes Thema? Man könnte sagen: Ja, schon allein deshalb, weil im Zentrum eines von Christen verantworteten Religionsunterrichts eine „Frohe Botschaft“ steht, also doch offensichtlich eine Perspektive, die etwas mit dem Glück der Menschen zu tun hat. Das ist für sich genommen natürlich noch ein wenig vage. Der Trierer Theologe Franz Wendel Niehl fasst das Relevanzkriterium schon wesentlich enger, wenn er meint:

> „Sinnvoll und berechtigt ist die Rede vom Glück im Religionsunterricht nur dann, wenn zentrale Glaubensaussagen als Ermutigung zum Glück interpretiert werden können.“ (Niehl 1984, S. 868)

Dies ist allerdings keine leichte Aufgabe. Zum einen, weil der Begriff „Glück“ in der Glaubensüberlieferung keine große Rolle zu spielen scheint. Jedenfalls ist im Neuen Testament nirgendwo ein Wort gebraucht, das sich eindeutig mit „Glück“ übersetzen ließe. Über weite Strecken der Glaubensgeschichte ist sogar eine Abwertung irdischen Glücks zugunsten ewigen Heils zu erkennen. Zum anderen ist die Interpretation zentraler Glaubensaussagen als Ermutigung zum Glück auch deshalb nicht einfach, weil das Glücksverständnis der Gegenwart so stark auf die lustvolle Befriedigung konkreter Bedürfnisse abzustellen scheint, dass sich kein zwingender Anknüpfungspunkt für eine solche Interpretation anbietet. Anders als in der Antike, in der mit „Glück“ (gr. „eudaimonia“, lat. „beatitudo“ oder „felicitas“) wesentlich ein im umfassenden Sinne gutes, gelingendes Leben angesprochen wurde, steht heute oft eher die hedonistische Komponente des Glücks im Vordergrund: sein „Glück genießen“, „Spaß haben“, „sich etwas gönnen“, die „Gunst der Stunde“ auskosten.

Bei genauerem Hinsehen sind die christliche und die aktuelle Perspektive auf das Glück jedoch durchaus offen füreinander. So zeigt sich, dass zentrale biblische Begriffe wie „Segen“, „Gnade“ oder „Heil“ hochgradig glücksverwandt sind. Recht verstanden lassen sich hier und jetzt genossenes Glück und endzeitlich verheißenes Heil nicht auseinander dividieren. Exemplarisch zeigt sich dies in der Deutung, die Jesus seinem Wirken selbst gegeben hat: „Wenn ich die Dämonen durch den Finger Gottes austreibe, dann ist doch das Reich Gottes schon zu euch gekommen" (Lk 11,20). Wo Jesus oder ein/e andere/r der Söhne und Töchter Gottes Menschen volles Leben ermöglicht, indem er zum Beispiel Blinden die Augen öffnet oder Lahme wieder mobil macht, indem er sich Ausgegrenzten zuwendet oder Armen eine Hoffnung gibt (vgl. Mt 11,5; LK 7,22), da kann Gottes heilsame Gegenwart unter den Menschen erfahrbar werden. Insofern sind das Glück, das wir Menschen verdanken, und das Heil, das wir von Gott erhoffen, nicht zu trennen. Was könnte von daher eher geeignet sein, einen Vorgeschmack auf Gottes umfassendes Bei-uns-Sein zu verschaffen (auf Gottes „Reich", auf den „Himmel", auf das „Paradies" usw.) als das intensive Erleben menschlichen Glücks?

Wenn es gelingen soll, zentrale Aussagen christlichen Glaubens mit heutigen Glückvorstellungen in ein produktives Gespräch zu bringen, setzt dies freilich nicht nur voraus, dass die Glücksrelevanz des Glaubens erkennbar wird; es setzt auch voraus, dass die spirituelle Dimension dessen deutlich wird, was sich Menschen heute an Glück erhoffen. Die Schülerinnen und Schüler könnten etwa die heute vorherrschenden und insbesondere von den Medien verbreiteten Glücksvorstellungen daraufhin einmal sichten und sie auch kritisch auf ihre Leerstellen hin befragen: Inwieweit ist den heute kursierenden Glücksversprechen zu trauen? Inwieweit ist der Mensch wirklich seines Glückes Schmied? Inwieweit ist Glück tatsächlich eine Frage des Geldes? Und so weiter. Wenn es gelingt, die Schüler auf diese Weise zum Nachdenken und ins Gespräch auch über ihre eigenen Glücksvorstellungen zu bringen und wenn es möglich ist, die Perspektiven der jüdisch-christlichen Glaubenstradition so in dieses Gespräch einzufädeln, dass die Schüler und Schülerinnen ihr Glücksverständnis reflektieren, dann hat sich das Unterrichtsprojekt religionspädagogisch allemal gelohnt.

Der Weg ist das Ziel

„Schülerinnen und Schüler zum Nachdenken bringen" – das ist ein zentrales Stichwort für das „Philosophieren mit Jugendlichen". Dabei geht es nicht in erster Linie darum, die Vorstellungen berühmter Philosophen vorzustellen und zu diskutieren. Die Hauptsache ist vielmehr, dass die Schülerinnen selbst „ins Philosophieren" kommen: dass sie ein wenig angesteckt werden von der intellektuellen Neugier und dem Ethos der Wahrheitssuche, das gute Philosophinnen auszeichnet. Es geht darum, sich mit den Schülern auf einen offenen Suchprozess nach tragfähigen Antworten auf ein kontrovers diskutierbares Thema einzulassen.

Schon im Kontext der Reformpädagogik gab es erste Überlegungen, wie die „metaphysischen Fragen" der Kinder in der Schule produktiv aufgenommen werden könnten. Es ist ja eine augenfällige Tatsache, dass gerade kleine Kinder große Fragen haben (denen die Erwachsenen oft nicht gewachsen sind): Hört die Zeit einmal auf? Können Blumen glücklich sein? Wie kommt die große Tür in mein kleines Auge? Es scheint, als besäßen Kinder einige Voraussetzungen, die dem Philosophieren besonders förderlich sind: Sie nehmen die Welt nicht einfach „so, wie sie ist", sondern finden vieles erstaunlich und frag-würdig; sie gehen unvoreingenommen „an die Dinge" heran; sie haben nicht so viel Angst wie die „Großen", etwas Falsches zu sagen. Um diese Talente zu fördern entstand, zuerst in den USA und später auch in Deutschland, die mittlerweile zu einem breiten Strom angewachsene Bewegung „Philosophieren mit Kindern".

Nun hat man es in den Oberklassen der Sekundarstufe I, auf welche die folgenden Überlegungen gemünzt sind, nicht mehr mit Kindern zu tun. Manche der bei Kindern gerühmten philosophischen Talente finden sich bei Jugendlichen nicht mehr, jedenfalls nicht ohne weiteres. Es ist von daher die Frage, ob in der Sekundarstufe möglich ist, was sich in der Grundschule bereits vielfach bewährt hat: Offener Unterricht im „Modus des Philosophierens". Im Vergleich zu Kindern sind die Fragen von Jugendlichen eher konkreter als metaphysischer Natur. Dem ist bei einem philosophischen Ansatz entsprechend Rechnung zu tragen – zum Beispiel, indem man Entscheidungsnöte alltäglichen Lebens in den Vordergrund stellt. Am ehesten, so scheint es, lassen solche Fragen Jugendliche ins Philosophieren kommen, die, wie logische Probleme, entweder einen spielerischen Charakter haben, oder, wie Probleme der Lebensführung, eine praktische Relevanz. Das Thema „Glück" hat ganz ohne Frage eine solche praktische Relevanz.

Was nun zeichnet den „philosophischen" Ansatz genauer aus?

- Der Ansatz des „Philosophierens" stellt *Fragen in den Mittelpunkt*. Es sollte sich um Fragen handeln, die den Schülerinnen und Schülern selbst frag-würdig erscheinen, um Fragen, die eine für sie relevante gedankliche Herausforderung enthalten. Dabei geht es nicht um Sachfragen, die sich durch das Einholen von Informationen lösen lassen (obwohl solche Informationen nützlich sein können), sondern um Orientierungs- und Menschheitsfragen.

- Es kommt nicht in erster Linie darauf an, dass die Schüler und Schülerinnen erfahren, was dieser oder jener große Philosoph zu diesen Fragen gesagt hat (obwohl dies durchaus hilfreich sein kann); sie sollen vielmehr ihre eigenen Erfahrungen aufrufen, ihre eigene Reflexionsfähigkeit und ihr *eigenes Urteilsvermögen ins Spiel bringen*.
- Den sich von daher entfaltenden gedanklichen Suchbewegungen sollte breiter Raum gelassen werden. Auch *Umwege* können „etwas bringen". Die Schüler und Schülerinnen müssen spüren: Uns wird zugetraut, dass aus unserem eigenen Überlegen etwas Wichtiges herauskommen kann.
- „Philosophieren im Religionsunterricht" kann nur funktionieren, wenn der Lehrer seine Vermittlerrolle weitgehend zurücktreten lässt. Seine Aufgabe wird es vor allem sein, die Schülerinnen und Schüler zu eigenen Überlegungen zu motivieren und durch *behutsame Strukturierungsangebote* und gelegentliche Eingaben dafür Sorge zu tragen, dass dieses Überlegen nicht nach wenigen Schritten bereits abbricht, sondern sich ausweiten kann zu einem Prozess weiterführenden Fragens und Suchens.
- Um die Überlegungen zu vertiefen, ist es sinnvoll, sie immer wieder auf *bestimmte Fragestellungen* hin zuzuspitzen, zum Beispiel: Ist das Glück machbar? Hat jeder Mensch ein Recht auf Glück? Braucht man zum Glück den Segen Gottes? Die Gunst des Schicksals? Dabei empfiehlt es sich, die Fragen anhand konkreter Situationen und Fallbeispiele zu veranschaulichen, immer wieder neue Aspekte einzubringen, verschiedene Perspektiven einzunehmen.
- Vielfach wird es dem Überlegungsprozess förderlich sein, klare Gegensätze herauszustellen oder *echte Dilemmata* zu formulieren (das heißt alternative Sichtweisen oder Handlungsmöglichkeiten, die alle eine andere Schwachstelle haben). Der „Kinderphilosoph" Helmut Schreier sieht in der Kunst der Kontroverse sogar den didaktisch entscheidenden Punkt. Deshalb sei zu fragen: „Welcher mächtige Gegensatz ist am besten geeignet, die Problematik des Sachverhalts zu fassen?" (Schreier 1991, S. 74)
- Gerade bei der Bearbeitung einer lebenspraktischen Orientierungsfrage (wie etwa der Frage nach dem Glück) sollten sich die Schüler und Schülerinnen herausgefordert fühlen, *nicht einfach nur subjektive Vorzugsurteile* abzugeben, sondern wirklich zu argumentieren: Bedingungen zu berücksichtigen, Konsequenzen abzuschätzen, Stärken und Schwächen einer Position anzusprechen, alternative Lösungsmöglichkeiten zu erwägen, kurz: ihre Auffassung zu begründen – und im Verlauf des Nachdenkens und Miteinander-Überlegens immer wieder neu zu überprüfen.

Es geht also nicht darum, bestimmte vorab definierte inhaltliche Lernziele zu erreichen, als vielmehr darum, in eine eigenständige gedankliche Arbeit einzuüben. Das Ergebnis ist offen, möglicherweise für jeden Schüler ein etwas anderes. Mehr noch als bei anderen Arbeitsformen ist hier der Weg das Ziel.
Die verschiedenen Aspekte des Themas können so miteinander verbunden werden, wie es von der Dynamik des gemeinsamen Reflexionsprozesses am sinnvollsten erscheint. Es handelt sich bei den folgenden Ausführungen daher um variabel einsetzbare und je für sich modifizierbare und erweiterungsfähige „Bausteine"; diese Bausteine können, wenn man nur wenig Zeit hat oder wenn man das „Philosophieren im Religionsunterricht" erst einmal ausprobieren will, auch einzeln eingesetzt werden. Wenn man mehrere Bausteine hintereinander schaltet (wofür um der Intensität des gemeinsamen Nachdenkens willen natürlich vieles spricht), erscheint die hier vorgeschlagene Reihenfolge besonders günstig.

Baustein 1: Was ist Glück?

Alle Menschen streben nach Glück. Aber was ist „Glück"? Es scheint, dass es dazu so viele Meinungen wie Menschen gibt. Schon in der Antike hat man fast 300 verschiedene Definitionen von „Glück" gezählt. Seither hat sich ihre Zahl sicherlich noch erheblich vermehrt.

„Glück" hat verschiedene Dimensionen

Das Wort „Glück" hat unterschiedliche Bedeutungen. Wenn man sagt: „Glück gehabt", gebraucht man „Glück" in einem anderen Sinne als wenn man etwa sagt, dass man in seinem Partner das Glück seines Lebens gefunden habe. Im Englischen lassen sich diese beiden Aspekte des Glücks besser unterscheiden als im Deutschen: So kann man da zum glücklichen Zufall „luck" und zum Lebensglück „happiness" sagen. Natürlich haben die beiden Aspekte auch etwas miteinander zu tun; wenn jemand etwa von der „Gunst des Schicksals" spricht, der er sein Glück verdanke, kann man ihn sowohl „lucky" als auch „happy" nennen. Im Folgenden wird der Aspekt des Lebensglücks allerdings klar die Hauptrolle spielen. (Weitere interessante „Glücksbegriffe", denen sich nachzugehen lohnte, sind etwa: „Happy end", „Erfüllter Augenblick", „Eudaimonia".)

Um diese Mehrdimensionalität des „Glücks“ in den Blick zu bekommen, kann man Wortzusammensetzungen mit „Glück“ sammeln, zum Beispiel „Glückskinder“, „Glücksritter“, „Glücksfee“, „Glücksmoment“ usw.; oder man sucht nach Aussprüchen und Sprichwörtern, in denen „Glück“ vorkommt, zum Beispiel: „Sein Glück machen“, „don't worry, be happy“, „Glück im Unglück“ usw. (viele Sprichwort-Hinweise finden sich im bewährten „Büchmann“: Geflügelte Worte; das Zusammentragen von „Glücksworten“ ist auch eine interessante Internet-Suchaufgabe). Die „Funde“ könnten dann strukturiert werden – unter dem Aspekt, welche Dimension von „Glück“ dabei jeweils im Vordergrund steht.

Verschiedene Glückserfahrungen

Um dem Nachdenken über das Glück eine gewisse Tiefe zu geben, empfiehlt sich eine (auto-)biografische Fundierung. Den Schülerinnen und Schülern sollte deutlich werden: Die Frage nach dem Glück spielt auch in meinem Leben eine Rolle; oder doch immerhin: „Auch ich habe mit dem Glück so meine Erfahrungen gemacht“.

Mögliche Arbeitsanregungen Wenn ihr an euer bisheriges Leben zurückdenkt: Entdeckt ihr darin Situationen, von denen ihr sagen würdet: In diesem Moment war ich glücklich? Oder: In diesem Moment habe ich so etwas wie einen Hauch von Glück gespürt?

Möglich wäre auch die Auseinandersetzung mit Schlagertexten, in denen das Thema Glück (das „kleine“ und das „große“ Glück) eine wichtige Rolle spielt (Beispiel: Adamo, Ein kleines Glück: CD Adamo: Seine großen Erfolge, 1996).

Baustein 2: Was braucht der Mensch zum Glück?

Was braucht der Mensch zum Glück? Dies ist eine Frage, zu der die Schülerinnen und Schüler ohne weiteres ihre eigenen Vorstellungen äußern können sollten. Vielleicht genügt es sogar, die Frage kommentarlos als stummen Impuls an die Tafel zu schreiben. In anderen Situationen ist eine „konkretere“ Arbeitsaufgabe vielleicht günstiger, zum Beispiel: Stellt euch vor, es geht euch wie im Märchen: Ihr begegnet einer guten Fee, die euch um Hilfe bittet. Ihr helft und die gute Fee tut, was gute Feen in solchen Situationen tun. Sie sagt: „Du darfst dir etwas wünschen. Sag mir, welche drei Wünsche ich dir erfüllen soll!“ Was würdet ihr euch wünschen? (Variation: Ihr seid mit zwei Mitschülern unterwegs und müsst euch auf drei Wünsche einigen.)

Immer wieder haben Philosophen, Weisheitslehrer oder Schriftstellerinnen nach den Voraussetzungen des Glücks gefragt. Der Dalai Lama hat eine „Glücksfibel“ verfasst. Heute versucht man sogar, dem Glück wissenschaftlich auf die Spur zu kommen: So gibt es neben dem schon erwähnten „Institut für Glücksforschung“ zum Beispiel die internationale Zeitschrift „Journal of Happiness Studies“, ja es gibt an der Europa-Universität Rotterdam sogar eine „World Database of Happiness“, in der man alles zusammenzutragen versucht, was Menschen über das Glück herausbekommen und geschrieben haben. Was muss zusammenkommen, damit so etwas wie Glück entstehen kann? Es ist dies eine Frage, die sich wohl fast jede und jeder gelegentlich stellt: Was braucht man, was brauche ich, um glücklich zu sein?

Mögliche Arbeitsanregungen

Was meint ihr? Was gehört wesentlich zum Glück? Wenn ihr euch das Glück „backen“ könntet, welche Zutaten würdet ihr verwenden? Schreibt euer Glücksrezept auf!

Hier sind die Rezeptvorschläge dreier berühmter Männer:

- „Um glücklich zu sein im Leben, brauchen wir etwas zu arbeiten, etwas zu lieben und etwas, auf das wir hoffen können.“ (JOSEPH ADDISON)
- „Gott, was ist glücklich? Eine Grießsuppe, eine Schlafstelle, keine körperlichen Schmerzen – das ist schon viel.“ (THEODOR FONTANE)
- „Glück ist gute Gesundheit und ein schlechtes Gedächtnis.“ (ALBERT SCHWEITZER)

Vergleicht die Zutaten mit eurer eigenen Rezeptur.

Der amerikanische Glücksforscher Ed Diener meint, die meisten guten Rezepte kämen mit relativ wenig Zutaten aus – wobei einige Zutaten absolut notwendig und andere nur hilfreich seien. Aber es gäbe keine einzelne Komponente, die für sich allein genommen ein gutes Essen ergebe. So sei dies auch beim Glück oder beim subjektiven Wohlbefinden. Es käme darauf an, eine Vielfalt von Inhaltsstoffen in der rechten Weise zusammenzubringen.

Sind die Reichen glücklicher?

Oft sagt man: Reichtum macht nicht glücklich. Jeder kennt Beispiele für Menschen, die in materieller Hinsicht „alles“ haben – und doch offensichtlich nicht glücklich sind, manchmal gar verzweifelt wirken. Es gibt einen breiten Strom von Geschichten und Reflexionen, die vor dem Reichtum warnen, weil er unglücklich mache – zum Beispiel Jean de la Fontaines Geschichte vom reichen Mann und dem armen Schuster. Sie erzählt von einem armen Schuster, der von morgens bis abends vor Freude singt. Das stört seinen reichen Nachbarn und dieser überlegt, wie er dem Gesang ein Ende machen könnte: Er schenkt dem Armen einen Beutel voller Goldstücke. Der Schuster muss nun immer an das viele Geld denken. Vor lauter Angst um das Geld kommt er nicht mehr zum Arbeiten und erst recht nicht mehr zum Singen. Er wird unglücklich. Schließlich gibt er seinem Nachbarn das Geld wieder zurück – und wird wieder genauso glücklich und sangesfroh wie ehedem.

Andere Zeugnisse sehen Reichtum zwar nicht unbedingt als Glücksgefährdung, bringen aber doch eine deutliche Skepsis gegenüber der Vorstellung zum Ausdruck, Reichtum sei automatisch auch mit Glück verbunden. So etwa in den folgenden Aussprüchen:

■ „Es ist nicht schwer, Menschen zu finden, die mit 60 Jahren zehnmal so reich sind, als sie es mit 20 waren. Aber nicht einer von ihnen behauptet, er sei zehnmal so glücklich." (George Bernhard Shaw, irischer Dramatiker, gest. 1950)
„Die Reichen müssten sehr glücklich sein, wenn sie nur halb so glücklich wären, wie die Armen glauben." (Charles Tschopp, Schweizer Aphoristiker, gest. 1982) ■

Es gibt allerdings auch Kulturen, die materiellen Wohlstand als eine wichtige Grundlage für ein glückliches Leben betrachten. Auch in der hebräischen Bibel finden sich zahlreiche Erzählungen, in denen deutlich wird: Wohlstand und Reichtum werden als Segen Gottes verstanden; sie sind eine wichtige Komponente menschlichen Glücks. Allerdings nur dann, wenn der Reichtum auf rechte Weise genossen wird. So wird Kritik laut, zum Beispiel von Propheten wie Amos, Jesaja oder Micha, wenn jemand Güter hortet, möglicherweise noch dazu auf Kosten anderer. Drohreden gelten denen, die vergessen, dass Besitz Gabe Gottes ist und nicht zum Selbstzweck werden darf. So heißt es bei Jesaja: „Wehe denen, die Haus an Haus reihen und Acker an Acker rücken, bis kein Platz mehr ist und ihr allein Besitzer seid mitten im Lande" (Jes 5,8).

Schließlich gibt es auch eine Sichtweise, die dem Reichtum gegenüber keinerlei Vorbehalt zeigt und seinen Genuss nicht an Bedingungen knüpft. Für sie ist das Streben nach materiellem Wohlergehen, und mehr noch: nach Reichtum, ein wesentlicher Ausdruck des Strebens nach Glück und von daher etwas in sich selbst Gerechtfertigtes und Gutes. Sehr zugespitzt kommt diese Sicht in einem Wort zum Ausdruck, das von dem amerikanischen Schauspieler und Sänger Danny Kaye überliefert ist: „Geld allein macht nicht glücklich. Es gehören auch noch Aktien, Gold und Grundstücke dazu." Wie also verhalten sich Reichtum und Glück zueinander? Sind reiche Menschen glücklicher? Inwiefern fördert ein bestimmter Reichtum das Glück? Inwiefern kann Reichtum das Glück des Menschen aber auch gefährden?

Baustein 3: Ist das Glück machbar?

Bei ihrem Streben nach Glück begehen die Menschen sehr unterschiedliche Wege. Aber hat dieses Streben überhaupt Aussicht auf Erfüllung? Ist der Mensch fähig zum Glück? In einer ganzen Reihe von Sprachen gibt es das Sprichwort: „Dort wo du nicht bist, dort ist das Glück." Mit anderen Worten: Es mag zum Menschen gehören, dass er auf sein Glück aus ist, letztlich aber ist sein Bemühen vergeblich. Ist er dort, wo er das Glück vermutete, endlich angekommen, ist das Glück schon wieder woanders. Ähnlich pessimistisch denkt Sigmund Freud. In seiner Schrift „Das Unbehagen in der Kultur" schreibt er, wegen ihres Strebens nach Glück kämen die Menschen ständig in Konflikt mit der Welt. Denn dieses ihr Programm „ist überhaupt nicht durchführbar, alle Einrichtungen des Alls widerstreben ihm; man möchte sagen, die Absicht, dass der Mensch ‚glücklich' sei, ist im Plan der ‚Schöpfung' nicht enthalten." (Freud 1993, S. 208)

Andere dagegen glauben, ihr Glück sehr wohl selbst in der Hand zu haben. Aus ihrer Sicht ist das Glück nicht etwas, das einem durch die Gunst des Zufalls, des Schicksals oder höherer Mächte zufällt oder eben nicht zufällt, sondern etwas, das man sich gewissermaßen erarbeiten und verdienen kann. Bei dieser Arbeit am eigenen Glück mögen sie an wiederum sehr Verschiedenes denken: an die Erarbeitung von Ansehen und Vermögen, an die Verbesserung ihrer körperlichen oder geistigen Fitness, an Psycho-Techniken wie positives Denken oder autogenes Training oder auch an bestimmte spirituelle Wege. Denen, die auf welche Weise auch immer auf ihr Glück hinarbeiten, stehen zahlreiche Ratgeber zur Seite. Auch für die Massenmedien ist „Glück und wie man es erlangt" ein wichtiges Thema.

■ Die Regenbogenpresse weiß: „Glück ist Chemie, Serotonin, ... Kortison, Östrogen ... Glück wohnt in unserem Bauch, direkt unter dem Nabel"... Deshalb gelte es, „täglich tief und bewusst dorthin (zu atmen), um alle Energiezentren mit Sauerstoff aufzutanken." Glück sei aber auch Bewegung: Diese „durchflutet den Körper mit Hormonen für ... Siegerstimmung". Schließlich: „Glück ist Erfolg. Nichts lässt Ärger schneller schmelzen. ... Das Gehirn schaltet um von (öden) Energie zehrenden Gedank enmühlen auf Flux, einen fließenden, Harmonie versprechenden Zustand. So werden Glückshormone in jede Zelle geschwemmt." ■

Anregung zur Diskussion Wie glücksfähig ist der Mensch? Hat Freud Recht mit seiner Aussage, das Glücksstreben des Menschen sei, so wie die Welt nun einmal ist, nicht erfüllbar? Oder hat die Zeitschrift „Frau im Spiegel" Recht, wenn sie ihren Leserinnen die Hoffnung macht, sie könnten ihrem Glück durch ein kluges Hormon-Management auf die Sprünge helfen?
Viele Menschen versuchen heute, was man mit einem französischen Begriff „corriger la fortune" nennen könnte: Sie versuchen die ihnen zugemessenen Glücksvoraussetzungen ein wenig zu verbessern. Man möchte sich mit „seinem Anteil" (vgl. Koh 3,22; 9,9) nicht einfach abfinden. Heute gilt, zugespitzt formuliert, vielfach die Devise: „Ärgert dich deine große Nase, lass sie verkleinern!" „Neigst du dazu, am Morgen schlecht gelaunt zu sein, wirf' einen Aufheller ein!" Eine solche physische und psychische Aufrüstung soll dazu verhelfen, „sein Glück zu machen". Darin drückt sich der menschliche Wunsch nach umfassender Selbstbestimmung aus, der auch bestimmte technische Möglichkeiten mit einschließt, dieses Selbst nach den eigenen Vorstellungen zu modellieren. In diesem Sinne begreift sich der Mensch immer stärker als der Schöpfer seines Glücks. Während noch vor etwa 100 Jahren fromme Menschen Skrupel hatten, Schmerzmittel zu gebrauchen (weil dies in ihren Augen bedeutete, sich gegen die ihnen von Gott zugemessenen Leiden zu wehren), wird heute sogar über die Manipulation menschlichen Erbgutes diskutiert. Könnten die Menschen nicht vielleicht wirklich glücklicher sein, wenn sie infolge entsprechender Eingriffe „perfekter" wären? Wenn sie, was ihr Aussehen, ihre Psyche und ihre körperlichen und geistigen Fähigkeiten anbelangt, dem gewünschten Ideal näher kommen könnten?

Anregung zur Diskussion

- Meint ihr, dass ihr in einer „perfekteren" Welt glücklicher wärt? Warum ja, warum nein? (Die Entwicklung des Gesprächs kann auch durch Zeitungsberichte, zum Beispiel über den Gebrauch von Psychopharmaka, über Schönheitsoperationen, über Genmanipulation usw. weiter angestoßen werden.)
- Auf der einen Seite verfügen wir heute über noch vor wenigen Generationen unbekannte Möglichkeiten, unserem Streben nach Glück zum Erfolg zu verhelfen. Auf der anderen Seite gibt es aber auch viele Menschen, die

meinen, es sei „früher“ einfacher gewesen, glücklich zu sein. Was meint ihr?

- Wenn ihr zum Beispiel eure eigene Kindheit und Jugend mit der eurer Großeltern vergleicht? Wärt ihr, soweit es ums Glück geht, lieber 50 Jahre früher geboren? In welcher Hinsicht, meint ihr, haben wir es heute besonders schwer, glücklich zu sein? (Dem Vergleich großelterlicher und eigener Glücksmöglichkeiten könnte eine kleine Fotodokumentation vorausgehen – Oma/Opa als Säugling, als Erstklässler, als Kommunionkind, im Urlaub, als Jugendlicher usw. und, jeweils parallel dazu, entsprechende eigene Bilder.)

Baustein 4: Hat der Mensch ein Recht auf Glück?

In der amerikanischen Unabhängigkeitserklärung von 1776 steht: „Wir halten folgende Wahrheiten für selbstverständlich: dass alle Menschen gleich geboren werden; dass sie von ihrem Schöpfer mit gewissen unveräußerlichen Rechten ausgestattet worden sind, darunter Leben, Freiheit und das Streben nach Glück („pursuit of happiness“); dass zur Sicherung dieser Rechte Regierungen eingesetzt sind unter den Menschen und sie ihre rechtmäßigen Vollmachten von der Zustimmung derjenigen herleiten, die sie regieren ...“.

Glücksstreben wird hier also als ein unveräußerliches Menschenrecht betrachtet. Nun kann man jemandem sehr wohl das Recht zugestehen, nach etwas zu streben, ihm gleichzeitig aber die Möglichkeiten vorenthalten, die zur Erfüllung dieses Strebens nötig wären. In diesem Punkt geht die nur wenige Wochen vor der Unabhängigkeitserklärung beschlossene Verfassung des Staates Virginia ein Stück weiter. Dort heißt es, zu den angeborenen Rechten des Menschen gehöre auch das „Streben nach Glück und Sicherheit und das Recht, beides zu erreichen ...“. Hier kann man wohl tatsächlich von einem verfassungsmäßig verbrieften „Recht auf Glück“ sprechen. Die von der amerikanischen Unabhängigkeitserklärung in vieler Hinsicht stark inspirierte französische Erklärung der Menschenrechte von 1789 hingegen zählt zwar „Freiheit, Eigentum, Sicherheit und Widerstand gegen Unterdrückung“ zu den unveräußerlichen Rechten, nicht aber das Streben nach Glück. Schon gar nicht ist von einem „Recht auf Glück“ die Rede.

In Klassen, die auch zur Diskussion abstrakterer Fragestellungen bereit und in der Lage sind, könnte auf diesem Hintergrund zum Beispiel eine parlamentarische Debatte inszeniert werden zu der Frage: Sollte in die Verfas-

sung der Bundesrepublik Deutschland nachträglich ein Passus eingefügt werden, der sich auf das Menschenrecht, nach Glück zu streben, bezieht (evtl. auch: auf das Recht, dieses Glück zu erreichen)?
In Klassen, die sich mit abstrakten Diskussionen etwas schwerer tun, könnte man von einem konkreten Fall ausgehen: So wurde 1855 vom Obersten Gerichtshof von Indiana entschieden, das staatliche Alkoholverbot verstoße gegen das Recht des Menschen, nach Glück zu streben. In der Urteilsbegründung heißt es dazu:

> „Wir sind der Meinung, dass ... das Recht auf Freiheit und das Streben nach Glück, das von der Verfassung garantiert ist, auch für jeden Einzelnen das Recht begründet, zu entscheiden, was er essen und trinken will ... Wenn die Verfassung den Menschen noch nicht einmal dieses Recht sichern kann, dann schützt sie überhaupt nichts, das einigen Wert hat. Wenn die Menschen in ihren Trinkgewohnheiten der Gesetzgebung unterworfen sind, dann kann man sie auch einer Kontrolle ihrer Kleidung unterwerfen und derjenigen Stunden, in denen sie schlafen dürfen oder wach sein müssen." (Zit. n. WESEL 1989, S. 28)

Die Fragestellung könnte lauten: Müsste das Recht, nach Glück zu streben, in der Konsequenz dieser Argumentation nicht zum Beispiel auch auf den Genuss von Drogen ausgeweitet werden? Auch zu dieser Frage ließe sich eine „Parlamentsdebatte" inszenieren (mit „Fraktionen" und „Sprechern", „Volk" und „Präsident") .

Baustein 5: Hat Glück nur der Tüchtige?

John Adams, einer der Väter der amerikanischen Unabhängigkeitserklärung, schrieb in seinem Buch „Thoughts on Government": „Alle, die in der Antike und in der Neuzeit nach Wahrheit suchten, haben erklärt, das Glück der Menschen beruhe auf Tugend (virtue)." Mit anderen Worten: Es gibt eine weit reichende Übereinstimmung darüber, dass nur tugendhafte Menschen wirklich glücklich zu sein vermögen. Sehr pointiert wird die Meinung, dass wahres Glück stets der Hinwendung zum Guten geschuldet sei, etwa von den Stoikern (z. B. Seneca) vertreten.

Es gibt allerdings vielfältigen Anlass, daran zu zweifeln, dass das Glück wirklich voraussetzt, was John Adams „virtue" nennt – vor allem wenn man „virtue" nicht in erster Linie als Tüchtigkeit im Sinne von Leistung versteht, sondern als Tüchtigkeit im Sinne von Tugendhaftigkeit und Gut-Sein. In der Bibel heißt es beispielsweise: Euer Vater im Himmel „lässt seine Sonne aufgehen über Bösen und Guten, und er lässt regnen über Gerechte und Ungerechte“ (vgl. Mt 5,45). Besonders irritierend ist die Erfahrung, dass Gerechte leiden und Gewalttäter sich in Reichtum und Glück zu sonnen scheinen. Für Menschen, die an die Gerechtigkeit Gottes glauben, stellt dies eine schwere Anfechtung dar. Im Psalm 73 kommt dies beispielhaft zum Ausdruck:

„... beinahe wäre ich gefallen.
Denn ich habe mich über die Prahler ereifert,
als ich sah, dass es diesen Frevlern so gut ging.
Sie leiden ja keine Qualen,
Ihr Leib ist gesund und wohlgenährt.
...
Sie sehen kaum aus den Augen vor Fett,
ihr Herz läuft über von bösen Plänen.
Sie höhnen, und was sie sagen, ist schlecht;
sie sind falsch und reden von oben herab.
...
Sie sagen: Wie sollte Gott das merken?
Wie kann der Höchste das wissen?
Wahrhaftig, so sind die Frevler:
Immer im Glück, häufen sie Reichtum auf Reichtum.“

Anregung zur Diskussion Welchen Sinn hat es, gut zu sein, wenn dem Bösewicht das Glück nicht weniger winkt?

Baustein 6: Glück und Gottes Segen

Glück, Mythos und Magie

Von alters her wurde das Glück als eine Gabe Gottes oder als Geschenk der Götter interpretiert. Wenn man sich dieses Glück allerdings nicht durch eigene Leistung verdient zu haben glaubt, kann sich die Neigung einstellen, ihm zu misstrauen. Solches Misstrauen hat die Theologin und Schriftstellerin Dorothee Sölle im Anschluss an den antiken Mythos von Polykrates die „polykratische Furcht“ genannt (vgl. Sölle 1976, S. 50). Polykrates, der Herrscher von Samos, ist ein unglaublicher Glückspilz, dem alles gelingt, bis ihm seine Glückssträhne unheimlich wird und er sich schließlich selbst ein Unglück zufügt, indem er einen wertvollen Ring ins Meer wirft – eine magische Handlung, mit der er versucht, den vermeintlichen Neid der Götter zu besänftigen.

Glück und Magie haben auch heute noch viel miteinander zu tun. Mit gewissen magischen Operationen versucht man, sein „Glück“ günstig zu stimmen: Man klopft dreimal auf Holz, steigt nicht mit dem linken Bein zuerst aus dem Bett, meidet die Zahl 13 und anderes mehr. Es fällt den Menschen offensichtlich schwer, an den „reinen Zufall“ zu glauben.

Die spirituelle Dimension des Glücks

Früher haben viele Menschen, wenn sie einem anderen „alles Gute“ wünschen wollten, gesagt: „Gottes Segen“! Heute wünschen selbst Christinnen und Christen meist: „Viel Glück“! Die Absicht ist die gleiche; aber das Verständnis dessen, was die Erfüllung des Wunsches erst ermöglicht, ist verschieden.

Mögliche Arbeitsaufgabe Sammelt oder kopiert Geburtsanzeigen aus Zeitungen. Welche Rolle spielt das Glück in den Anzeigen: zum Beispiel in Gestalt der Freude über die gut verlaufene Geburt oder auch in Gestalt der Lebenswünsche, die man dem Neugeborenen mitgeben möchte? Welche Unterschiede zeigen sich? Wo kommt die Dimension des Segens ins Spiel?

Ein Gefühl von Glück kommt ja nicht nur auf, wenn man in irgendeiner Situation großes Glück hatte; es kann sich anscheinend auch ganz grundlos einstellen. So, wie es in den bekannten alten Versen zum Ausdruck kommt: „Ich komm, ich weiß nicht woher, ich geh, ich weiß nicht wohin, mich wundert's, dass ich so fröhlich bin.“ Solches anscheinend grundlose Glück als Gabe Gottes annehmen zu lernen, ist ein wichtiges Stück Lebenskunst. In einer Erlebnis- und Spaßgesellschaft, in der man dem Glück angestrengt hinterherjagt, versteht sich dies keineswegs von selbst.

Gott oder Glück?

Der Bund für Geistesfreiheit hat vor einiger Zeit angeregt, in den Text der „Bayernhymne“ anstelle des Begriffes „Gott“ den Begriff des „Glücks“ aufzunehmen. Die Bayernhymne lautet:

> Gott mit dir, du Land der Bayern, deutsche Erde, Vaterland!
> Über deinen weiten Gauen ruhe seine Segenshand!
> Er behüte deine Fluren, schirme deiner Städte Bau
> und erhalte dir die Farben seines Himmels weiß und blau!

Gott mit dir, dem Bayernvolke, dass wir, uns'rer Väter wert,
fest in Eintracht und in Frieden bauen uns'res Glückes Herd!
Dass mit Deutschlands Bruderstämmen einig uns ein jeder schau,
und den alten Ruhm bewähre unser Banner weiß und blau! ■

Anregung zur Diskussion Seid ihr für oder gegen diesen Vorschlag? Was spricht dafür, was dagegen?

Glück und Heil

Für die christliche Glücksperspektive ist ganz entscheidend: Das Glück des Einzelnen ist stets bezogen auf das Glück der anderen, letztlich: das Glück der ganzen Schöpfung. Dieses umfassende Glück nennt die jüdisch-christliche Tradition „Heil". Solches „Heil" kann es nicht für einen Einzelnen allein geben. Solange Brüder ungerecht behandelt werden und Schwestern leiden, solange die Schöpfung missbraucht wird, kann von Heil nicht die Rede sein. Heil im wirklich umfassenden Sinne kann der Mensch aus eigenem Vermögen nicht herstellen; er ist vielmehr angewiesen auf eine neue schöpferische Initiative Gottes. („Reich Gottes", „Herrschaft Gottes", „Neue Schöpfung" usw.) Wie das Glück des Einzelnen, so ist aus christlicher Sicht auch und erst recht das Heil aller Gabe Gottes.

Mögliche Arbeitsanregung Tragt biblische Vorstellungen von „Heil" zusammen. Beispiele: Die zu Pflugscharen umgeschmiedeten Schwerter (Jes 2,4), das beim Wolf lagernde Lamm (Jes 11,6), die Völkerwallfahrt zum Zion (vgl. Jes 60), die Tröstung der Trauernden, die Speisung der Hungernden (vgl. Bergpredigt), der Sturz des Drachen (vgl. Offb 12,7 ff.) usw. – welche neuen Aspekte bringen diese Bilder in die Diskussion über das Glück hinein? Inwiefern bereichern sie unser Verständnis von Glück?

Die christliche Heilsvorstellung hat auch Auswirkungen auf die Art und Weise, wie Christinnen und Christen ihr Glück lebenspraktisch zu realisieren versuchen. Eine Grundperspektive ist: Des Menschen Glück kann gerade da Raum gewinnen, wo es ihm gelingt, sich auf den Anderen hin loszulassen. Wo der Mensch hingegen in starrer und exklusiver Fixierung auf das eigene Glück verharrt, verfehlt er sein Ziel.

Wie finde ich Anerkennung? Christologie elementar

von Michael Meyer-Blanck

Elementarisierung bedeutet: Unterrichtsinhalte sollen nicht nur im Sinne der Vereinfachung „reduziert" werden. Es geht vielmehr darum, Inhalte von den Schülern und Schülerinnen her zu bedenken und die Interessen der Schüler von den Inhalten her zu bedenken. Welche Lebenserfahrungen stehen hinter den Gedichten Brechts und der Romantik, hinter der Entstehung der gegenstandslosen Malerei, hinter der Aussage „gezeugt, nicht geschaffen, eines Wesens mit dem Vater" im „Nicänoconstantinopolitanum"? Kann man Parallelen zu gegenwärtigen Lebenserfahrungen herstellen und wie verändert sich dadurch der Blick auf diese Inhalte? Umgekehrt ist zu fragen: Wie können sich Sichtweisen von Schülern durch die Erschließung von fremden Inhalten erweitern? Keinen lässt etwa die widersprüchliche Weltsicht des Mephisto kalt, der stets „das Böse will und stets das Gute schafft" (auch wenn das nicht die eigene Weltsicht ist). Kaum jemand bleibt unberührt von der Predigt des historischen Jesus: Diese Welt vergeht, aber so kommt nicht der Zorn, sondern die Liebe des himmlischen Vaters zum Durchbruch. Warum? Das ist eine elementarisierende Frage. In der Religionsdidaktik werden in der Regel vier Aspekte unterschieden: Man fragt nach den elementaren *Zugängen*, *Strukturen*, *Erfahrungen* und *Wahrheiten* (und ergänzend ist fünftens von den elementaren *Lernwegen* die Rede).

Die Diskussion über die Elementarisierung hat in der Religionspädagogik der letzten Jahrzehnte eine wichtige Rolle gespielt. Es geht dabei um die zentrale didaktische Frage: Wie verhalten sich Inhalte und Personen, also die materialen und die formalen Bildungsgehalte zueinander? Die unten zu besprechenden vier Aspekte beschäftigen sich alle mit dieser einen Frage, auch wenn die Aspekte der Zugänge und Erfahrungen vom Schüler ausgehen und die nach Strukturen und Wahrheiten vom Inhalt. Elementarisierung ist weniger eine Methode als eine Art zu denken, eben *fachdidaktisch* zu denken (also weder rein fachwissenschaftlich noch rein pädagogisch).

In diesem Kapitel wird die Elementarisierung mit der Christologie verbunden. Denn gerade bei diesem theologisch nicht einfachen Thema muss elementarisiert werden. Man kann sich weder auf die Vermittlung von Lernstoffen noch auf die Bestätigung jugendlichen Vorwissens beschränken. Es sollte vielmehr klarer werden, was christlicher Glaube in seinem Zentrum, grundlegend, „elementar" ist. Die zentrale Kategorie der *Erlösung* wird dazu mit der besonders für Jugendliche aktuellen Frage nach *Anerkennung* verbunden. Wegen der Komplexität des Themas geht es zunächst um die Themen Elementarisierung und Christologie als solche, bevor diese in den vier Aspekten von Elementarisierung aufeinander bezogen werden. Das Ziel ist eine didaktische Theologie und eine theologische Didaktik: Elementarisierung versucht von der Lebenswirklichkeit Jugendlicher her theologisch ins Gespräch zu kommen und von der Theologie her Lernen zu initiieren – gefragt sind sowohl eine didaktische Theologie als auch eine theologische Didaktik.

Die Frage der Elementarisierung

Macht es überhaupt einen Sinn, nach *Er*lösung zu fragen, reicht nicht die *Lösung* unserer alltäglichen Lebensfragen? Vieles von den Themen Christologie und Rechtfertigung ließe sich auch mit der Frage ausdrücken: „Wie gewinnen wir unbedingte Anerkennung?" Wir werden diese Frage unten ausdrücklich aufnehmen. Aber „Erlösung" ist der religiösere Begriff. Innerhalb des eigenen Lebens muss durch den Bezug auf etwas außerhalb des Lebens (Gott) unterschieden werden. Erlösung meint den Halt des eigenen Lebens und dessen Veränderung zugleich, die Lösung *der* Lebensfragen (auch) durch die Lösung *von* den Lebensfragen. Die Alte Kirche, das Mittelalter und Martin Luther waren von dieser Frage bewegt: Wie wird meine Existenz gerechtfertigt, wie kann ich mit aufrechtem Gang mein Leben bewältigen, wie kann ich als gottloser Mensch vor Gott leben?

„Elementarisierung" bedeutet, dass sich die christologischen Fragen der Alten Kirche und die rechtfertigungstheologischen Fragen seit der Reformation in den Themen gegenwärtiger Existenzdeutung wiederfinden lassen. In der Frage von Menschheit und Gottheit Christi geht es um unsere Fragen nach Selbstsein, Liebe und Glück. Thema ist die natürliche Perspektive („Lösung") und die davon unterschiedene Perspektive („Erlösung") zugleich und Elementarisierung eröffnet das Gespräch zwischen gegenwärtigen und früheren Fragen und Antworten.

Elementarisierung ist die Suche nach zündenden Ideen, wie und wo sich die beiden Fragerichtungen gegenseitig erschließen. Elementarisierung vereinfacht die Sachverhalte nicht, sondern im Grunde kompliziert sie diese, weil die Inhalte an die Perspektive der Jugendlichen anknüpfen müssen. Elementarisierung ist eher eine Kunst als eine Methode.

Religionsdidaktisch kann man zwei, vier oder mehr elementarisierende Aspekte formulieren. In der Diskussion werden meistens vier genannt: elementare Zugänge, elementare Strukturen, elementare Erfahrungen und elementare Wahrheiten (vgl. das Schema bei Schweitzer 2000, S. 245). Dabei markieren zwar die Strukturen und Wahrheiten den inhaltsbezogenen und die Zugänge und Erfahrungen den personenbezogenen Aspekt. Gleichwohl ist zu beachten, dass es sich eigentlich nicht um vier (oder um zweimal zwei) Fragen handelt, sondern um vier Dimensionen einer und derselben Frage: Wie kommt es zu einem Ereignis religiöser (literarischer, künstlerischer) Kommunikation im Unterricht? Wie können Lehrerinnen und Lehrer mit den Lernenden so in einen Austausch kommen, dass Inhalts- und Personenebene (mindestens teil- und zeitweise) zusammenfallen?

Aber das Abschreiten von bestimmten Fragen ist noch nicht Elementarisierung. Diese ist eher eine Art zu denken. Geglückte Elementarisierung hat einen starken persönlichen Anteil. Vielleicht ist sie als *Begeisterung für die Sache mit den Augen der Schülerinnen und Schüler* am besten umschrieben. Martin Rang, der Bibeldidaktiker und spätere Rousseau-Forscher (1900–1988), berichtet:

> „Als ich von 1935 an wieder als Gymnasiallehrer Religionsunterricht gab, habe ich oft meinen Kollegen lächelnd, aber noch ganz erfüllt von solchen Unterrichtsstunden erzählt: Heute habe ich in der Quinta den Streit zwischen Arius und Athanasius oder die Diskussion um das ‚... filioque' besprochen! Ein guter Unterricht kann eigentlich nicht anders als von den Problemen der Wissenschaft erfüllt sein, unter der Voraussetzung freilich, dass diese Wissenschaft lebendig ist." (zitiert nach Meyer-Blanck 2003a, S. 141)

Rang merkt an, man unterrichte nur das gut, wozu man eine lebendige persönliche Beziehung habe, und vor allen Dingen in den Oberklassen gelte dies. Ein Fehlweg wäre allerdings die historische Information über literarische, kunsthistorische oder religiöse Sachverhalte (das wäre Literatur- oder Religionskunde). Dabei wären die Schüler bloße „Adressaten". Ein Fehlweg wäre aber auch die Reduktion der Inhalte auf die aktuellen Schülerfragen. Damit würden Literatur, Kunst und Bibel auf „Problemlösungspotenziale" reduziert und ihren Eigenwert verlieren. Den Lernenden würden bildende Erfahrungen als Auseinandersetzung mit dem Fremden so gerade vorenthalten. Der Hinweis von Rang auf den Anteil der jeweiligen Lehrerin ist deswegen wichtig, weil die Elementarisierungstheorie über den eigenen Anteil des Lehrers kaum Auskunft gibt. Ohne Berücksichtigung dieses Zusammenhanges aber würde er leicht zum „Macher", der über Schüler und Inhalte gleichermaßen verfügt. In einer sachgemäßen Elementarisierung nähert man sich darum selbst den Inhalten und befragt diese aus der eigenen Sicht, nicht nur aus der Sicht der Schüler.

Das Elementare umgreift in allen geistigen und künstlerischen Lebensäußerungen den Personen- und Inhaltsaspekt zugleich. So gesehen ist Elementarisierung fast eine Grenzkategorie. Sie beschreibt theoretisch, durch die Anleitung zum Fragen, das Künstlerische, Kontingente, Nicht-Machbare gelingenden Unterrichts. Die Elementarisierungsdebatte darf nicht in ihren eigenen Theoriefragen stecken bleiben. Ihr Sinn muss sich bei einer so schwierigen Frage wie der Christologie erweisen. Fachdidaktische Literatur dazu gibt es wenig (Einzelheiten bei ZIEGLER 2003, S. 161–165, und MEYER-BLANCK 1998, S. 73–77).

Christologie: christliches Denken über Mensch und Erlösung

■ „[...] sämtliche Gegenden der Stadt sind voll von derartigen Leuten: die engen Gassen ebenso wie die Märkte, Plätze und Wegkreuzungen; voll von denen, die mit Textilien hökern, an Wechseltischen stehen, uns Lebensmittel verkaufen. Fragst du, wie viel Obolen es macht, so philosophiert dir dein Gegenüber etwas von ‚Gezeugt' und ‚Ungezeugt' vor. Suchst du den Preis eines Stückes Brot in Erfahrung zu bringen, so erhältst du die Antwort: ‚Größer ist der Vater, und der Sohn steht unter ihm.' Lautet deine Frage: ‚Ist das Bad schon fertig?', so definiert man dir, dass der Sohn sein Sein aus dem Nichts habe [...]." ■

So berichtet Gregor von Nyssa (ca. 331–395), Bischof in Kleinasien während der trinitarischen Streitigkeiten des 4. Jahrhunderts, in seiner Schrift „Über die Gottheit des Sohnes und des Heiligen Geistes" (RITTER 1977, S. 182 f.; MPG 46, S. 557). Im Umfeld des 2. Konzils von Konstantinopel 381 handelt es sich in der Stadt offensichtlich um eine alltäglich interessierende Frage. Sicher ist dabei auch Machtpolitik der Gegenstand des Interesses: Wird sich der Arianismus durchsetzen mit einer Unterordnung Christi unter Gott den Vater? Oder wird Kaiser Theodosius für die Rehabilitierung des Athanasius sorgen? Wir wissen, was die Händler in der Stadt damals noch nicht wissen: 381 wird man ein Glaubensbekenntnis verabschieden, in dem das „gezeugt, nicht geschaffen, eines Wesens mit dem Vater" über Christus die für die zukünftige gesamte Kirche geltende Lehre sein wird (so das abgekürzt „Nicänum" genannte Nicänoconstantinopolitanum von 381, im Evangelischen Gesangbuch nachzulesen unter EG 854).

Was im 4. Jahrhundert die Gemüter erhitzte, scheint heute eine theoretische Frage für Spezialisten unter den Theologen zu sein: Inwiefern ist Christus Gott, inwiefern ist er Mensch, wie verhalten sich Vater, Sohn und Geist? Denkt man allerdings an den Dialog mit den Muslimen und an den Vorwurf eines „Tritheismus", dann sind die Fragen nach Christologie und Trinität elementare Fragen christlicher Bildung. Wer als Christ mit Muslimen sprechen will, sollte das Verhältnis von Trinität und Monotheismus für sich geklärt haben.

Die Christologie bringt zum Ausdruck, warum der christliche Glaube Sinn macht. Er ist keine metaphysische Spekulation, sondern Niederschlag des Ringens um *Erlösung*. Das Christentum wird als Erlösungsreligion bezeichnet und Christus als der „Erlöser" (Retter, Heiland, griech.: σωτήρ). Auch dies ist anthropologisch zu beschreiben: Der glückliche wie der unglückliche Zufall, der Tod und die eigene Schuld können nur vernünftig nicht bewältigt werden. So jedenfalls ist die Erfahrung des Glaubens. Vor dem Horizont der Christuserfahrung rücken menschliche Grenzerfahrungen in ein anderes Licht, in das Licht der Erlösung. Der Mensch gilt als im tiefsten Sinne nicht in Ordnung: Er kann sich in den letzten Fragen des Lebens nicht mit sich selbst zufrieden geben.Theologisch formuliert: Er kann seine Existenz selbst nicht rechtfertigen.

Für den Glauben kann der Mensch nicht einfach, sondern nur zweifach, von sich selbst her und von Gott her, richtig verstanden werden. Diese Unterscheidung im Selbstverstehen des Menschen wird in der Christologie auf die Unterscheidung in der Person Christi selbst zurückgeführt, auf die Beschreibung seiner göttlichen und menschlichen Natur. Wegen der Christologie ist der christliche Glaube Praxis und Theorie von Unterscheidungen. Die komplizierteste und damit auch interessanteste christologische Unterscheidungsleistung ist sicher die Formel im Bekenntnis des 4. Konzils von Chalcedon 451 mit den berühmten Worten „unvermischt, unverwandelt, ungetrennt und ungesondert" über die beiden Naturen Christi.

Der Streit in Chalcedon ging um die Frage dieses Kapitels: Wie werden wir erlöst? Man rang dort um das Verständnis des Menschen. Eine Position war, dass der Mensch für die Erlösung selbst zum Christus werden müsse: Er müsse in die Seinsweise Gottes, des Christus selbst verwandelt werden.

Und entsprechend sei über Christus zu denken. Jesus war ein Gottmensch, mit einer *gemischten* einzigen Natur, in der das Menschliche und Göttliche ineinander *verwandelt* sind: Nur so sei garantiert, dass auch die schwache Natur des Menschen sich *mische* mit dem Göttlichen, von ihm real berührt, auch leiblich ergriffen werde, befreit von allem Hässlichen und *verwandelt* in die göttliche Schönheit. Der Mensch wird vergöttlicht – so wird er erlöst.

Dieser Meinung, die später zur ostkirchlichen, orthodoxen Theologie führen sollte, stand in Chalcedon die andere (spätere westkirchliche) gegenüber. Diese fand den von der ersten Position beschriebenen „Gottmenschen" im Neuen Testament nicht wieder und fürchtete ein naturbezogenes Verständnis von Erlösung, das die lebenspraktische, ethische Verantwortung des Menschen vernachlässige. Der Gläubige werde als Erlöster nicht im Himmel schweben, nicht „abheben"! Und darum dürfe auch das Menschsein Jesu nicht weggeredet werden. Sonst würde der Nazarener zu einer Art mysteriösem Himmelswesen. Daran könne man wohl nicht richtig glauben. Nur wenn die menschliche Natur Jesu ihre Besonderheit behalte und das Göttliche nur anwesend sei, aber vom Menschsein Jesu dennoch getrennt bleibe, könne man eine glaubende Jesusbeziehung entwickeln. Ganz knapp könnte man sagen: Eine Anthropologie der Beziehung (Westkirche) und eine Anthropologie der menschlichen Substanz (Ostkirche) standen (und stehen) einander gegenüber. Die Formel von Chalcedon deckt auf, was sich im Jahre 1054 bis heute trennte. Chalcedon erschließt so auch den Hauptunterschied zwischen orthodoxem und katholischem bzw. evangelischem Christsein:

■ Die 451 in Chalcedon Versammelten bekennen Christus als „wesensgleich mit dem Vater nach seiner Gottheit und wesensgleich mit uns nach seiner Menschheit, in allem uns ähnlich, jedoch ohne Sünde, ... einen und denselben Christus, Sohn, Herrn, Einziggeborenen, in zwei Naturen, unvermischt, unverwandelt, ungetrennt, ungesondert, wobei die Unterschiedenheit der Naturen um der Einheit willen auf keine Weise aufgehoben wird, vielmehr die Besonderheit jeder Natur gewahrt und doch zu einer Person und zu einer Hypostase vereinigt wird, nicht in zwei Personen getrennt oder unterschieden, sondern einen und denselben Sohn [...]" (Lohse 1978, S. 97 f.) ■

Die westliche Christologie und Theologie überhaupt hat ihren Schwerpunkt in der Leidenschaft des Unterscheidens. Gerade dies hat sie auch zu einem Gesellschaft und Kultur prägenden Faktor werden lassen. Die Unterscheidung von Gott und Mensch wird mit diesem Bekenntnis („Chalcedonense") in Christus selbst wiedergefunden. Einfache Antworten auf das Verhältnis von Gott und Welt, Gott und Mensch sind nicht mehr möglich.

Der dialektischen Formel für das Wesen des Christus in Chalcedon entspricht in der Anthropologie das lutherische *simul iustus et peccator*. Auch das Wesen des Menschen ist nur dialektisch zu beschreiben. Der Mensch bleibt im Widerspruch. Es gibt keinen fortschreitenden Prozess von Vergöttlichung. In neuzeitlicher Denkweise: Es gibt keinen endgültigen humanen oder moralisch-ethischen Fortschritt. Dem Entwicklungsoptimismus im 18. und 19. Jahrhundert steht die dialektische Sicht des Menschen gegenüber. Durch die Christusbeziehung wird der Mensch nach Luther nicht gespalten. Aber er wird in sich selbst unterschieden. Im glaubenden Vertrauen kann der Mensch von sich selbst sagen:

> „Ich bin Christus, d. h. Christi Gerechtigkeit, Sieg etc. ist mein; und andersherum spricht Christus: ich bin jener Sünder, seine Sünden, sein Tod sind mein, weil er mir anhängt und ich ihm; im Glauben sind wir verbunden als ein Fleisch und Blut" (M. Luther, Galaterkommentar, WA 40 I, S. 246)

Die mittelalterliche Kunst hat in vielfacher Weise die altkirchlichen Aussagen und die mittelalterliche Theologie miteinander zu verbinden gesucht. Seit dem 12. Jahrhundert ist die Darstellung der Dreieinigkeit als „Gnadenstuhl" nachweisbar: Dabei hält Gottvater den Sohn im Schoß und der Geist wird als darüber schwebende Taube dargestellt (s. Folgeseite). Könnten manche Darstellungen das Missverständnis befördern, als handele es sich um drei verschiedene Personen, so gibt es andere, in denen deutlich wird, dass die Personen in Beziehung zueinander sind und dass nur von drei Personen als verschiedenen Relationen gesprochen werden kann. Hilfreich und darum auch als Unterrichtsmedium geeignet ist etwa die Christus-Darstellung in einem Gnadenstuhl aus dem Fritzlarer Dom um das Jahr 1300.

Die Skulptur erschließt Christologie und Trinität beinahe von selbst. Mit einigen wenigen Hinweisen können im Unterricht wichtige Beobachtungen gemacht werden. Man sollte drei Folien dazu herstellen: eine vom oberen, eine vom unteren Teil und eine Gesamtabbildung.

Deckt man den oberen Teil des Bildes ab und lässt nur den Kopf mit Emblem und Kreuz sehen, dann wird das Ganze zweifellos für eine Christus-Darstellung gehalten werden; die Art der Darstellung (Haare, Bart, Blick, geneigter Kopf) entspricht der geläufigen Ikonografie von Jesusdarstellungen.

Zeigt man unabhängig davon nur den unteren Kruzifixus, dann fallen die überdimensionierten Hände auf: Diese sind die Hände des am Kreuze haltenden Vaters – eine eindrückliche Darstellung von Lukas 24,46: „Vater, ich befehle meinen Geist in deine Hände!"

Oberhalb der rechten Hand des Vaters befindet sich schließlich die Taube als Darstellung des Geistes, auch diese mit dem Christusemblem um den Kopf: Der Geist befindet sich am Herzen des Vaters (vielfach auf der rechten Körperseite dargestellt) und an der Hand des Kreuzes, wo sich die Hand des Vaters und des Sohnes ganz verbinden.

Gnadenstuhl in Fritzlar, ca. 1300

Insgesamt handelt es sich um einen ganz als Christus dargestellten Vater, einen Christus- und Vater-Geist und schließlich um einen Christus, der in den Händen und Füßen des Vaters geborgen ist und der selbst aus dem Schoß des Vaters kommt, wie es das Glaubensbekenntnis von Nicäa-Konstantinopel formuliert hat: „[...] aus dem Vater geboren vor aller Zeit ... gezeugt, nicht geschaffen, eines Wesens mit dem Vater“ (Text z. B. in: Ev. Gesangbuch, Nr. 854)

Was die ökumenische Perspektive angeht, ist die Christologie eher unproblematisch; die ungeklärten Fragen zwischen evangelischer und katholischer Theologie und Kirche finden sich auf dem Gebiet der Lehre von Kirche und Amt und entsprechend bei der Sakramentslehre. Sieht man von der im 19. Jahrhundert (im Vorfeld des 1. Vatikanischen Konzils und seines Dogmas päpstlicher Unfehlbarkeit) entwickelten Lehre ab, dass die katholische Kirche mit dem Papst an der Spitze die gegenwärtige Gestalt des Christus, seine dauernde Fleischwerdung ist (so in der zwischen 1832 und 1924 zwölfmal aufgelegten „Symbolik“ von Johann Adam Möhler, 1796–1838), dann kann gesagt werden: In der Christologie gibt es zwischen den beiden großen Kirchen wenig Dissens. In der „Gemeinsamen Erklärung zur Rechtfertigung“ von Katholiken und Lutheranern von 1999 ist als gemeinsame Überzeugung festgehalten: „Allein durch Christus werden wir gerechtfertigt, indem wir im Glauben dieses Heil empfangen.“ (§ 16) Nicht nur die biblischen und altkirchlichen, sondern auch die reformatorischen Aussagen über Christus sind seit 1999 offiziell als das gemeinsame Glaubensgut katholischer und evangelischer Christen festgestellt. Gemeinsam ist damit auch die didaktische Problematik: Inwiefern sind die Aussagen über Christus Aussagen über unseren Glauben heute, insbesondere über den suchenden Glauben von Jugendlichen?

Die Didaktik der Gottesfrage und der ethischen Themen ist einfacher. Dabei geht man von eigenen religiösen Vorstellungen über das Ganze und über das Gute aus (denn so lässt sich Gott umschreiben). Glaube wird von der menschlichen Erfahrung und Vernunft her erschlossen. Die Christologie aber konfrontiert nicht mit dem Ganzen, sondern mit einem einzelnen, lange vergangenen Ereignis. Diesem wird für immer Bedeutung zugeschrieben. Seit der Aufklärung ist man auf diese Spannung gestoßen. Klassisch wurde sie in Lessings Schrift „Über den Beweis des Geistes und der Kraft“ (1777) formuliert: „Zufällige Geschichtswahrheiten können der Beweis von notwendigen Vernunftwahrheiten niemals werden.“ (Werkausg. d. Bibliogr. Instituts V, S. 494) Noch bekannter ist Lessings folgende Aussage über den „garstigen breiten Graben“ zwischen historischer Gewissheit und Vernunftgewissheit (a. a. O., S. 495). Nicht umsonst wurden diese Sätze exakt in der Zeit geschrieben, als der Bildungsbegriff aufkam. Denn Bildung meint den *eigenen* Zugang zum Ganzen unabhängig von historischen Vorgaben (wenn auch im Verhältnis zu ihnen).

Auch die Christologie ist zunächst eine Tradition, die vernünftig beurteilt sein will. Ihr anthropologischer Sinn ist es aber gerade, dass die historische Vernunft ihrer Grenze begegnet. Die aus eigener Erfahrung erschlossene (und damit prinzipiell unabschließbare) Religion wird begrenzt. Dies geschieht unter dem Anspruch einer solchen Tradition, die von dem Anspruch der Inkarnation Gottes her zugleich der Einspruch gegen alle Tradition ist, einschließlich der eigenen Tradition. Damit ist die Christologie zugleich das Zentrum der christlichen Religion wie die Keimzelle der Religionskritik (so lässt sich der Grundgedanke der Theologie Karl Barths knapp umschreiben, wie er sich im § 17 seiner „Kirchlichen Dogmatik" findet).

Den in der Christologie liegenden Geltungsanspruch von etwas Historischem hat die christliche Religion bekanntlich mit der christlichen und muslimischen gemeinsam. Im Judentum ist der Bundesschluss mit Israel historischer Kernpunkt und Instanz von religiöser Selbstkritik zugleich, im Islam ist es der von Mohamad offenbarte Koran (sodass man die muslimische „Inlibration" von der christlichen „Inkarnation" unterscheiden kann).

Elementarisierte Christologie – vier Aspekte

Im Folgenden sind die beiden vorangehenden Abschnitte zusammenzuführen. Ich suche am Beispiel der Christologie zu zeigen, was mit den Aspekten der „Elementarisierung" gemeint ist. Ich gehe dabei den in der Literatur mehrfach genannten vier Aspekten nach (Schweitzer 2000, S. 245; Religionsunterricht und Entwicklungspsychologie 1995, S. 173–183). Die Durchführung kann in diesem Buch nicht im Sinne einer elementarisierenden Methodik (Unterrichtsvorbereitung) für eine bestimmte Klasse geschehen, sondern es geht um eine elementarisierende Fachdidaktik christologischen Denkens. Zu beachten ist, dass die vier Aspekte nicht einfach in zwei personenbezogene (2.1 und 2.3) und in zwei sachbezogene (2.2 und 2.4) zu unterteilen sind. Vielmehr gilt es, in allen vier Aspekten das Ineinander von Sach- und Personenbezug zu erreichen.

1. Aspekt: Jesus als Vorbild („elementare Zugänge")

Wie aus der Begegnung mit Jugendlichen, aber besonders auch aus der jugendsoziologischen Literatur bekannt ist, ist die Christologie zunächst kein interessierendes Thema. Bereits im Rahmen der Shell-Studie 1985 wurde festgestellt, dass für die Religiosität Jugendlicher zwar das Gebet und Gottesvorstellungen eine Schlüsselrolle haben, dass sich aber die Vorstellung vom Glauben an Jesus Christus nur sehr selten findet. Auch für Erwachsene lassen sich übrigens ähnliche Aussagen finden. (Das dürfte aber auch mit der Anlage vieler Untersuchungen selbst zusammenhängen, weil sich diese allgemein mit der Frage nach Religion und Gott und nicht mit der Christologie beschäftigen).

Studien der neunziger Jahre haben eine jugendliche Tendenz zu einer Form der natürlichen Religion bei Jugendlichen beschrieben: „Gott ist in allem – Ich bin ein Teil von Gott", so wurde damals das Gottesbild beschrieben (Barz 1992 Bd. 2, S. 121). Aussagen von Jugendlichen über Jesus (Christus) lauteten, er sei „charismatischer Führer", „Wohltäter", „Gerechter", „Vorbild" gewesen (a.a.O., S. 123). Weiter heißt es etwa:

> „Dass er gekreuzigt wurde, glaube ich. Dass er auferstanden ist, glaube ich nicht." – „Leute, die total irr und fanatisch drauf sind, um die ranken sich leicht alle möglichen Geschichten. Leute, die total von etwas überzeugt sind, die können leicht Welten bewegen: Zur richtigen Zeit, am richtigen Ort." (Barz 1992 Bd. 2, 123 f.)

Die zentrale Lehre von Jesus Christus als menschgewordenem Sohn Gottes werde außerhalb der Gruppe der Kirchennahen „kaum noch ernst genommen" (a. a. O., S. 125) Tobias Ziegler hat jedoch jüngst in 100 Schüleraufsätzen (von 16- bis 18-Jährigen) zum Thema Jesus Christus anderes und Wichtiges festgestellt. Zum einen gilt Jesus wesentlich als Vorbild:

> „Für mich war Jesus einfach ein Vorbild. Er hat uns Menschen gelehrt, besser mit Nächstenliebe umzugehen. ... Deshalb möchte ich nicht sagen, dass Jesus ein göttliches, höher gestelltes Wesen war, sondern ein Mensch mit vielleicht überwiegend guten Eigenschaften, aber er bleibt für mich ein Mensch." (Holger, 17 J., zit. nach Ziegler 2001, S. 121; mehrere vergleichbare Äußerungen sind gesammelt von Robert Schuster, in: Büttner/Thierfelder 2001, S. 171–174).

Weiter hat Ziegler gezeigt, dass der oft beschriebenen Krise des Gottesglaubens zu Beginn der Adoleszenz auch ein Relevanzverlust Jesu für den eigenen Glauben entspricht (Ziegler 2001, S. 108). Das Jesusbild der Grundschule kann Jugendlichen naiv erscheinen: „Dann kam Jesus, und plötzlich war alles wie im Blumen-Sonne-Lutscherland." (Sven, 17 J., zit. nach ZIEGLER 2001, S. 124) Dieses Jesusbild aus der Kindheit hält jedenfalls der aufbrechenden Theodizeefrage nicht Stand:

■ „Jesus bedeutet für mich nicht so viel. Ich weiß zwar, dass es Gott gibt, aber mit Jesus kann ich nicht so viel anfangen. ... Ich glaube, er ist mir zu perfekt. So fehlerlos kann doch niemand sei. Er ist doch zum Mensch geworden. Ein Mensch ohne Makel aber ist unmenschlich." (Christine, 17 J., zit. nach Ziegler 2001, S. 120). ■

Die gemeinsame Voraussetzung von jugendlicher Skepsis gegenüber der Christologie scheint die Befürchtung zu sein, dass es sich dabei um eine metaphysische Form von Wahrheit handelt, die man entweder glauben oder zurückweisen kann. Die unterrichtliche Aufgabe ist es darum, christologische Aussagen als Erschließung von Wirklichkeit, als Lebensdeutung verständlich zu machen. Die Vermeidung der Christologie zugunsten des historischen Jesus ist auch nach den Ergebnissen der neutestamentlichen Forschung des letzten Jahrhunderts unmöglich, weil das den Texten nicht angemessen wäre. Es kommt darauf an, deutlich zu machen: Alle Aussagen über Jesus sind eine Form von Christologie und alle hängen mit menschlichen Lebensdeutungen zusammen. Jugendliche Christologie folgt in der Regel nicht den überlieferten Hoheitstiteln; in einer 9. Klasse ist stattdessen die pädagogische Funktion Jesu hervorgehoben worden: Jesus zeigt, wie die Menschen an Gott glauben sollen (BÜTTNER 2002, S. 257).

Didaktisch ist auch das historische Interesse Jugendlicher als Chance zu begreifen. Sie wollen wissen, wie es denn genau gewesen ist, ohne das künstliche „Darumherumreden". In der Aufnahme dieses Wunsches aber wird man die Schwierigkeiten der Frage nach dem historischen Jesus zeigen können, etwa anhand der verschiedenen Jesusbilder bei den Evangelisten. Aus ihren christologischen Konzeptionen ergibt sich dann schnell, dass es eine „Jesulogie" ohne Christologie nie gegeben hat und nie geben kann. Gerade diese Einsicht gehört zu dem, „wie es genau gewesen ist".

2. Aspekt: Allgemeine Religion und Christusoffenbarung („elementare Strukturen")

Neuere Arbeiten haben gezeigt, dass es Jugendlichen schwer fällt, die allgemeine Frage nach Gott und die Erzählungen von Jesus zusammen zu sehen. Gerade das aber ist die Aufgabe der Christologie. Sonst bleibt es bei Jesus als Vorbild, der mit der grundlegenden Frage nach Religion und Gott nichts zu tun hat (BÜTTNER/THIERFELDER 2001, S. 22–26).

Dass die Lehre Jesu sich mit großen Humanisten messen kann, ist nach näherer Beschäftigung vielen einleuchtend, etwa im Vergleich mit Gandhi oder Albert Schweitzer, die sich ja ihrerseits auf Jesus beriefen und vielfach im Religionsunterricht vorkommen. Warum aber dieser Mensch Jesus nicht nur das *exemplum* menschlichen Handelns, sondern auch das *sacramentum* des Menschen schlechthin ist, des Menschen Glück, Heil, Zukunft, Gott selbst (vgl. Joh 10,30): Das ist die Frage der Christologie, die den Kern des christlichen Glaubens ausmacht. (Das Begriffspaar von Christus als exemplum und sacramentum hat Luther in der Auseinandersetzung mit der Gnadenlehre Augustins entwickelt.)

Mit der Christologie ist die elementare religiöse Grundfrage gegeben: Kann eine historisch einmalige („zufällige") Religion, der Glaube an Jesus, wirklich den Geist des Menschen auf Dauer befriedigen? Denkt eine historisch strukturierte Religion („Gott war in Christus", 2 Kor 5,19) nicht zu klein, philosophisch zu einfach von Gott? Diese Frage erhitzte die altkirchlichen Gemüter von Athanasius und Arius und sie kehrt bei Lessing wie bei heutigen Menschen elementar wieder: Warum soll dieser Kreuzestod eines einzelnen Menschen vor 2000 Jahren für mich (und darüber hinaus auch noch für meine späteren Kinder und Kindeskinder!) die entscheidende Lebensdeutung („zwingende Vernunftwahrheit") sein? Ohne das Beunruhigende und Widerständige dieser Frage ist die Struktur des Christentums nicht elementar erschlossen. Es kommt im Unterricht also nicht darauf an, diese Frage zu „lösen" oder abschließend zu beantworten, sondern darauf, sie in aller Bedrängnis überhaupt erst aufzuwerfen. Wer die Frage nicht stellt, hat nichts vom christlichen Glauben verstanden, und wer sie zu schnell beantwortet, kann nicht als vernünftiger Mensch gelten.

Die elementare *religiöse* Struktur der Christologie ist so zu umschreiben: Ein historisches Ereignis wird zusammengedacht mit der Übergeschichtlichkeit Gottes, der als „Herr der Geschichte" gilt. Diese Spannung thematisiert schon das Johannesevangelium mit dem rätselhaften Satz des Täufers über Jesus: „Nach mir kommt ein Mann, der vor mir gewesen ist, denn er war eher als ich" (Joh 1,30). Dieser Vers folgt unmittelbar dem „Agnus-Dei"-Satz „siehe, das ist Gottes Lamm, das *der Welt* Sünde trägt" (1,29). Christus wird als in der Zeit (*nach*), doch auch über der Zeit (*vor, eher*) beschrieben und er umgreift das Ganze des Seins (*der Welt*).

Ist aber die Struktur der Christologie auch *anthropologisch* elementar? Man wird es so sagen können: Die Geltung des historisch Einmaligen steht hier gegen die Plausibilität des Aktuellen und vernünftig Begründbaren. Das Historische sperrt sich dem demokratischen Diskurs. Es ist vorgegeben und darum leicht ein Störfaktor rationaler Argumentation. Das gilt nicht nur für Religionen. Manches historisch Einschneidende wirkt fort und ist bestimmend auch ohne individuelle Einsicht und Zustimmung (dies gilt etwa für die Tradition der europäischen Aufklärung, aber auch für den Holocaust). Historisches bestimmt unseren Alltag in Politik, Gesellschaft und Kultur, auch wenn der Einzelne vielleicht nichts davon wissen will. „Zufällige Geschichtswahrheiten" (Lessing) können sich auf die Geltungsansprüche von Vernunftwahrheiten auswirken. Darum sind sie auch unterrichtlich zu erschließen. Den „Einbruchstellen" des Jesusglaubens bei heutigen Jugendlichen liegt der „zentrale Grundkonflikt" zugrunde, wie sich das Leben Jesu als Mensch verstehen lässt, ohne dass seine Zusammengehörigkeit mit Gott in Frage steht (Ziegler 2001, S. 139).

3. Aspekt: Erlösung und Anerkennung („elementare Erfahrungen")

Vom Lebensempfinden Jugendlicher ist nicht nur die Christologie, sondern überhaupt die Frage von Rechtfertigung und Erlösung zunächst weit entfernt. In den erwähnten Schüleraufsätzen kommen Erlösung und Kreuzestod (wenn überhaupt) eher formelhaft vor (Ziegler 2003, S. 173). Erlösungsbewusstsein setzt schmerzliche Erfahrungen mit eigenen Grenzen voraus. Die primäre Aufgabe jugendlicher Welterschließung aber ist gerade das Überschreiten von Grenzen, das Erweitern des eigenen Verstehens- und Handlungsradius. Eine wichtige Bildungsaufgabe ist es, Neues zu wagen und dafür Selbstvertrauen zu entwickeln, Fremdem zu begegnen und die Gewissheit zu entwickeln: Ich bin stark genug, mich dem Fremden zu nähern, es mir anzueignen und mich selbst dabei zu verändern. Zur Bildung (im Sinne der elementarisierenden Erschließung) gehört erst einmal Mut: Ich erschließe mir die Umwelt, um diese zu verändern, und rechne damit, dass diese auch mich selbst erschließt und verändert.

Man kann geradezu sagen: Zum Jugendalter gehört vielmehr Lösungssehnsucht als *Er*lösungssehnsucht. Die Welt soll verändert und verbessert werden durch die eigene Aktivität. Dieses Bestreben ist jugendgemäß. So wie Lernprozesse kognitiv zum richtigen Zeitpunkt erfolgen sollten, so gibt es auch eine existenzielles „Zu-Früh" für einen didaktischen Schwerpunkt auf Schuld und Sünde. Die Frage nach der Erlösung wird erst dann zur Frage, wenn ein positives Verhältnis zu den eigenen Kräften und zur Weltgestaltungsmöglichkeit entwickelt wurde. Hier liegt ein Dilemma kirchlicher Bildungsarbeit.

Die zentrale Frage von Sünde und Rechtfertigung kann im Pubertätsalter nur unzureichend verstanden werden, muss aber in der Vorbereitung von Firmung oder Konfirmation dennoch thematisiert werden, weil es sich dabei um das tendenziell alle Kirchenmitglieder erreichende Angebot handelt. Vielleicht kann man sogar sagen: Rechtfertigung und Erlösung sind eher Fragen des Erwachsenenalters, vielleicht gar Fragen der zweiten Lebenshälfte.

Eine elementare Frage des Jugendalters ist hingegen die mit der Erlösung eng zusammenhängende, aber nicht mit ihr identische Frage der Anerkennung. Die Sehnsucht nach der *Erlösung* gehört zu demjenigen, der bereits Anerkennung gefunden hat, aber allein daraus keine Daseinsgewissheit gewinnt. In der bekannten Terminologie Fowlers: Die *Erlösung* ist primär die Frage des individuell-reflektierenden und des verbindenden Lebensglaubens. Die *Anerkennung* hingegen ist die Frage des gruppenbezogenen, jugendlichen Lebensglaubens. Die kognitiven und sozialen Zusammenhänge machen für Jugendliche das Spannungsfeld von Individualität einerseits und der Beheimatung in Gruppen und größeren Gemeinschaften andererseits wichtig. Auch das kommt in den Schüleraufsätzen bisweilen zum Ausdruck (häufiger bei Mädchen als bei Jungen):

■ „Für mich ist Jesus jemand, dem man alles erzählen kann, er äußert zwar nichts dazu, aber das kann manchmal auch gut sein. Freunde lästern nämlich, nehmen einen vielleicht nicht ernst, verstehen einen nicht oder machen blöde Witze. Jesus ist nicht so." (Tanja, 17 J., zit. nach Ziegler 2003, S. 180) ■

Jesus ist von den biblischen Autoren als derjenige geschildert, der anderen Anerkennung entgegenbrachte, weil er sich von Gott anerkannt wusste; ja, er *war* darüber hinaus die Anerkennung Gottes selbst (das „Gottesbewusstsein", das „Sein Gottes"). Er lebte radikale Anerkennung aufgrund radikalen Anerkanntseins. Das heißt: Die Erfahrung radikaler Anerkennung kann zur Befreiung von dem Streben nach Anerkennung werden – und damit ein Zugewinn an Freiheit. Gerade in der Jugendphase, die von wechselseitigen Erwartungen, Beziehungen und auch von Konformität geprägt ist (so die bekannte Beschreibung der „Stufe 3" durch L. Kohlberg), gehört die Mehrdeutigkeit von Anerkennung zur elementaren Erfahrung. Auf jeden Fall aber darf die christliche Erlösung nicht missverstanden werden als eine Einschränkung menschlicher Freiheit. Sie ist vielmehr die Vertiefung und Radikalisierung menschlicher Freiheit. Erlösung ist „die Endgültigkeit dieser Freiheitstat des Menschen selber" (K. Rahner, Schriften 15, S. 237).

4. Aspekt: Unterscheidung und Mensch („elementare Wahrheiten")

Bei der Christologie kommt es darauf an, ihre elementare Wahrheit nicht nur von der Gewissheit des Glaubens her, sondern auch von der anthropologischen und kulturellen *Funktion* her zu beschreiben. Dies wurde oben (2. Aspekt) im Hinblick auf die Wahrnehmung des Historischen gezeigt. Ähnliches gilt für die Wahrnehmung der eigenen Person und Existenz. Der Christusbezug führt eine grundlegende Unterscheidung in das menschliche Selbstverstehen ein. In Christus dem Menschen begegnet der Mensch nicht nur einem Anderen, sondern *sich selbst* in der Perspektive des Anderen und Fremden. Denn in Christus versteht sich der glaubende Mensch als der, der er noch nicht ist (2 Kor 5,17). Sich in Christus sehen, macht das Vertraute des eigenen Lebens fremd und rückt es in Distanz zu dem alltagsweltlich Vertrauten – vgl. dazu Gal 2,20: „Ich lebe, doch nun nicht ich, sondern Christus lebt in mir", oder auch die bekannte Formulierung im Heidelberger Katechismus von 1563, „dass ich mit Leib und Seele im Leben und im Sterben nicht mir, sondern meinem getreuen Heiland Jesus Christus gehöre" (Antwort auf Frage 1).

Die kulturelle Bedeutung dieser Anthropologie kann als der Blick für das Widersprüchliche und Fremde im eigenen Selbst beschrieben werden, als die Unterscheidung, die zur Selbstunterscheidung wird. Der glaubende Mensch geht niemals nur von dem Präsenten, Gegebenen, Vertrauten aus. Er weiß um die Notwendigkeit, das Fremde und Unzugängliche bewusst zu halten, um sich selbst und die Welt wirklich verstehen zu können. Man kann dies die „Präsenz des Fremden im Eigenen" nennen (Moxter 2002, S. 30).

Dieser Gedanke hat Aktualität. Denn der Umgang mit dem Fremden in der eigenen Gegenwart kann nicht auf moralische Appelle gegründet werden. Er benötigt wirkliche Bildung, die in der Wahrnehmung des Fremden im eigenen Selbst gegründet ist. Das im „simul iustus et peccator" ausgesprochene Sich-selbst-unvertraut-Sein, dieses Fremde im Eigenen ist die elementare Wahrheit der christlichen Anthropologie. Darin liegt ihr bildender Gehalt auch über das im engeren Sinne Christliche hinaus. Durch diese Reflexion wird gewährleistet, dass die Würde des Menschen nicht im Eigenen, nicht in seinen Leistungen (der Vernunft zum Beispiel) besteht, sondern in dem ihm selbst Fremden, von außerhalb ihm Zukommenden. Damit ist der äußerlich messbaren Bewertung eines Menschen eine Grenze gesetzt.

Die Unterscheidung zwischen Gott und Mensch in Christus und zwischen dem Eigenen und dem Fremden im Menschen ist eine notwendige Differenzlehre gegen Optimierungs- und Bewertungsinteressen des Humanum in der Gegenwart. Für diese werden Schülern und Schülerinnen reihenweise Beispiele einfallen.

Zusammenfassung

Elementar ist, was zur Bildung beiträgt. Das Elementare hat darum grundsätzlich eine doppelte Struktur: Elementar ist, was dem Menschen die selbstständige Orientierung im Leben ermöglicht, was ihm hilft, sich selbst und seine Kultur besser zu verstehen. Mit dieser subjektiven hängt die objektive Seite untrennbar zusammen: Elementar sind Themen und Inhalte, die zu solchem Verstehen helfen.
An der Christologie als dem Zentrum des christlichen Glaubens kann mit Hilfe der gängigen vier Aspekte das persönlich Elementare (Zugänge und Erfahrungen) und das sachlich Elementare (Strukturen und Wahrheiten) so erschlossen werden:

- Wenn Jesus Jugendliche vor allem als Person interessiert, ist das historische Interesse didaktisch als Chance zu begreifen (1. „Elementarer Zugang").
- In fruchtbarer Spannung dazu steht der Gedanke, dass Tod und Auferstehung Jesu die entscheidende Lebensdeutung enthalten (2. „Elementare Struktur").
- Elementar für das Jugendalter ist die mit der Erlösung eng zusammenhängende Frage der Anerkennung. Sie ist die Frage des gruppenbezogenen, jugendlichen Lebensglaubens und kann mit der radikalen Anerkennung Jesu verbunden werden (3. „Elementare Erfahrungen").
- Der Christusbezug führt schließlich auf die grundlegende Unterscheidung im menschlichen Selbstverstehen zwischen dem Vertrauten und dem Fremden. In dem Menschen Christus begegnet der Mensch sich selbst in der Perspektive Gottes (4. „Elementare Wahrheiten").

Jesus Christus als Inhalt des Religionsunterrichts

Zu Recht ist jüngst festgestellt worden, dass bei Heranwachsenden ein größeres Interesse an christologischen Fragen vorhanden ist, als oft angenommen wird, und dass die Auseinandersetzung damit eine zentrale kognitive Herausforderung ist (Ziegler 2003, S. 164, 174). Wichtig ist es, im Unterricht die Alternative „Vorbild Jesus" oder „kirchliche Lehre" zu überholen durch die Einsicht: Christologien sind jeweils bestimmte (auch historisch bedingte) Konzepte von Menschen, die ihre Auffassung von Jesus zum Ausdruck gebracht haben. Didaktisches Prinzip im Sinne der Elementarisierung sollte es sein, *erstens* Christologien als Lebensdeutungen verstehbar zu machen, und *zweitens* zu eigenen Jesusdeutungen anzuregen (vgl. BÜTTNER/THIERFELDER 2001, S. 23 f.). Eine kreative, künstlerische Christologie von Schülern in Texten, Bildern und evtl. in Musik ist die Alternative zum bloßen Lernen von historischem Stoff einerseits und zu einer historisierend verengten „Jesulogie" andererseits. Bei Christologien handelt sich um überlieferte, aber prinzipiell nicht abgeschlossene Deutungen des Lebens Jesu. Entscheidend sind damit nicht bestimmte tradierte Formeln als solche. Mit den Worten Karl Rahners:

> „Wer Jesus den lebendigen liebt in einer berechtigten und ihrer gewissen Liebe und in einem absoluten Vertrauen, das in ihm selbst seinen absoluten Grund weiß, der hat Jesus schon als den angenommen, den der christliche Glaube aussagt, ob er die klassischen und gültig bleibenden Formeln der Christologie versteht oder nicht." (KARL RAHNER, Schriften Bd. 10, S. 212)

Entscheidend ist die in christologischen Formeln zum Ausdruck gebrachte Erfahrung, selbst gemeint, angesprochen, bejaht und geliebt zu sein. Die hierbei wichtigen entwicklungsbedingten Interessen und Verstehensmöglichkeiten klangen bereits an. Knapp zusammengefasst ergaben die Forschungen von Gerhard Büttner für Klasse 1 bis 9 das Folgende:

Christologie von Schülerinnen und Schülern
Klasse 1 bis 3: Gott und Jesus erscheinen eng verbunden (wie Vater und Sohn in der Familie). Artifizialismus und Finalismus (Piaget): Alles geht gut aus.
Klasse 4 bis 7: Gott und Jesus sind deutlich getrennt. Gott ist mächtig, Jesus bekommt nicht immer die nötige Macht zum Helfen. Artifizialismus löst sich auf in frühe Subjektorientierung (Jesus gibt Mut, Situationen zu bestehen).
Klasse 8 bis 9: Versuche, den besonderen Menschen Jesus von Gott her zu verstehen, als „Darsteller Gottes". Subjektorientierte Christologie als individuelle Erfahrung.
(BÜTTNER 2002, S. 266)

Geläufig ist die grobe Orientierung: Man wird zu Beginn der Sekundarstufe I (*Klasse 5/6*) stärker Informationen über Zeit und Umwelt Jesu und über das Leben der ersten Christen unterrichten und in den *Klassen 7 bis 10* die Auseinandersetzung mit der historischen Wahrheit über Jesus thematisieren. Hier ist zudem mit den jugendlichen „Einbrüchen" in das (zu einfache) Bild des immer helfenden Jesus (vergleichbar mit der Theodizeefrage) zu rechnen. In der *Oberstufe* folgen die grundlegenden religionsphilosophischen

Themen (philosophisches und christliches Religionsverständnis). Hierzu gehört dann zum Beispiel das Thema Offenbarung in der Geschichte und in Christus, wie es für den Kirchenkampf und für die „Barmer theologische Erklärung“ von 1934 wichtig war. Dieser Abfolge entsprechen in der Regel die Unterrichtsmodelle und Schulbücher. Außerdem bieten die staatlichen Richtlinien und Lehrpläne sorgfältige didaktische und methodische Überlegungen. Dazu vergleiche man etwa die „Leitlinie 2“ in den Sek-I-Richtlinien für das Gymnasium (Ev. Religion in Nordrhein-Westfalen, S. 46–48): „Jesus und seiner Botschaft begegnen – Christus bekennen“. Im Sinne einer interreligiösen Perspektive wird es übrigens sinnvoll sein, auch Aussagen über Jesus im Koran zu erwähnen.

Sinnvoll ist in dieser Leitlinie die Verbindung von Jesus *und* Christus. Denn neuere Arbeiten (Ziegler 2001 und 2003) zeigen das Problematische einer Trennung zwischen dem historischen (Zeit und Umwelt Jesu, Kl. 5/6) und dem erst später vorkommenden christologischen Zugang. Die grundlegenden christologischen Fragen „Wer ist Jesus für uns heute?“ sollten neben der Frage nach dem historischen Jesus immer eine Rolle spielen. Sonst ist der Bruch vom Grundschulverständnis zum jugendlichen, kritischen Verständnis zu groß. Die von Ziegler zitierten Äußerungen von Jugendlichen in den Aufsätzen weisen auf dieses Problem hin.

Klassische christologische Texte werden eher in der Oberstufe ihren Platz haben. Dabei ist etwa zu denken an die christologischen Formeln im Johannesprolog, im Nicänum und im Kleinen Katechismus Luthers (Erklärung zum 2. Artikel des Glaubensbekenntnisses), aber auch an die Auseinandersetzung um den historischen Jesus in der Exegese des 20. Jahrhunderts und an die Lehre vom Pascha-Mysterium Christi (Odo Casel und die Theologie des 2. Vatikanums). Diese Beschreibungen von Erlösung sind erst (oder frühestens) ab dem späteren Jugendalter zugänglich. Dazu sind dann auch kulturelle Parallelen und fächerverbindende Ansätze hilfreich: Für den Johannesprolog die neuplatonische Philosophie und das gnostische Denken, für das Nicänum die Vertonung Bachs in der h-Moll-Messe, für Luthers Christologie die beginnende neuzeitliche Individualisierung, für die Mysterientheologie Casels die liturgische Bewegung und die Jugendbewegung usw.

Aber auch in der Oberstufe sollen christologische Konzepte nicht lediglich als „Stoffe“ unterrichtet werden, die unter dem Gesichtspunkt materialer Bildung zu kennen nützlich ist. Dazu sollten *erstens* Denkweisen generell nicht als solche (als „Kulturgüter“ oder als bloße „Lehren“) zur Sprache kommen, sondern als geschichtlich und gesellschaftlich vermittelte Lebensdeutungen. Dies setzt jeweils eine nicht nur im engen Sinne (exegetisch und systematisch vorgehende) fachwissenschaftliche Unterrichtsvorbereitung voraus. Nötig ist eine Sicht auf theologische und andere kulturelle Objektivationen, welche diese nicht nur als Inhalte *für* die Bildung, sondern als das Ergebnis eines Prozesses *von* Bildung ansieht. Im Johannesprolog, im Kleinen Katechismus, in der Lehre vom Pascha-Mysterium hat sich eine Art von Weltverstehen niedergeschlagen. Dessen Herausbildung zu folgen wird den schulischen Prozess von Bildung befördern. Denn dabei geht es nicht primär um Wissen, sondern um die gegenseitige Erschließung von Mensch und Welt. Das Bemühen um das Verstehen von beidem muss gezeigt werden können, auch wenn die Art und Weise des Weltverstehens selbst fremd bleiben sollte.

Unterrichtsvorschlag (ab Kl. 10): „Anerkennung" und „Gottesbewusstsein" – implizite Christologie

Die meisten Menschen – abgesehen von engagierten Atheisten – haben Erfahrungen mit Gott, seien es fragende, ahnende oder solche, in denen sich Gewissheit und Zweifel abwechseln oder mischen. Niemand entgeht der Frage nach dem glücklichen und unglücklichen Zufall, nach dem Leiden und nach dem Tod. Da Jesus ein Mensch war wie wir, hat er genauso empfunden. Wenn man die Christologie verstehen will, kann man von hier aus sagen: Seine Gotteserfahrung war von der Art und Weise her dieselbe wie unsere. Aber sie war davon doch grundlegend verschieden. Sein Bewusstsein von Gott war nicht gefährdet, es war von „stetiger Kräftigkeit", wie Friedrich Schleiermacher es formulierte. Die Christologie ist der Versuch, dieses Sein Gottes im menschlichen Empfinden Jesu zu beschreiben. Jesu Art von Erkennen und Anerkennen war darum wie die unsere, aber doch grundlegend anders.

Der bereits beschriebene 3. Aspekt der Elementarisierung (Erlösung und Anerkennung als elementare Erfahrungen) lässt sich aus neutestamentlichen Texten entwickeln: Jesus ist derjenige, der anderen unbedingte Anerkennung entgegenbringen konnte. Weil er im Gottesbewusstsein, im Bewusstsein unbedingten Anerkennens lebt, sucht Jesus keine Anerkennung. Dazu gehört das bekannte Wort vom „Fresser und Weinsäufer" (Mt 11,19), mit dem die Distanzierung Jesu von Bewertungen seiner Person durch andere zum Ausdruck kommt. Der seiner Anerkennung Gewisse ist frei gegenüber Konventionen (dazu die verschiedenen Stellen zum Sabbatgebot, am prägnantesten der bekannte Satz Mk 2,28). Es sollte in diesem Zusammenhang aber nicht nur das heute Plausible, sondern auch das eher Befrem-

dende an der Person Jesu deutlich werden, wie die Distanzierung von der eigenen Familie und Herkunft (Mk 3,31–35 par.; Lk 9,59–62).
Eine Unterrichtssequenz von etwa sechs Stunden könnte in drei Schritten angelegt werden:

- Radikales Anerkanntsein und Anerkennung in Jesusgeschichten als implizite Christologie
- Das „Gottesbewusstsein Jesu" als Versuch neuzeitlicher Umschreibung der Texte
- Entwicklung menschlichen „Gottesbewusstseins" als Umschreibung von Glauben;

dies sei noch etwas näher erläutert:
(1) Die radikale Zuwendung und Anerkennung bei Jesus ist dargestellt in Joh 8,1–11 (Anerkennung gegen brutale Strafjustiz: Jesus und die Ehebrecherin) oder in Joh 9,1–12 (Anerkennung gegen stigmatisierende Vererbungstheorie). Eine besonders konzentrierte Form der Anerkennung sind die Salz- und Lichtworte in der Bergpredigt (Mt 5,13–16). Denn darin geht es nicht um zukunftsbezogene Aussagen oder gar um Handlungsaufforderungen, sondern um ein sich *jetzt* einstellendes grenzenloses Zutrauen zu den anderen. Im Neuen Testament wird die Lebendigkeit der Gotteserfahrung am Leben und Sterben Jesu immer wieder beschrieben (bis hin zu dem an Ps 22,2 angelehnten Verzweiflungsschrei Mt 27,46).

(2) Daraus entsteht die Frage: Wie ist eine solche von radikalem Vertrauen herkommende, herkömmliche Denkmuster durchbrechende bedingungslose Anerkennung möglich? Das führt auf die Gottesbeziehung Jesu. Denn diese wurde von den neutestamentlichen Autoren mit den christologischen Hoheitstiteln zum Ausdruck gebracht: „Sohn Gottes", „Menschensohn", „Kyrios", „Messias" oder einfach „Christus" (= der Gesalbte der endzeitlichen Königsherrschaft Gottes). Jugendlichen zugänglicher ist das in neuzeitlicher Denkweise, wie wir sie in der Glaubenslehre Friedrich Schleiermachers finden. In der Lebenserfahrung Jesu gab es keine Ungewissheit über die Realität Gottes im eigenen Leben und in der Welt, keine Trennung von Gott, keine Sünde. Die radikale Anerkennung des anderen Menschen ist in der umfassenden Gotteserkenntnis Jesu begründet:

■ „Der Erlöser ist sonach allen Menschen gleich vermöge der Selbigkeit der menschlichen Natur, von Allen aber unterschieden durch die stetige Kräftigkeit seines Gottesbewusstseins, welche ein eigentliches Sein Gottes in ihm war." (F. Schleiermacher, Der christliche Glaube, Leitsatz zu § 94) ■

Bei Schleiermacher finden wir das beschriebene Spannungsfeld von Geschichtlichkeit und Christologie (Elementarisierung, 2. Aspekt) wieder. Nach Schleiermacher kann es allgemein zwar ein Sein-Gottes-in-der-*Welt* geben. Aber es gibt kein Sein-Gottes-in-einem-einzelnen-Ding-oder-Bewusstsein. Denn jedes Bewusstsein und jedes Ding ist immer zugleich geprägt von Tätigkeit *und* Erleiden, *Gott* aber ist reine Tätigkeit. Das menschliche Gottesbewusstsein ist darum immer nur ein Abglanz von Gott. Für Jesus aber gilt das nicht. Dies ist jedenfalls die Überzeugung des christlichen Glaubens. Jesus ist „allein der Andere, in welchem es ein eigentliches Sein Gottes gibt". Damit sind die christologischen Aussagen von 2 Kor 5,19 und von Hebr 4,15 (Christus, „der versucht worden ist in allem wie wir, doch ohne Sünde") in anthropologischer Perspektive neu formuliert.

(3) Bei Schleiermacher bekommt der Begriff „Erlösung" einen zusätzlichen Kontext. Man könnte ihn als „Bewusstseinserweiterung" umschreiben. Das Leben Jesu verweist auf die im Glauben gegebenen Möglichkeiten des Menschen. Denn die Gotteserfahrung Jesu ist grundsätzlich nicht anders als unsere. Doch unsere eigene Gotteserfahrung ist immer wieder die versäumte, die gebrochene, geschwächte und vergessene. Erlösung lässt sich somit nicht nur als *Vergebung,* nicht nur als Aufhebung von falschem Handeln beschreiben, sondern als *Lebensvertiefung*. Erlösung ist die Kräftigung des eigenen Gottesbewusstseins und der eigenen Gotteserfahrung. Daraus ergeben sich Möglichkeiten eines umfassenden und nicht moralisch verengten Verständnisses von Sünde.

Gottesglaube und interreligiöses Lernen

von Ulrike Baumann

Die Religiosität Jugendlicher in der Bundesrepublik heute weist als zentrales Merkmal eine deutliche Nähe zu jenen kulturellen Veränderungen auf, die im Zusammenhang der Globalisierung diskutiert werden. Für die Jugendlichen kommen die Globalisierungsprozesse am stärksten in der weltweiten Jugendkultur zum Ausdruck, in von ihnen geschätzter Musik, in Filmen und speziellen Fernsehsendungen, in Kommunikationsmöglichkeiten und Reisen ins Ausland. Von alledem machen sie Gebrauch, und was für sie zählt, ist, dass sie etwas „gut finden". Die Jugendlichen versprechen sich von der Globalisierung eine Bereicherung des Lebens, eine Verbesserung der Kommunikationsmöglichkeiten, Verständigung zwischen den Nationen und Erleichterungen bei der Überwindung ökonomischer und ökologischer Probleme. Negative Einschätzungen der Globalisierung und ihrer Risiken fallen demgegenüber schwächer aus. Es zeigt sich, dass die Globalisierungswirkungen zwar das Leben der Jugendlichen in unmittelbarer und mittelbarer Weise bestimmen, dass sie sich dieser Wirkungen aber nicht immer bewusst sind (vgl. Schweitzer/Conrad 2002). Diese Spannung bezeichnet eine *Bildungsaufgabe*, zu der auch religionspädagogische Herausforderungen gehören:

- Erst wenn Bildung den kulturellen und religiösen Wandel berücksichtigt, wird sie der tatsächlichen Prägung jugendlicher Alltags- und Lebenswelten durch globale kulturelle Strömungen gerecht. Die mit der Globalisierung zumindest auch verbundenen Chancen interkulturellen und interreligiösen Lernens sollten nicht ungenutzt bleiben.
- Die Situation an den Schulen, die besonders in den großen Städten eine multireligiöse ist, fordert interreligiöses Lernen zwingend heraus mit dem Ziel einer Verständigung in religiöser Vielfalt.

Dass die Auseinandersetzung mit anderen Religionen unverzichtbar zu einer modernen Religionsdidaktik gehört, soll im Folgenden an der Gottesfrage verdeutlicht werden.

Transzendenz und Differenz

Unter Jugendlichen wird immer wieder die Auffassung vertreten, dass Juden, Christen, Muslime und Buddhisten unter verschiedenen Namen eigentlich denselben Gott meinen. Es zeigt sich die Tendenz, Gott im Jenseits aller menschlichen Vorstellungen anzusiedeln. Dabei wird allerdings leicht übersehen, dass all unser Reden von Gott notwendigerweise symbolisches Reden ist. Wir können über das Unbedingte nur sprechen, indem wir an Konkretes in unserer Erfahrungswelt anknüpfen und es auf Gott beziehen. Menschliches Reden von Gott macht eine Vielzahl von Bildern nötig und möglich. Dass die Wirklichkeit des Unbedingten all unsere sprachlichen Annäherungsversuche sprengt, ist eine theologische Aussage, die Jugendliche faszinieren kann. Aber der Satz „Alle Menschen haben doch denselben Gott" geht ihnen nur leicht über die Lippen, wenn sie sich noch nicht näher mit der großen Vielfalt der Religionen beschäftigt haben. Der bloße Begriff „Gott" ist nicht sehr aussagekräftig, solange man ihn nicht inhaltlich präzisiert, also nicht sagt, von *welchem Gott* man redet. Wie entwickeln Jugendliche ein Bewusstsein dafür, dass gerade das Streben nach letzter, verbindlicher Wahrheit den Dialog und die Begegnung zwischen den Religionen der Welt herausfordert?

- Für nicht wenige Jugendliche verweist die Frage nach Gott auf ihre eigene Lebensgeschichte zurück. Sie bemerken, dass ihr Gottesglauben durch die von ihnen erfahrene Erziehung entstanden sei.
- Jugendliche betonen aber auch, dass jeder seinen eigenen Weg und seinen eigenen Gottesglauben finden müsse; es sei Sache jedes Einzelnen, in welche Richtung er gehen wolle. Inhaltlich bleiben die Überzeugungen oft unbestimmt.
- Viele Jugendliche vertreten die Auffassung, dass sich Glaube und Religion einer persönlichen Entscheidung verdanken und einen individuellen Inhalt haben. Daneben kann unvermittelt die Bedeutung der Gemeinschaft für den Gottesglauben hervorgehoben werden. Das Verhältnis zwischen persönlichem Glauben und der religiösen Gemeinschaft stellt sich oft widersprüchlich dar.

Für den *Umgang mit anderen Religionen* sehen Jugendliche „Toleranz" als hohen Wert an. In einer explorativen Studie befragten Tübinger Religionspädagogen im Jahr 2002 Jugendliche zwischen 13 und 18 Jahren in Stuttgart und Leipzig unter anderem nach einer Begründung der Forderung nach Toleranz. Die Antworten besagten in der Gesamttendenz, dass jeder das Recht habe, zu glauben, was er möchte:

■ „Also es ist auf jeden Fall so, dass ich jede andere Religion erst mal toleriere. Es ist okay. Jeder kann glauben, wie er will." (SCHWEITZER/CONRAD 2002, S. 303) ■

In gewisser Hinsicht werden die Religionen als austauschbar beschrieben, was einer Relativierung der einzelnen Religionen und Glaubensüberzeugungen entspricht. Solche relativierenden Sichtweisen müssen aber nicht zur Relativierung des eigenen Gottesglaubens führen:

■ „Ich glaube an meinen Gott", sagte einer der Jugendlichen, um hinsichtlich der anderen Religionen festzuhalten: „Also auf jeden Fall akzeptiere ich das, aber das ist okay, aber nicht für mich." (ebd.) ■

Der *Wahrheitsanspruch der Religionen* wird subjektiviert; er gilt nur für die einzelnen Personen. Die selbstverständliche Akzeptanz der Auffassung, dass jeder nach seiner Fasson selig werden soll, schützt die Jugendlichen vor allzu großer Verunsicherung durch andere Glaubensweisen. Aber zugleich verhindert diese Haltung, dass sie sich durch die Existenz anderer Religionen wirklich herausfordern lassen, was erst zu einer tatsächlichen Pluralitätsfähigkeit führt. Religionen wollen Wege zum „Heil" für die ganze Welt sein und deshalb ist die Wahrheitsfrage religionsdidaktisch unvermeidbar. Damit zwischen Angehörigen verschiedener Religionen überhaupt eine tiefe Begegnung zustande kommt, müssen sie bereit sein, unter dem Kriterium der Wahrheit über sich selbst Rechenschaft abzugeben und in der Wahrheitsfrage Differenzen nicht auszuklammern. Das gilt auch für interreligiöses Lernen.

■ „Ich bin schon religiös und glaube vielleicht auch an Gott, aber ich kann jetzt nicht so sagen, dass ich an diesen Gott glaube, also an den Gott aus der Bibel ...", sagt ein Jugendlicher aus der Tübinger Studie (a. a. O., S. 301). ■

Bei seinen muslimischen Mitschülerinnen und Mitschülern erlebt er aber, dass sie sich vorbehaltloser auf die religiöse Tradition berufen und von deren wortwörtlicher Wahrheit überzeugt sind. Beim interreligiösen Lernen werden deshalb die Konturen eines spezifisch biblischen Gottesglaubens genauer zu umreißen sein, um von daher mit den einzelnen Religionen in einen je spezifischen Dialog einzutreten. Als Voraussetzung dieses interreligiösen Lernens ist die jugendkulturelle Dimension der Globalisierung einschließlich der Sichtweisen der Jugendlichen selbst mitzubedenken. Interreligiöses Lernen ist schülerorientiert und zielt darauf, dass die Jugendlichen selbst eine innere Kultur der Interreligiosität entwickeln.

Die Unterrichtenden werden als Moderatoren selbstbestimmter Lernprozesse gebraucht.

Der Gott der Juden und der Christen

Das Judentum wird von Jugendlichen überwiegend aus der Perspektive des Holocaust betrachtet, eine Sichtweise, die Fernsehsendungen und Filme wie zum Beispiel „Schindlers Liste“ (1995) unterstützen. Zugleich erfahren sie aus den Nachrichten von den Auseinandersetzungen zwischen Israelis und Palästinensern, die zum Teil Christen sind. Juden und Christen glauben aber an denselben einen Gott und seinen Heilsplan in der Geschichte. Es ist zunächst Aufgabe des Religionsunterrichts, bei den Schülerinnen und Schülern ein tieferes Verständnis des Glaubens an diesen einen Gott zu ermöglichen.

Gott in der Urgeschichte

Hierzu ist ein rückblickender Vergleich mit der vom zyklischen Wirklichkeitsverständnis geprägten Religion der Nachbarvölker des biblischen Israel hilfreich. In der Sekundarstufe I kann er seinen Ausgangspunkt zum Beispiel bei den *Schöpfungsmythen* nehmen. Kurze Nacherzählungen der babylonischen Schöpfungsgeschichte „Enuma elisch“ faszinieren Jugendliche bis heute, vor allem wenn sie durch Darstellungen des Gottes Marduk mit den Insignien seiner Macht illustriert werden.

- Marduk bringt als göttlicher Krieger im Kampf gegen das Chaos die Welt hervor, indem er das Meeresungeheuer Tiamat tötet, ihren Körper zerteilt und daraus Himmel und Erde formt.
- Wie handelt demgegenüber der Gott der biblischen Schöpfungsgeschichten? Er bringt die Welt auf friedliche Weise durch sein Wort hervor oder er pflanzt sie mit seinen Händen wie einen Garten. Der Mensch entsteht nicht aus Götterblut, sondern aus Erde, der Gott Lebensatem einhaucht.
- Weshalb werden diese alten Geschichten im Religionsunterricht erzählt in einer Zeit, in der sich die Menschen immer mehr selbst zu Herren der Schöpfung erheben?

Heute werden weniger ihre Differenzen als ihre Gemeinsamkeiten bedeutsam: Als Mythen wollen sie in Bildern anschaulich etwas Wahres und Gültiges über Gott und die Welt erzählen. Die Erde und die Geschöpfe sind ein Geschenk der Götter bzw. Gottes und deshalb sehr kostbar. Dass die Menschen sorgsam mit ihnen umzugehen hätten, ist aus dieser Vorgabe eindeutig ableitbar und in Zeiten ökologischer Krisen eine zentrale Einsicht interreligiösen Lernens.

Mit der Gottesbeziehung ist die menschliche Identität fundamental berührt und zwar auch die Identität als Frau und Mann. Deshalb wird die Frage nach *männlichen und weiblichen Gottesbildern* in der Praxis des Religionsunterrichts von den Schülerinnen und Schülern selbst aufgeworfen.

- Es lassen sich verschiedene Darstellungen des biblischen Schöpfergottes miteinander vergleichen: etwa die Deckengemälde Michelangelos in der Sixtinischen Kapelle (1508–1510), der Holzschnitt eines Cranach-Schülers aus der Lutherbibel von 1534 und „Der Schöpfergott" von William Blake (1794). Alle Gemälde stellen den Schöpfer als machtvollen alten Mann dar.
- Genesis 1,27 zufolge sind Mann und Frau aber gleichermaßen als Ebenbild Gottes geschaffen. Schon vom ersten Kapitel der Bibel her verbietet sich also für Juden und Christen die einseitige Festlegung Gottes auf ein männliches Bild.
- Die Bibel gebraucht für Gott gelegentlich auch Bilder weiblicher Herkunft. In Lukas 15,8–10 spricht Jesus von Gott im Bild einer Frau.

Die Schülerinnen und Schüler können Zeichnungen und Aquarelle anfertigen, die zu diesen biblischen Bildern passen. Vielleicht möchten sie aber noch ganz andere Bilder gestalten, die ihrer persönlichen Beziehung zu Gott entsprechen.

Der archaische *Mythos vom Chaoskampf* ist als eine Spiegelung des Widerstreits in der Natur zu verstehen: Der göttliche Krieger – Marduk oder Baal – erfreut sich nur während der Regenzeit seines Sieges. Die Dürre des Sommers und bedrohliche Überschwemmungen weisen auf zeitweilige Überlegenheit seiner Gegner hin. Auch der Bibel zufolge birgt die von Gott geschaffene Welt jene Mächte, die ihre Ordnung von innen heraus bedrohen und gefährden. Hier gehen sie vor allem von den Menschen aus. Die Mythen der Urgeschichte sind vielen Schülerinnen und Schülern in rudimentärer Form bekannt, nicht zuletzt weil sie ihnen in der populären Kultur begegnen. So bedient sich die Werbung häufig der Geschichte vom so genannten Sündenfall, um ihre Produkte zu verkaufen.

- Was macht die Werbung mit den alten Geschichten? Kommt Gott überhaupt noch vor?

- Der Bibel geht es in erster Linie um die Darstellung der gestörten Beziehung zwischen Gott und den Menschen.
  Diese Störung bringt es mit sich, dass Gott immer wieder eingreift und das Weltgeschehen nicht sich selbst überlassen kann. Dabei wendet er sich einem Volk zu, aber vermittelt über dieses der Menschheit.

Gemeinsame Wurzeln der Heilsgeschichte

Die fundamentale Gemeinsamkeit von Juden, Christen und Muslimen ist die Deutung von Geschichte als Heilsgeschichte und der Glaube an einen Heilsplan Gottes. Alle drei Religionen kommen zu einer heilsrelevanten Interpunktion der Geschichte. Aber wie verhalten sich diese Interpunktionen zueinander? Was bedeutet die jeweils frühere oder spätere Offenbarung, wenn ein und derselbe Gott am Werk gewesen ist, lautet die für interreligiöses Lernen heikle Frage. Für das jüdisch-christliche Verhältnis passt der Begriff des interreligiösen Lernens kaum, weil Christen aus theologischen Gründen das Judentum nicht als unterschiedslos vergleichbar mit anderen Religionen ansprechen dürfen, denn beide legen Zeugnis vom Reden und Handeln desselben einen Gottes ab.

Am Anfang der Heilsgeschichte haben Juden und Christen gemeinsam mit dem Islam dieselbe Wurzel in Abraham. Spätestens in der Orientierungsstufe können die Kinder *Abraham, Sara und Hagar* gemeinsam begegnen. An ihrer Geschichte können sie in elementarer Weise lernen, was Gottesglaube bedeutet. Alle drei Personen werden von Gott berufen und sie verlassen sich auf je eigene Weise auf ihn in gläubigem Einverständnis. Aber sie verhandeln und rechten auch mit Gott; doch er steht in Treue zu seiner Erwählung und Verheißung: „Ich will dich zu einem großen Volk machen und will dich segnen." (Gen 12,2) Abraham und Sara haben keine Angst vor Glaubenszweifeln; vielmehr wird die Erfüllung der Verheißung zwischen Gott und ihnen immer wieder strittig. Ihr Lachen zeigt anschaulich, dass Glaube und Zweifel zusammengehören (Gen 17,15–19; 18,1–15). Deshalb haben die Juden Toleranz gegenüber individuellen Glaubensweisen ausgebildet und Humor ist bei ihnen eine Schwester des Glaubens.

- Die Kinder werden mit den Geschichten von Abraham, Sara und Hagar vertraut, indem sie zum Beispiel Selbstgespräche, Dialoge oder Streitgespräche der Figuren erfinden. Wie sprechen sie miteinander und auf welche Weise spricht Gott mit ihnen?
- Weshalb stellt Gott ihren Glauben auf eine so schwere Probe? Im Anschluss an Genesis 22,1–19 können Kinder auch diese Frage stellen.

Korrekturen aufgrund der Christentumsgeschichte

Als elementare Regel für den gesamten Religionsunterricht gilt das Vemeiden antijudaistischer Tendenzen in Texten, Bildern und Spielen. *Gottes Berufung ist unwiderruflich* und deshalb sind die Juden in Geschichte und Gegenwart von Gott geliebt. Die Interpunktion „vorher" und „nachher", „alt" und „neu" gilt im jüdisch-christlichen Verhältnis nur relativ. Daraus folgt eine didaktische Revision des Umgangs mit Bibeltexten im Religionsunterricht, wenn die Urteile nur so lange positiv sind, wie von den Juden im Alten Testament geredet wird. Im Vordergrund sollte das Bemühen stehen, die Juden nicht als minderwertig gegenüber dem Christentum zu erweisen, weil dadurch unzählige Sachverhalte verzerrt werden. Wer zum Beispiel die Pharisäer nur als Jesusgegner typisiert und durch Geschichten und Bilder so darstellt, dass die Schülerinnen und Schüler affektiv zu einer Ablehnung dieser Gruppe gebracht werden, weckt neu antijüdische Affekte. Die Pharisäer waren Meister des Lehrens und Lernens und die Welt verdankt ihnen die hebräische Bibel. Jesus war im intensiven Gespräch mit ihnen und sie haben ihn zum Erzählen wichtiger Gleichnisse über Gottes Liebe zu den Menschen herausgefordert.

Die Auseinandersetzung mit dem Judentum im Religionsunterricht dient nicht der christlichen Identitätssicherung. Vielmehr können die Schülerinnen und Schüler in der Auseinandersetzung mit dieser dem Christentum verwandten Religion elementare Zugänge zur interreligiösen Begegnung allgemein entwickeln, indem sie sich schrittweise der „Andersheit" des „Anderen" (E. Lévinas) öffnen, in „Achtung vor der Wahrhaftigkeit der Glaubensexistenz des anderen" und „der von ihm erfahrenen, gelebten und möglicherweise durchlittenen Wahrheitserfahrung." (Nipkow 1998, S. 361, 369) Jahrhundertelang herrschte bei Christen gegenüber den Juden die Denkstruktur der Enterbung, nach der Israel durch die Kirche ersetzt sei. Aus diesem vergangenen Verhältnis für heute zu lernen, heißt theologisch und religionspädagogisch, „Abläufe historisch genau zu erinnern und die historischen Sachverhalte von verfälschenden theologischen Deutungen freizulegen" (a. a .O., S. 366).

Arbeitsanregung In der Oberstufe kann dies zum Beispiel in Auseinandersetzung mit der Gestalt des *„Ahasver"* geschehen, der ruhelos auf der Erde umherwandert. Hier handelt es sich um eine seit dem 17. Jahrhundert populäre Stigmatisierung der Juden durch die Christen in Form einer Legende. Sie beruht auf der Vorstellung, dass Gott die Juden bewahre, wie er Kain bewahrt habe, der mit einem Zeichen auf der Stirn umherirrte, damit ihn niemand willkürlich töte (Gen 4,15). Die Verarbeitung dieser Legende hat eine lange Tradition in Literatur und Film, über die sich die Schülerinnen und Schüler im Internet informieren können.

- Anhand ausgewählter Beispiele arbeiten sie heraus, wie die Legende jeweils verwendet wurde: Ihre eindeutig antisemitische Prägung nimmt der nationalsozialistische Propagandafilm „Der ewige Jude“ (1940) auf.
- Stefan Heym dagegen zeichnet Ahasver in seinem gleichnamigen Roman (1981) als Symbolfigur für den revolutionären Aufbruch und zeigt dabei den Wandel von der religiösen zur ökonomischen Begründung des Antisemitismus auf.

Heute wollen sich die christlichen Kirchen nicht mehr heilsgeschichtlich an die Stelle des alttestamentlichen Israel setzen. Aber was bedeutet die gegenwärtige Existenz des jüdischen Glaubens theologisch und religionsdidaktisch?

Lernen durch Begegnung mit jüdischem Glaubensleben

Eine Theologie als Dogmatik in Form von Glaubenssätzen hat das Judentum kaum ausgebildet. Ein Lernen von und mit Juden ist deshalb am besten durch eine anschauliche Vergegenwärtigung des jüdischen Lebens möglich, die neben audiovisuellen Medien auch außerschulische Lernorte nutzt. Dazu ist eine Spurensuche im Umfeld der Schule nötig: Gibt es in der Nähe eine Synagoge, einen jüdischen Friedhof oder eine Gedenkstätte? Mit Hilfe der Internet-Adresse www.synagoge.de erfährt man, wo sich die nächste jüdische Gemeinde befindet. Lässt sich ein Besuch dort organisieren oder können Gemeindeglieder in den Unterricht kommen, um einen unmittelbaren Austausch zu erreichen?

Hinsichtlich der Gestalt des Austausches besagt die Formel vom „jüdisch-christlichen Dialog“ noch nicht viel; seine Form hängt entscheidend von den Wahrnehmungs-, Denk- und Urteilsstrukturen der Kinder und Jugendlichen ab. Das Stichwort „Dialog“ weist zwar auf das Gespräch als eine zentrale Form der Begegnung hin, aber nicht nur bei den jüngeren Schülerinnen und Schülern gehört die Wahrnehmung des Anderen und Fremden mit allen Sinnen ebenso dazu. Die Faszination durch die jiddische Klezmer-Musik ist für manche ein Weg zur Annäherung an das jüdische Leben. Ein anderer ist das Kennenlernen jüdischer Feste und Feiern. Am Beispiel des *Schabbat* können die Schülerinnen und Schüler die Fröhlichkeit einer gottesdienstlich geprägten häuslichen Feier entdecken.

- Er ist ein Tag der Freude am Dasein als Gottes Geschöpfe in der Schöpfungsgemeinschaft, denn am Schabbat vollendete Gott seine Schöpfung und freute sich an ihr (Gen 2,2–3).
- Zugleich ist er ein Tag der Vorfreude auf die Erlösung: Wenn ganz Israel den Schabbat hält, kommt der Messias, und mit seinem Kommen beginnt ein Schabbat ohne Ende.

Beim Besuch der *Synagoge* können nicht nur Elemente der Andacht und des jüdischen Gottesdienstes deutlich werden, sondern auch spezifische Formen der Wahrheitsfindung:

- Sie erfolgt klassisch im Judentum seit der talmudischen Zeit über den Weg der Diskussion. An dieser Diskussion darf jeder Jude teilnehmen, aber dazu muss er etwas wissen.
- Deshalb wurde das Lernen zu einer religiösen Pflicht von hohem Rang. Im Nebenraum der Synagoge wurden Schulen eingerichtet, wo Jungen traditionell schon vom dritten Lebensjahr an lernen konnten.
- In der Diskussion über den Thora-Text schließlich darf jeder Fragen stellen und mitreden. Hier drückt sich eine große Freiheit der Juden im Umgang mit Glaubenstraditionen aus. Allerdings ergeben sich Fragen nach der Stellung der Mädchen und Frauen.

In jedem Fall ist die besondere Würdigung des Kindes im Judentum erkennbar. Das Kinder geachtet werden, verdeutlicht auch der Ablauf des *Pessach-Festes*:

- Im Mittelpunkt der häuslichen Sederfeier steht die Frage des jüngsten Kindes am Tisch: „Was unterscheidet diese Nacht von allen anderen Nächten?“ Daraufhin trägt der Vater mit Hilfe der Haggada die Geschichte vom Auszug aus Ägypten vor, der Befreiung und Errettung durch Gottes Hilfe.

Mit der Exodustradition ist biblisch die Gabe der *Zehn Gebote* verbunden, auf die sich Juden und Christen gemeinsam als Offenbarung des einen Gotteswillens berufen. Als inhaltliche Klammer zwischen beiden sind die Gebote religionsdidaktisch fundamental. Was sie aber trennt, ist die Deutung der Person Jesu und die Frage, ob er der Messias Gottes sei. Die Christen können nicht aufhören, den Juden Jesus als den Christus zu bezeugen, und die Juden können nicht darauf verzichten, die Unüberholbarkeit der Thora zu betonen. Weil es aber derselbe Gott ist, von dem gläubige Juden und Christen sich berufen wissen, müssen sie sich wechselseitig als Zeugen dieses Gottes gelten lassen. Deshalb kann auch der Kontakt einer Schulklasse mit einer jüdischen Gemeinde nicht nur der eigenen Bereicherung dienen. Er lehrt zugleich, den Anderen in seiner Andersheit und der Unantastbarkeit seiner Identität zu achten. In der je eigenen Bindung an den einen Willen Gottes erkennen Juden und Christen aber den Auftrag zum gemeinsamen Zeugnis und Handeln.

Wo war Gott in Auschwitz?

Die Gaskammern der Konzentrationslager haben es Juden und Christen schwerer werden lassen, an Gott zu glauben. Dieser Völkermord an Menschen jüdischer Herkunft geht über die Kräfte der Theologie und lässt uns Erwachsene verstummen. Die Schülerinnen und Schüler aber stellen, wenn sie mit dem Holocaust konfrontiert werden, meist sehr bewegt die *Theodizeefrage*: „Wie konnte Gott das zulassen? Ist der Glaube an Gott überhaupt noch möglich?" Auch wenn es uns religionspädagogisch um die Jugendlichen geht, kommt es uns als Christen nicht zu, für die Juden Antworten zu suchen. Wir können uns nur dort mitnehmen lassen, wo die Juden selbst ihren Weg gegangen sind. Wenn Gott nicht tot ist, sondern wenn – mit Martin Buber – die Begegnung mit ihm überall, auch an den Orten des Grauens geschehen kann, brauchen die Christen die Erfahrungen der Juden. Sie sind auf ihren Glauben und auf ihre Zweifel angewiesen. Um Gottes willen müssen sie sich ihren Erfahrungen aussetzen, auch im Religionsunterricht.

Für Karl Ernst Nipkow folgt daraus religionsdidaktisch, nur *jüdische Zeugen* sprechen zu lassen (vgl. a. a. O., S. 380). Der Austausch mit Menschen, die den Holocaust überlebt haben, das Unterrichtsgespräch mit Zeitzeugen wäre ab Jahrgangsstufe 9/10 für die hier anstehende Lerndimension am ehesten angemessen; aber dies ist kaum noch zu organisieren.

- An diese Stelle kann die Spurensuche in der Lokalgeschichte treten und der Besuch der Stätten ehemaliger Konzentrationslager. Religionspädagogisch ist damit zu rechnen, dass die Jugendlichen durch solche Begegnungen persönlich und religiös tief berührt werden und sich einschneidende Umstrukturierungen in den Denkmustern anbahnen.
- Im Unterricht selbst können die vom Holocaust unmittelbar Betroffenen über ihre literarischen Dokumente das gewichtigste Wort behalten. Auch in Konzentrationslagern ist gebetet worden, auch im Grauen hielten Menschen an der Gegenwart Gottes fest. In Gedichten, Liedern und Gebeten redeten manche an schmerzvollen Grenzen unmittelbar zu Gott und wurden dabei über den Raum hinausgeführt, wo die Gedanken sich fragen, ob sie noch gedacht werden dürfen.
- Marc Chagalls Bild „Die Weiße Kreuzigung" (1938) verbindet die Schrecken des Holocaust mit dem Sterben des Juden Jesus.

Schalom Ben-Chorin erinnert an die Gestalt des leidenden Messias. Er berührt hiermit Interpretationen des Leidens, die offenkundig Judentum und Christentum gemeinsam sind. Der bleibende Unterschied liegt in der Auferstehungserfahrung, in deren Licht die Christen Jesu Kreuzigung als Erlösung interpretieren. Für den Juden Ben-Chorin ist die Welt ganz und gar nicht erlöst, aber trotzdem nicht ohne Gnade und Hoffnung (Ben-Chorin 2000). Wie wird von daher der Weg des jüdischen Volkes als Weg unter Gottes Führung bis jetzt und in Zukunft gedeutet?

Gott als Vollender der Geschichte

Juden und Christen sind in der Geschichte durch die gemeinsame Trauerarbeit über den Holocaust verbunden. Aber die jüdische Theologie ist heute nicht schlechthin davon bestimmt. Sie schaut auch in die Zukunft – gemäß dem ältesten Auftrag Gottes an Israel: „Ich habe euch Leben und Tod, Segen und Fluch vorgelegt, damit du das Leben erwählst." (Dtn 30,19) In diesem Sinn richtet sich die Kraft des Denkens heute theologisch und politisch auf eine gerechte Gesellschaft im *Staat Israel*. Auch die Kirchen interpretieren die Weiterexistenz Israels einschließlich des Staates Israel heilsgeschichtlich als ein Zeichen der Treue Gottes gegenüber seinem Volk. Die gemeinsame Berufung durch denselben einen Gott, seine Zeugen in der Welt zu sein, schließt für Israel und die Kirchen das Bemühen um den Fortschritt im Friedensprozess in Palästina ein.

Das hat Konsequenzen, auch religionspädagogisch. Ab der 9. oder 10. Klasse sind Jugendliche auf soziale und politische Fragen hin ansprechbar. Der Religionsunterricht kann jetzt etwa anhand von Äußerungen von Zeitzeugen die Konflikte zwischen *Juden und Palästinensern* im Heiligen Land thematisieren. Dabei sollten auch Projekte vorgestellt werden, in denen Juden und Araber gemeinsam nach Wegen der Versöhnung suchen.

- Die Schülerinnen und Schüler können prüfen, ob hier die Formel vom Vertrauen in das Leben handlungsorientiert in eine Koalition für eine offene Zukunft umgesetzt wird.
- Oft helfen nur Gebete, und ohne den gemeinsamen Glauben wäre vieles nicht zu ertragen.
- An Projekten beteiligte Personen kommen zu wirkungsvollerem Handeln in politischen und ethischen Fragen, wenn sie sich in Wahrhaftigkeit über ihren Glauben verständigen und sich einander in ihrer Verwundbarkeit aussetzen.

Dass Gott als Erlöser und Vollender den letzten Punkt der Interpunktion der Geschichte setzen wird, hoffen Juden und Christen gemeinsam. Für die Juden lässt der Messias immer noch auf sich warten; für die Christen lässt seine Wiederkehr noch auf sich warten. Die Erfüllung beider Erwartungen durch Gott wird aber ein einziges Geschehen sein.

Allah und der dreieinige Gott

Durch die gestiegene Bedeutung des Islam in Europa sind religiöse Unterschiede im Alltag der Jugendlichen ständig wirksam und erfahrbar. Wie weit lassen sie sich davon beeindrucken? Spielt der Islam nur als Angstfaktor vor Gewalt und Terror eine Rolle oder auch als Religion von Mitschülerinnen und Mitschülern? Juden, Christen und Muslime glauben an den einen Gott. Ob es derselbe ist, kann nur aus der Perspektive der drei Religionen beantwortet werden. Die Gottesfrage in diesem Kontext dieser Religionen, führt zum Nachdenken über den Geheimnischarakter von Offenbarung.

Der Islam als Offenbarungsreligion

> ■ „Nee, ich habe mich nicht bewusst entschieden, Christin zu sein. Ich bin halt hier aufgewachsen, und hier ist das so. Aber ich denke für mich nicht selbst, dass das die wahre Religion ist. Die anderen, die glauben ähnlich wie ich, und für mich ist das auch nicht viel anders." (SCHWEITZER/CONRAD 2002, S. 303) ■

Wie hier in der Tübinger Untersuchung werden von Jugendlichen nicht selten die Religionen in gewisser Hinsicht als austauschbar beschrieben. Faktisch reichen die Gegensätze zwischen Christen und Muslimen aber tief, weil sie das Offenbarungsgeschehen betreffen. Der Islam ist seinem Selbstverständnis nach die einzige *nachbiblische Offenbarungsreligion*. Sie buchstabiert ihre eigene Genealogie, beginnend mit Adam über die Offenbarung an Abraham und damit Israel, gefolgt von der durch Jesus als Gottes Gesandten bis zur Offenbarung des Koran an Mohammed. Aus eigener Sicht überholt damit der Islam das Christentum.

- Bibel und Koran bedeuten nicht dasselbe, sondern haben einen unterschiedlichen Stellenwert. Der Koran ist für den Islam, was Jesus Christus für das Christentum ist. Die Herabkunft des Koran ist für die Muslime die Offenbarung, während die Bibel Gottes Offenbarungen bezeugt. „Das Christentum beruht auf einer ‚Inkarnation', der Islam auf einer ‚Inlibration' des Wortes", so Annemarie Schimmel (SCHIMMEL 1995, S. 197).

- Aber beide Religionen verstehen sich als uneingeschränktes Hören auf das Wort des einen Gottes. Im Leben eines Muslim spielen das Arabische als Sprache des Koran und seine Rezitation eine zentrale Rolle. Deshalb werden das Sprachlernen, das Lesen und Zitieren in Arabisch immer Teile des Unterrichts dieser Religion bestimmen.

Es ist eine Bereicherung für den Religionsunterricht, wenn muslimische Jugendliche Korantexte in arabischer Sprache einbringen können. Für die anderen wird so der Islam als Religion bestimmter Mitschülerinnen und Mitschüler identifizierbar. Wie gelangen christliche Jugendliche in der Beurteilung des Islam zu der Sorgfalt, die sie sich auch gegenüber der eigenen Religion wünschen? Sie sind so weit zu fördern, dass sie einen Standpunkt in der eigenen Religion finden, der sie zum Dialog in Differenz und Toleranz befähigt. Den muslimischen Schülerinnen und Schülern sollten die Unterrichtenden signalisieren, dass sie ihre andere Kultur und Erfahrungswelt und die ihrer Familien respektieren. Sie sollten ihnen das Gefühl vermitteln, dass sie im christlichen Religionsunterricht so sein dürfen, wie sie sind. Beheimatung in jener Tradition, in die sie hineingeboren worden sind und in der sie aufwachsen, können diese Jugendlichen allerdings nur durch den islamischen Religionsunterricht erleben.

Der dreieinige Gott ist nicht Allah. Die christliche Rede von Gott, dem Vater, dem Sohn und dem Heiligen Geist wird von Muslimen auf keinen Fall akzeptiert. Gleichzeitig sind Judentum, Christentum und Islam geschichtlich miteinander verflochten. Wenn die Rede vom Islam als Offenbarungsreligion ernst gemeint ist, stellt sich für Christen das Problem, ob sie anerkennen können, dass sich Gott über Mohammed im Koran offenbart hat, und die Frage: Was ist Gottes Plan mit dem Islam?

Gott als Geheimnis

Die vollständige Offenbarung Gottes wird jenseits geschichtlicher Kategorien geglaubt; deshalb sollte bei der Begegnung mit dem Islam über Gott als Geheimnis nachgedacht werden. Allah thront jenseits der Welt und deren Vorstellungsinhalten und deshalb ist er in seiner Einzigkeit für die Menschen ein Geheimnis. Ähnliche Gedanken finden sich auch in der christlichen Kunst: Die Illustration „Die Chöre der Engel“ aus dem Scivias-Codex der Hildegard von Bingen (1141–1151) lässt im Zentrum, wo das Bild Gottes erwartet wird, eine Lücke. Diese Illustration kann zur Interpretation angeboten werden.

- Was bedeutet es, dass alle Engel um ein Zentrum kreisen? Weshalb ist das Zentrum nicht ausgestaltet? Als Begründung ist auch das biblische Bilderverbot (Ex 20,4) heranzuziehen.
- Ein Vergleich mit Miniaturen aus dem Leben Mohammeds ergibt, dass die Lücke hier durch ein fehlendes Gesicht entsteht. Beim Empfang des Wortes Gottes durch den Engel Gabriel 611 n. Chr. ist Mohammed nach islamischer Überlieferung vom göttlichen Licht erleuchtet worden und wird deshalb ohne Gesicht dargestellt.
- Es ist leicht zu erkennen, dass allen Darstellungen die Bildlosigkeit Gottes oder des Heiligen gemeinsam ist.

Alle monotheistischen Religionen benennen eine Differenz zwischen Gott selbst und Gott in seinem Offenbarsein. Alle Offenbarung ist begrenzt, weil sie einen bestimmten Charakter hat. Die Christen verkünden, dass auch Gottes Offenbarung als Inkarnation, die Einheit von wahrer Gott und wahrer Mensch, ein Geheimnis bleibt. Wir können Gott nicht besitzen, schon gar nicht begrifflich-theologisch. Im Islam ist das Bilderverbot jedoch radikaler umgesetzt. Die Trennung zwischen der Transzendenz Allahs und dem menschlichen Denken ist unüberwindbar.

Wie die Muslime die so entstandene „Lücke" ausfüllen, können die Schülerinnen und Schüler zum Beispiel anhand der *Schahada* erarbeiten, dem in arabischer Schrift festgehaltenen muslimischen Glaubensbekenntnis: „Es gibt keinen Gott außer Allah; Mohammed ist der Gesandte Gottes." An die Stelle des Bildes tritt hier die Aussagekraft des geschriebenen Wortes. Aus der künstlerischen Darstellung der entsprechenden Schriftzeichen wurde die hoch entwickelte Kunstform der Kalligrafie. Zu den wichtigsten Motiven der islamischen Kalligrafie gehören neben Koransuren die 99 schönen Namen Allahs.

Durch die Offenbarung des Koran an Mohammed sind den Gläubigen 99 Eigenschaften Allahs bekannt. Es sind die „schönen Namen Allahs", die der Koran überliefert. Eine Kalligrafie sollte im Unterricht über Folie und mit einer deutschen Übersetzung präsentiert werden.

- Die Schülerinnen und Schüler beschreiben die Wirkung einzelner Gottesnamen. Welche Gefühle lösen sie aus? Wo widersprechen und wo ergänzen sie sich?
- Die Kalligrafien sind in der Regel streng geometrisch aufgebaut, sodass das Fehlen des 100. Namens erkennbar ist. Die Darstellung bleibt unvollkommen. Dieses Fehlen ist das Symbol für die nicht fassbare Vollkommenheit Gottes.
- Damit wird eine Grundvoraussetzung islamischer Theologie deutlich: die Unterscheidung von Gott selbst und Gott in seinem Offenbarsein. Zusammen drücken die 99 Namen die Einzigartigkeit Gottes aus, die ihn von allem Geschaffenen unterschieden sein lässt.

Insofern er diese Einzigkeit besonders hervorhebt, kann der Islam als ein Zeichen Gottes gedeutet werden. Durch das Fehlen des 100. Namens entsteht wieder eine „Lücke", die von Gläubigen mit Eigenschaften gefüllt werden kann und soll, die sie selbst an Gott entdecken und die zu ihrer Lebenssituation passen.

Die Schülerinnen und Schüler werden angeregt, Eigenschaften zu finden, die sie persönlich Gott zuschreiben, eigene Vorstellungen zum Gottesbild zu formulieren und kalligrafisch umzusetzen. Durch die Verschiedenheit der Ideen wird deutlich, dass die Bildlosigkeit Gottes in den monotheistischen Religionen jedem Menschen die Freiheit der eigenen Gottesvorstellung ermöglicht.

Ein Vergleich der 99 Namen Allahs mit Bezeichnungen Gottes, die wir aus dem Christentum kennen, ergibt mit der großen Nähe zugleich einen tiefen Gegensatz zwischen christlichem und muslimischem Glauben: Der theologische Begriff von Gott ist im Islam ein absolutes Geheimnis im Sinne unteilbarer Transzendenz. Diese Trennung von allem Irdischen versperrt den Verständniszugang zum offenbaren Geheimnis der Menschwerdung Gottes.

Kein Buch und kein Bild können allerdings je die Intensität erreichen, die dadurch gegeben ist, dass muslimische Schülerinnen und Schüler im Unterrichtsraum vertreten sind. Dies ist in deutschen Schulen inzwischen die Regel und dadurch wird interreligiöses Lernen als authentisches Lernen möglich. Es versteht sich nicht als Alternative zur Erziehung in einer bestimmten Religion, „sondern als eine situationsbezogene Erweiterung religiöser Lernmöglichkeiten", die gefordert ist, „wenn sie durch die Situation nahe gelegt wird." (Rickers 2002, S. 183) In solche Gesprächssituationen sollen auch die Kinder und Jugendlichen einbezogen werden, die sich keiner Religion zugehörig wissen. Auch bei ihnen kann die Begegnung mit dem Fremden in seinem Anderssein zu Lernprozessen führen. Zugleich stellt sich die Frage nach der Bereitschaft des Islam zum interreligiösen Lernen. Hier entscheidet sich, ob diese Religion die Beziehungen zwischen den Menschen in Schule und Gesellschaft bereichert oder belastet.

Nebeneinander vor dem einen Gott

Beim *Besuch einer Moschee* mit Kindern der Orientierungsstufe fragen diese sicher nach der Bedeutung der Einrichtungsgegenstände, nach der Gemeinde und nach Gottesdienstabläufen. Sie können aber durch den Religionsunterricht auch angeregt werden, gezielt Fragen nach dem gemeinsamen Urvater Abraham und seiner Familie zu stellen.

- Gottes Segen an Abraham eint Juden, Christen und Muslime. Menschen können diesen Segen nicht von sich aus nach Belieben teilen. Welche Konsequenzen hat dies für das Zusammenleben der drei Religionen heute in der Schule, der Gemeinde und im Stadtteil?
- Sind Wege der gemeinsamen Verehrung des einen Gottes möglich?

Der Glaube an Gottes unteilbaren Segen lässt sich von jüdischen, christlichen und muslimischen Schülerinnen und Schülern in einer *religiösen Schulfeier* gemeinsam gestalten: Dafür ist eine dreigliedrige Eröffnung zu empfehlen und eine Auswahl von Geschichten über die Abraham-Familie aus Bibel und Koran. Lieder wie „Vom Aufgang der Sonne bis zu ihrem Niedergang" (EKG 456) und „Lobet und preiset, ihr Völker, den Herrn" (EKG 337) können Angehörige aller drei Religionen miteinander singen, wenn Bedenken gegen den Titel „Herr" um der Gemeinsamkeit willen zurückgestellt werden.

Um die Bedeutung der *spirituellen Dimension* in der Begegnung der Religionen zu erkunden, bietet sich zum Beispiel in der Oberstufe an, die Orientierungshilfe der Ev. Kirche im Rheinland „Christen und Muslime nebeneinander vor dem einen Gott" (EKiR, Düsseldorf 1998) zu lesen. Sie verdeutlicht, dass in beiden Religionen das Vor-Gott-Sein das Von-Gott-Reden bestimmt. Die „erste Sprache des Glaubens", das Sprechen mit Gott oder Schweigen vor Gott, hat Vorrang vor der lehrhaft theologischen Sprache als der „zweiten Sprache des Glaubens".

Ein weiteres Lernfeld stellt die Frage nach dem *Menschenbild* dar. Alle drei monotheistischen Religionen würdigen den Menschen als Person, weil er jüdisch-christlich als Ebenbild Gottes und islamisch als Gottes Stellvertreter gesehen wird. Starke Ähnlichkeiten zu christlichen Auffassungen zeigen sich, wenn nach dem Koran die höchste Beziehung Gottes zum Menschen im Sprechen Gottes mit dem Menschen besteht. Der Mensch wird als Gottes Zuhörer definiert. Das kann er nur in Freiheit sein. Aber auf das Verständnis von Freiheit und Mündigkeit wirken sich auch die Unterschiede zwischen Islam und Christentum aus.

- Christlich leitet sich die Würde der Person daraus ab, dass der Mensch mit Gott in Beziehung lebt, weil Gott selbst trinitarisch in Beziehungen gedacht wird.
- Aus islamischer Sicht erhält der Mensch seine Würde als schlechthin gehorsamer Hörer Gottes, das heißt als Hörer des Korans, der Wort Allahs ist. Diese Mitte des Islam bestimmt für Muslime stark das Leben und Verhalten. Offenbarung bedeutet für sie den Aufruf, das Gute zu tun, denn

Gott offenbart sich nicht in seinem letzten Wesen, sondern in seinem Willen, der den Menschen recht leiten will.

Dem gläubigen Menschen kommt zu, auf Gott zu hören und das Rechte zu tun. Neben dem Koran wird er dabei durch die Sunna, die überlieferte Lebenspraxis des Propheten als der zweiten Quelle offenbarter Wahrheiten, angeleitet (vgl. Nipkow 1998, S. 412–413; S. 432; S. 438–439).

Für die deutschen Verhältnisse sind religionspädagogische Programme besonders dringlich, die sich konstruktiv auf Herausforderungen der Globalisierung beziehen: auf Probleme der kulturellen Vereinheitlichung und des Identitätsverlustes, auf Arbeitslosigkeit und Krieg. Diese brisanten *gesellschaftlichen Probleme* werden von den Jugendlichen kaum mit Kirche in Verbindung gebracht und sie lassen sich auch nicht mit der generellen Aussage abhandeln, dass Gott der Schöpfer und Erhalter der Welt ist, dem die Menschen nach ihrem Vermögen entsprechen sollen. Hier sind tief eingewurzelte Barrieren zwischen dem Eigenen und dem Fremden zu überwinden, ohne bestehende Unterschiede zu nivellieren. Dafür reicht der gelegentliche Besuch einer Moschee nicht aus. Interreligiöses Lernen setzt auf dauerhafte Lernprozesse, zum Beispiel auf die Bearbeitung von Konflikten in einer Klasse und die persönliche Begegnung von Gegnern im Nahbereich, etwa im Zusammenhang interkultureller Projekte, die nicht auf den Religionsunterricht beschränkt sind. Bei den Heranwachsenden aber ist das überzeugende gemeinsame Handeln von Juden, Christen und Muslimen im Alltag und in der Politik der Prüfstein für die monotheistischen Religionen.

Der Grund des Seins und der persönliche Gott

Die fernöstlichen Religionen, Hinduismus und Buddhismus, begegnen Jugendlichen in Kinofilmen, in der Kunst und nicht zuletzt in der Musik. Die Globalisierung lässt Erscheinungsformen dieser Religionen auch im Westen deutlicher hervortreten. Aber wie werden sie von Jugendlichen wahrgenommen? Die empirische Vielfalt im Hinduismus deutet darauf hin, dass nicht alle an einen Gott glauben. Unter dem Einfluss des Buddhismus scheinen auch bei Jugendlichen unpersönliche Gottesvorstellungen an Boden zu gewinnen, die Annahme einer „Kraft oder Energie" und die Gleichsetzung von Gott und Leben. Die fernöstliche Vorstellung von einem unpersönlichen göttlichen Seinsgrund ist aber nicht dasselbe wie die jüdisch-christliche Vorstellung vom in der Geschichte sich offenbarenden persönlichen Gott.

Ur-Grund und Ur-Kraft

Der Suche Jugendlicher nach tragfähigen Lebensgrundlagen bietet die Begegnung mit östlicher Religiosität neue Nahrung. Aber wie verarbeiten sie die dort vorhandene Vielfalt? Einiges spricht dafür, dass es nicht zu einer Wahl als Entscheidung zwischen religiösen Optionen kommt, sondern zu einer relativierenden Sichtweise, um sich vor allzu großer Pluralität zu bewahren. Die Religionslehrerinnen und -lehrer sind hinsichtlich der östlichen Religionen eher religionswissenschaftliche Autodidakten. Aber auch hier kann interreligiös unterrichtet werden, sodass Verständnis und Verständigung möglich werden. Ausgangspunkt können die *religiösen Symbole* sein, die in der Lebenswelt der Schülerinnen und Schüler lebendig sind.

Das populäre **Yin-Yang-Symbol** stammt aus dem Taoismus. Die Jugendlichen stellen Gegensatzpaare zusammen, die das Yin-Yang umfassen könnte. Was bedeutet es in diesen Bereichen, dass das Yin-Yang einen Teil des einen auch im anderen sieht? Welche Erfahrungen werden mit dem Yin-Yang ausgedrückt?

- Das Yin-Yang gilt im Taoismus als zweites Prinzip, dem ein Ur-Prinzip zugrunde liegt. Lässt sich eine Welt denken, in der nicht mehr nach Schwarz – Weiß, Gut – Böse, Arm – Reich usw. klassifiziert wird? Im Unterricht wird nach Parallelen zur Paradiesvorstellung oder zu manchen Aussagen Jesu (Mt 7,1; 5,45) gefragt.
- Der Taoismus verweist hier auf das WU GI, den leeren Kreis, der eine ursprüngliche Einheit symbolisiert, aus der sich erst die Gegensätze der Welt entwickelten. Das WU GI kommt dem TAO am nächsten, das höchstes Prinzip, erste Ursache ist.
- Was mit dem TAO gemeint ist, lässt sich sprachlich nie ganz fassen. Dem TAO folgen heißt zum Beispiel, dem Vorbild des Wassers folgen, das mühelos fließt und doch eine ungeheure Kraft entfaltet. Es ist dem „Nirwana" des Buddhismus vergleichbar, dem Zustand nach der endgültigen Befreiung von den Grundübeln des Daseins.

In der deutschen Sprache wird TAO meist mit „Weg", „Sinn" oder „Ur-Grund" übersetzt. Ist auch eine Übersetzung mit „Gott" möglich? In einer 10. Klasse können Jugendliche mit dieser Frage produktiv konfrontiert werden.

Im Taoismus und Buddhismus ist von Gott nicht die Rede, aber beide Religionen beziehen sich auf eine absolute Dimension. Die entscheidende Differenz zum Christentum liegt darin, dass hier die Gottesfrage mit dem Hinweis auf die Person Jesu Christi beantwortet wird. Im Taoismus und Buddhismus dagegen wird die absolute Wirklichkeit als alles erfüllende unpersönliche „Ur-Kraft" gedacht.

Viele Götter oder doch ein Gott?

Im Hinduismus kann sich der Mensch zur grundlegenden Ur-Kraft in Gestalt einer Vielzahl von Göttern in Beziehung setzen. Ein Jugendlicher äußerte in der Tübinger Untersuchung:

> „Ich glaube, dass jede Religion den Menschen im Grunde genommen ... vom Prinzip her alle dasselbe bietet. Einfach Halt und dass es ein Rückhalt ist so." (SCHWEITZER/CONRAD 2002, S. 303)

Können auch Götter in dieser Weise als austauschbar beschrieben werden? Viele Hindus glauben an einen *Ur-Grund* hinter der Vielfalt, an Brahman, „das Absolute". Jungen Hindus aus höheren Kasten wird bei ihrer Initiation die Silbe „OM" ins Ohr geflüstert. Sie bezeichnet unter anderem das Höchste Bewusstsein und den Glanz des Göttlichen (vgl. KÜNG 1999, S. 62–63). Ist also auch in anderen Religionen der eine Gott wirksam oder sind alle Religionen Verkörperungen der einen unbenennbaren Kraft? Interreligiöses Lernen bedeutet, dass Menschen, die in einer bestimmten Religion leben, in dieser bestimmten Weise zur Kenntnis genommen werden, ohne dass ihr Glaube vereinnahmt oder in ein Numinoses aufgelöst wird. Audiovisuelle Medien ermöglichen es, dass Hindus im christlichen Religionsunterricht ihren Glauben mit eigenen Worten und Begriffen beschreiben.

Für sie verkörpert sich das Absolute in *drei Hauptgöttern*: Brahma, dem Schöpfer, Vishnu, dem Erhalter, und Shiva, dem Zerstörer und Neuschöpfer. Aber kann deshalb schon von einer Hindu-Dreifaltigkeit gesprochen werden? Der Glaube, dass ein Gott in einer bestimmten Gestalt auf die Erde herabkommt, findet sich in vielen Religionen. Die Schülerinnen und Schüler werden die Gemeinsamkeit der Inkarnation leicht erkennen, wenn sie etwa die Legende von Sita und Rama, einer Verkörperung Vishnus, den antiken Mythos von Europa und dem Stier und die Weihnachtsgeschichte miteinander vergleichen. Die Unterschiede werden deutlich, wenn sie jeweils nach der Anzahl der Inkarnationen forschen:

- Dem christlichen Glauben zufolge war Jesus Christus allein wahrer Gott und wahrer Mensch. Im Hinduismus dagegen wendet sich allein der Gott Vishnu schon in zehn Inkarnationen (Avataras) den Menschen zu.
- Welche Gründe führten in beiden Religionen zur Entwicklung von Trinitätslehren?
- Im Hinduismus war es die höchst verwirrende Menge der Götter, welche die Priester klassifizieren wollten. Es ging also um einen Prozess der Vereinheitlichung und Differenzierung der Funktionen des Göttlichen.

Im Christentum waren die Gründe völlig andere: Es ging um die Frage, in welchem Verhältnis der Glaube an den auferstandenen Christus und den Heiligen Geist zum Glauben an den einen Gott steht.

Am fruchtbarsten kann sich der Dialog mit dem Hinduismus im Religionsunterricht dort entfalten, wo es um *ethisch-politische Fragen* geht. Dafür eignen sich Szenen aus dem Episodenfilm „Gandhi" von Richard Attenborough (1992). Welche Motive hatte Mahatma Gandhi für sein gewaltloses Handeln etwa beim Salzzug von 1929? Sind seine Beweggründe mit den Antithesen der Bergpredigt vergleichbar? In Attenboroughs Film werden auch die religiösen Zusammenhänge erkennbar, in denen Gandhi handelte.

- Für Hindus ist der Grund für moralisches Verhalten der Glaube an die Reinkarnation: Danach wird die Seele nach dem körperlichen Tod neu in den Kreislauf des Lebens einbezogen. Diese Vorstellung fasziniert heute viele Jugendliche im Westen. Aber dieser Kreislauf führt nicht nur zum Guten, er kann auch zum Bösen führen und wird als „Samsara", Umherirren, bezeichnet. Der Mensch kann ihn allerdings durch sein Karma, die Summe seiner Taten, beeinflussen.
- Die Bibel spricht von Auferstehung. Sie meint damit eindeutig ein Leben in der unverstellten Gegenwart Gottes. Christen brauchen für dieses Leben nichts zu tun; der Grund für ihr Handeln ist allein die Nachfolge Jesu.

Der Weg zur Erlösung

Der Buddhismus macht über Gott keine Aussagen. Allerdings wurde mit seiner Ausbreitung über weite Teile Asiens mehr und mehr sein Begründer, Siddharta Gautama, als Buddha wie ein Gott verehrt. Im tibetischen Buddhismus gilt auch der Dalai-Lama als göttlich. Die Biografie des heutigen Dalai-Lama, dessen Kindheit der Spielfilm „Kundun" (1997) erzählt, fasziniert manche Jugendliche sehr. Auch die Lebensgeschichte Buddhas, beginnend mit den vier Ausfahrten des behüteten Fürstensohns Siddharta, weckt das Interesse Jugendlicher an der buddhistischen Lebensauffassung.

- Beide Gestalten beeindrucken durch ihre Offenheit für die Welt, durch Risikobereitschaft, einen wachen Geist und ein Gespür für die eigene Berufung, das durch Reichtum, Macht und Verlockung nicht zu erschüttern ist. Lässt sich Ähnliches bei Jesus von Nazareth finden?
- In jedem Fall sind Buddha und Dalai-Lama ursprünglich nicht Götter, zu denen man betet, sondern Lehrer und Mönch; sie wollen den Gläubigen den Weg zur Verwirklichung ihrer eigenen Buddha-Natur, zur „Erleuchtung" weisen.

Buddhismus meint letztlich diesen Weg zur Erleuchtung als Erlösung vom Leben als Leiden. Schülerinnen und Schüler können sich diesen Weg anhand der beiden Ausprägungen des *Rad-Symbols* verdeutlichen: dem Rad der Wiederkehr und dem Rad der Lehre, die sich beide auf einer berühmten Thangka-Malerei, einem Meditationsbild, finden (vgl. Baumann/Wermke 2002, S. 120).

- Im Zentrum des Rads der Wiederkehr werden Gier, Irrtum und Hass symbolisiert, die allem Leid zugrunde liegen und den Kreislauf der Wiederkehr in Gang halten. Das Rad wird von einem Dämon gehalten, dem Tod als dem größten Herrn.
- Die Unterschiede zur christlichen Weltsicht lässt etwa der Vergleich mit der Buchmalerei „Der Kosmosmensch" erkennen, einem Visionsbild der Hildegard von Bingen (a. a. O., S. 121). Auch hier ist die Welt als Kreis dargestellt, aber sie wird vom dreieinigen Gott in Händen gehalten. Im Zentrum steht aufrecht der Mensch, der sich um seine Erlösung nicht mehr zu sorgen braucht.
- Im Buddhismus dagegen führt nur ständiges Bemühen zur Erleuchtung, das Wandeln auf dem achtfachen Pfad der Weisungen Buddhas, symbolisiert durch das Rad der Lehre.

Die Thangka-Malerei zeigt allerdings, dass die Gläubigen dabei nicht völlig allein gelassen werden. Bodhisattvas, kurz vor dem Eintritt in das Nirwana zurückgekehrte Erleuchtete, weisen ihnen den Weg und erwarten dafür liebende Verehrung ihrer Person, vermittelt durch Bilder und Statuen.

In manchen Ländern treten junge Buddhisten für einige Zeit in ein Kloster ein, um die Meditation zu erlernen, den Weg, nicht mehr „anzuhaften". In der Meditation versucht der Buddhist, seinen Geist gegenüber Gedanken und Wünschen zur Ruhe zu bringen, um zu seinem eigentlichen Selbst und mit der Zeit vielleicht zur Erleuchtung zu gelangen. Mitten in Verwirrung und Zerstreuungen mögen sich auch westliche Jugendliche gelegentlich nach wahrer Selbstwerdung sehnen.

„Gauben alle an denselben Gott?" Wenn Schülerinnen und Schüler im Religionsunterricht diese Frage stellen, können wir letztlich nur antworten: „Wir wissen es nicht." Aber wo Menschen sich mit ihrem Glauben abschließen, weil sie meinen, allein im Besitz der Wahrheit zu sein, kommt es leicht zu Fanatismus und Gewalt. Deshalb will interreligiöses Lernen dazu beitragen, dass Christinnen und Christen mit ihrem Gottesverständnis im Dialog mit anderen Religionen und deren Wahrheitserfahrungen bleiben.

Die Frage nach dem Anfang – fachübergreifendes Lernen

von Birgit Menzel

„Schöpfung" und „Naturwissenschaft" sind zwei Begriffe, die auf den ersten Blick Gegensätzliches ausdrücken. In Schulbüchern und Lehrplänen findet sich für diese mit einem „und" verbundenen Wörter eine Fülle von Begriffspaaren oder Überschriften, die bestimmte Teilaspekte betonen: beispielsweise „Glaube und Wissen", „Darf man alles, was man kann?", „Schöpfung und Evolution", „Verantwortung für das Leben", „Der Kosmos als Schöpfung".

Die wenigen herausgegriffenen Begrifflichkeiten machen deutlich, dass bei der Beschäftigung mit Aspekten des einen („Schöpfung") immer auch Aspekte des anderen („Naturwissenschaft") mitgedacht werden – das gilt zumindest für die Theologie und die schulische Auseinandersetzung mit diesen Fragen. Über Schöpfung zu sprechen, ohne auch die naturwissenschaftlichen Vorstellungen und Erkenntnisse mit einzubeziehen, hieße, einen Bereich der Wirklichkeitsdeutung Jugendlicher außer Acht zu lassen und damit zu riskieren, dass Theologie als rückständig und wirklichkeitsfern betrachtet wird. Dabei entpuppt sich der Wahrheitskern der theologischen Weltdeutung gerade auf dem Hintergrund und in der Auseinandersetzung mit naturwissenschaftlicher Fragestellung. Ähnlich verhält es sich im umgekehrten Fall. Naturwissenschaftliche Herangehensweisen an das Phänomen „Entstehung von Welt und Leben" vernachlässigen bestimmte Fragen, zum Beispiel nach der Würde des Menschen oder danach, warum wir mit der Welt verantwortungsbewusst umgehen sollen (vgl. dazu auch Kropač 2004, S. 109). Die komplexen Fragestellungen fordern geradezu ein fachverbindendes Arbeiten, um ein größeres Spektrum dessen, was Welt und Leben ausmacht, in den Blick zu nehmen und zu vernetzen.

Die Verhältnisbestimmung „Schöpfung" und „Naturwissenschaft" ist hier bewusst gewählt, weil sie so in den Lehrplänen zum Ausdruck kommt. Streng genommen müssten aber als adäquater Gegenpol zu „Naturwissenschaft" statt „Schöpfung" eigentlich „Theologie" stehen oder statt „Naturwissenschaft" Einzelaspekte und -bereiche wie „Evolution", „Gentechnik", die spezielle Fragehorizonte der naturwissenschaftlichen Disziplinen bezeichnen. Auch der Begriff „Naturwissenschaft“ ist zu ungenau, es handelt sich ja eigentlich um den Oberbegriff der Fachgebiete Physik, Biologie und Chemie. Schließlich können Erkenntnisse der naturwissenschaftlichen Disziplinen auf der Wissenschaftsebene nicht eins zu eins auf die Didaktiken der Fächer übertragen werden. Diese Differenzierungen sollen hier nicht zum Thema gemacht, aber wenigstens angesprochen werden, um deutlich zu machen, wie komplex dieser Themenbereich ist.

„Die Erforschung des Universums hat mir gezeigt, dass die Existenz von Materie ein Wunder ist, das sich nur übernatürlich erklären lässt.“ (Allan Sandage, Kosmologe an den Carnegie-Observatorien, Kalifornien)[1]

Fächerübergreifendes/-verbindendes Lernen

Die Doppelbenennung verweist darauf, dass es viele Möglichkeiten und Vorstellungen darüber gibt, wie zwei Fächer inhaltlich kooperieren können (vgl. dazu u. a. Duncker/Popp 1998, Peterssen 2000). Diese Kooperationen können in vielerlei Gestalt auftreten: die Lehrkraft nimmt fachübergreifende Themenstellungen in ihrem eigenen Unterricht auf; fachgetrennter Unterricht wird mit gleicher Thematik zeitgleich oder zeitversetzt durchgeführt; Koordination und Durchführung geschehen gemeinsam – im regulären Unterricht, an Projekttagen oder Projektwochen. Die jeweiligen schulischen und auch personellen Rahmenbedingungen sind so unterschiedlich, dass vor Ort die Möglichkeiten ausgelotet werden müssen.

Obwohl fächerübergreifender Unterricht in allen Lehrplänen ein Prinzip des Unterrichtens sein sollte, beschränkt er sich faktisch meist auf Projekttage oder -wochen.

Dabei ist gerade die Mehrperspektivität, das kreative Herangehen an Themen sowie die Befähigung, komplexe Sachverhalte eigenständig zu diskutieren und zu bewerten, eine der heute geforderten Schlüsselkompetenzen. Heutige Wissenschaft orientiert sich stärker an Problemen und weniger an Fächern (vgl. Stübig u. a. 2002, S. 17). Die Debatten um die unterschiedlichsten ethischen Fragestellungen, die sich im Rahmen des naturwissenschaftlichen Forschens und Arbeitens ergeben, zum Beispiel Grenzen und Chancen der Gentechnologie, Risiken und Vorteile der Kernenergie oder

1 Zitate von Naturwissenschaftlern aus: GeoWissen 33/2004, sofern keine andere Quelle vermerkt ist.

Auswirkungen technischer Entwicklung auf Kommunikations- und Arbeitsprozesse, zeigen dies deutlich. Fundiert diskutieren kann nur, wer über den Tellerrand der eigenen Profession hinausschauen kann. Dieses Denken über die Grenzen des eigenen Faches mit dessen spezifischen Fragestellungen hinaus sollte nicht erst in der Oberstufe, sondern schon in den unteren Klassen beginnen.

Nachfolgend werde ich von fachübergreifendem Lernen sprechen, da alle Formen eines Unterrichts, der Fragestellungen aus anderen Disziplinen einbezieht, über das eigene Fach hinaus weisen.

■ „Die Naturwissenschaft hat Methoden entwickelt, mit denen sie erfolgreich einen Teil der Wirklichkeit beschreiben kann – aber eben nur einen Teil. Daher kommt die Naturwissenschaft auch nur zu bestimmten Antworten." (Martin Federspiel, Physiker am Planetarium in Freiburg) ■

Fachübergreifendes Lernen im Urteil der Lernenden

Was denken Schülerinnen und Schüler über fachübergreifendes Lernen? Dazu gibt es noch wenig empirische Untersuchungen. Das vorhandene Datenmaterial bedarf der weiteren Überprüfung. Die Ergebnisse der bisher umfangreichsten Studie werden hier kurz zusammengestellt (nach Stübig u. a. 2002, S. 106 ff. und 2003):

- Fachübergreifender Unterricht und Schüleraktivität weisen einen engen Zusammenhang auf.
- Solch ein Unterricht korrespondiert mit schülerorientierten Lernmethoden.
- Die Handlungsorientierung verbessert die soziale Atmosphäre in der Klasse.
- Schüler und Schülerinnen lernen leichter voneinander als im herkömmlichen Unterricht.
- Es ist eine höhere Motivation auf Schülerseite zu verzeichnen.
- Der Alltagsbezug wird leichter ersichtlich.
- Eigenständiges Denken wird als positiv und als Bereicherung erlebt.
- Problemzusammenhänge und deren Komplexität werden durch solch einen Unterricht deutlicher sichtbar.
- Lehrer und Lehrerinnen, die fachübergreifend arbeiten, verfügen über ein großes Methodenrepertoire und eine hohe Selbstreflexion.

Als problematisch wird betrachtet (vgl. Stübig u. a. 2003, S. 215):

- Fachübergreifender Unterricht bedeutet für Lehrende und Lernende mehr Arbeit.

- Es kann eine Überforderung entstehen, unter anderem durch Vorgriffe auf erst später vorgesehene Inhalte.
- Wiederholungen durch die fachliche Überschneidung werden nicht als sinnvoll betrachtet.
- Leistungsschwächere Schüler und Schülerinnen haben größere Schwierigkeiten mit den komplexen Unterrichtsformen als leistungsstarke.

Diese Punkte sind bei der Planung von fachübergreifendem Unterricht unbedingt zu berücksichtigen.

Welche Chance ergibt sich hier für Theologie und Religionspädagogik? Am bemerkenswertesten hinsichtlich der Thematik dieses Beitrags scheint mir das Resümee der empirischen Studie zum fachübergreifenden Lernen zu sein: „Dadurch, dass zwei oder mehr Fächer miteinander kombiniert sind, werden die Problemzugänge der einzelnen Fächer im Kontrast deutlicher sichtbar als im fachgetrennten Unterricht. Dieses doppelte Ergebnis von Erfahrung eines Zusammenhangs bei gleichzeitiger geschärfter Sicht auf die Zugänge und Arbeitsweisen der beitragenden Fächer darf als deutlicher Qualitätszugewinn im Wissenserwerb bewertet werden.“ (Stübig u. a. 2003, S. 217)

Was Stübig et al. feststellen, kann sich für religionspädagogisches Denken und Handeln als fruchtbar erweisen. Sich auf fachübergreifende (An-)Fragen einzulassen, bedeutet für Jugendliche die Chance, den Wert theologischen Denkens besser (be-)greifen und argumentativ vertreten zu können als durch Ausblendung naturwissenschaftlicher Theorien und deren Vorstellungen von Weltentstehung und Weltentwicklung. Kropač verweist in diesem Zusammenhang darauf, die Alltagstheorien von Jugendlichen hinsichtlich dieser Fragen wahr- und ernst zu nehmen (vgl. Kropač 2004, S. 108). Zwei Positionen Jugendlicher stellt Kropač dar: (1) Die Evolutionstheorie widerlegt den Schöpfungsglauben; (2) die Naturwissenschaften können ihre Theorien beweisen (vgl. Kropač 2004, S. 109 und Rothgangel 1999).

An diesen Vorstellungen ist anzuknüpfen, um darüber ins Gespräch zu kommen, wie sich Theologie und Naturwissenschaft der Welt zuwenden und wie beide Wissenschaften zum Erhalt der Welt beitragen können. Oder anders ausgedrückt: „Die Selbstbeschränkung der Naturwissenschaft auf das Messbare bedeutet ihre Grenze, darin liegt aber zugleich ihre Stärke." (Weissmahr 1973, S. 90) Im Gegenzug kann man auch sagen: Die Selbstbeschränkung der Theologie auf existenziell-religiöse Fragen markiert ihre Grenze, darin liegt aber auch ihre Stärke.

■ „Gott ist kein Lückenbüßer" (Arnold Benz, Physiker am Institut für Astronomie der ETH Zürich) ■

Wie kann die Entwicklung komplementären Denkens gelingen?

„Soll ein wirklicher Austausch zwischen Naturwissenschaft und Theologie stattfinden, müssen sich beide Disziplinen auf eine gemeinsame Ebene beziehen, die über der rein fachwissenschaftlichen Ebene liegt. Diese Ebene ist die Ebene der Interpretation bzw. der Philosophie." (Kropač 2004, S. 107) Um einen überdisziplinären Dialog fundiert führen zu können, ist die Aneignung der jeweiligen Fachsprache und des jeweiligen Faktenwissens notwendig (vgl. Kropač 2004, S. 107). Es liegt auf der Hand, dass dieser Punkt einer der schwierigsten ist. Denn um sich Fachbegriffen und spezifischem Denken nicht nur sprachlich, sondern auch inhaltlich anzunähern, bedarf es eines gewissen Verständnisses für den Denkhorizont der jeweiligen Disziplin – und dies ist nicht „mal eben schnell" getan.

Diese unterschiedlichen „Sprachspiele" gab es nicht immer. Bis zu N. Kopernikus (1473–1543) und seiner Proklamierung des heliozentrischen Weltbildes war die Trennung Philosophie/Theologie und Naturwissenschaft so gut wie nicht denkbar. Den Naturwissenschaftlern ging es nicht darum, religiöses durch wissenschaftlich-säkulares Weltverständnis zu ersetzen. Die Vernunft wurde als genuiner Teil der göttlichen Schöpfung verstanden. Bis Newton gab es die Vorstellung, dass Gott in allem gegenwärtig sei und alles genial geplant habe. Isaak Newton (1643–1727) glaubte noch, dass er mit seiner Arbeit einen wichtigen Beitrag zur Philosophie leiste (sein Hauptwerk, 1687 entstanden, heißt dementsprechend „Philosophiae Naturalis Principia Mathematica"). Ihm verdankt der Begriff „Naturwissenschaft" seinen Ursprung, der bei Newton aber noch eingebunden war in den philosophischen Horizont. Die endgültige Etablierung einer eigenständigen Disziplin vollzog sich dann mit Hilfe der Aufklärung und des im 19. Jahrhundert aufkommenden Empirismus.

Pointiert könnte man die Entwicklung bis heute so zusammenfassen, dass die Abspaltung der Naturwissenschaft von der Kirche und somit von der Theologie nicht das „Nicht-Glauben" war, sondern es kam zustande durch den Widerstand der Wissenschaftler gegen die Bevormundung der Kirche. Durch das Insistieren auf dem wörtlichen Verstehen und der Abwendung vom mythisch-symbolischen Verstehen der Schöpfungsberichte durch die mittelalterliche Theologie war der Konflikt quasi vorprogrammiert.

Heute allerdings geraten die Naturwissenschaften in Gefahr, den Menschen, wie in den alten Weltbildern auch, in den Mittelpunkt der Welt zu stellen und die Natur immer mehr zum Objekt zu machen.

Eines der Denkmodelle der Physik, das nur philosophisch zu diskutieren ist, ist der Dualismus des Lichts als Teilchen oder Welle. Eine analytische Vorgehensweise, die Fakten sammelt, objektiv beobachtet und daraus klare, eindeutige Schlüsse zieht, gerät hier an ihre Grenzen. Der eine Aspekt (Licht als Teilchen) ist nicht auf den anderen (Licht als Welle) rückführbar, sondern sie sind zueinander komplementär.

Auch innerhalb der Theologie finden sich nur komplementär zu denkende Modelle, zum Beispiel die Vorstellung von Jesus Christus in zwei Naturen (vgl. dazu McGrath 2001, S. 198 ff.). Das heißt, dass schon innerhalb der beiden Wissenschaften sich bestimmte Erfahrungen oder Erkenntnisse nur komplementär denken lassen.

In beiden Fällen gibt es nicht nur ein einziges anschauliches Bild für die Erfahrung und die Wahrnehmung eines Phänomens, sondern die Notwendigkeit zweier „Modelle" im Hinblick auf die Gesamtinformation bzw. -wahrnehmung.

■ „Das Weltall ist uns so unwahrscheinlich günstig gesinnt, dass es geplant zu sein scheint.“ (ANDREAS TAMMANN, Astronomie-Professor an der Universität Basel) ■

Ein Sensibilisierungsprozess für Chancen und Grenzen der Naturwissenschaft und der Theologie sollte am Beginn der Auseinandersetzung stehen. Um dies zu initiieren, die Schwierigkeiten dieses Prozesses zu antizipieren und sich selbst eine begründete Position anzueignen, muss dem eine Verständigung der Lehrkräfte vorausgehen, der auch „philosophisch“ geführt werden muss um für sich selbst zu klären, welche Position hinsichtlich des Verhältnisses von Theologie und Naturwissenschaft sowie von Schöpfung und Evolution sie einnehmen.

In einem zweiten Schritt erst gilt es, sich Gedanken über die behutsame Einführung von Schülerinnen und Schülern in solche philosophischen Denkprozesse zu machen. Da der Glaube an die Objektivität der Naturwissenschaften und an die eindeutige Beweisbarkeit ihrer Erkenntnisse sich auch bei sich selbst als religiös definierenden Jugendlichen findet, ist ein Mitgehen mit dem „Widerstand“ gegen die Infragestellung eines technik- und wissenschaftsunkritischen Bewusstseins unerlässlich.

Hubertus Halbfas zeigt in seinen didaktischen Überlegungen zum Themengebiet „Schöpfung“ einen Weg, wie dieser Prozess früh initiiert werden kann. Für Halbfas kann eine Sensibilisierung schon in der 1. Klasse beginnen. Sein Vorschlag lautet: 1. Kl.: Beschäftigung mit der (Klassen-)Raumwahrnehmung; Hinführung zu ästhetischer Wahrnehmung; 2. Kl. Naturerfahrungen; 3. Kl.: Weltbildvergleich; Verantwortung des Menschen für die Erde; 4. Kl.: Verhältnis des Menschen zur Welt, zur Natur und zur Geschichte (vgl. HALBFAS 1986, S. 98). Dieses Curriculum ist nicht nur für die Grundschule, sondern durchaus auch in der Mittelstufe eine sinnvolle stufenweise Entwicklung zur Fähigkeit einer mehrperspektivischen Sichtweise. Weiterhin führt Halbfas als Beispiele für fachübergreifendes Lernen Aktionen zur Müllvermeidung in der Schule, Gewässeruntersuchungen als gemeinsames Projekt in der Schule sowie Anlegen von Biotopen an (vgl. HALBFAS 1986, S. 128 ff.).

Im Verlauf der beiderseitigen Annäherung muss es darum gehen, die Dimensionen naturwissenschaftlicher und religiöser Sprache zu erfassen. Auch die Sprache der Wissenschaft steht in der Tradition bestimmter weltanschaulicher Denkvoraussetzungen, die aber ohne bildhaftes Sprechen nicht ganz auskommt. Gleichzeitig ist Theologie, deren Sprache stärker symbolisch und bildhaft geprägt ist, verpflichtet, sich über ihre Aussagen, Herleitungen und Begründungsvoraussetzungen genauso Rechenschaft abzulegen wie die Naturwissenschaft es tun muss. Beide Seiten müssen also ihre Voraussetzungen, Bedingungen und Grenzen reflektieren. Sowohl Theologie als auch Naturwissenschaft können Wirklichkeit und Natur nicht „an sich“ erfahren und erforschen. Die Naturwissenschaft kann nur unter experimentellen Voraussetzungen Wirklichkeit erfassen, die Naturgesetze sind nicht Gesetze der Natur, sondern sie erfassen nur die Regelmäßigkeiten, die der Mensch in der Natur erkennen kann. Auch der Theologie stehen keine Deutungsmuster außerhalb des eigenen Erfahrungshorizontes zur Verfügung. Der „Vorteil“ der Theologie ist, wenn man das so sagen kann, der, dass sie mit dem Wort „ich“, also der Subjektorientierung und -abhängigkeit von Wirklichkeitserfassung, weniger Probleme hat als die Naturwissenschaft.

Korrelationsdidaktik als Modell

Religionspädagogisches Grundlagenmodell für ein fachübergreifendes Arbeiten, das auf der einen Seite religiöse Lernprozesse fördern, auf der anderen Seite die naturwissenschaftliche Weltdeutung Jugendlicher ernst nehmen will, kann die Korrelation sein. Die Bruchstelle im religiösen Denken ist die Pubertät. Hier gerät die Frage: „Was ist Wirklichkeit? Was ist Wahrheit?“ verstärkt in den Blick. Der „alte“ Kinderglaube wird als Ammenmärchen in die Schublade gepackt. Analytische, beweisbare, Fakten gewinnen an Attraktivität, auch bei Jugendlichen, die dem christlichen Glauben nicht ablehnend gegenüberstehen. Der heutige Alltag Jugendlicher ist maßgeblich durch Technik (in Form von DVD, Handy, Computer) geprägt und die dominierende, in großen Teilen sogar identitätsstiftende, Realität.

Andererseits zeigt sich, dass, neben dem verstärkten Technikinteresse und der in weiten Teilen unkritischen Zustimmung zu technischer und naturwissenschaftlicher Entwicklung, die Suche nach einem transzendenten Sinn des eigenen Lebens (vgl. Angel 2002, S. 162) auch vorhanden ist.

Nun schärft schon der Synodenbeschluss von 1974 (vgl. Gemeinsame Synode 1974, S. 136–140) ein, dass die „Situation und Erfahrung“ der Schüler und Schülerinnen „ein unabdingbares Kriterium der Auswahl von Zielen und Inhalten“ eines Religionsunterrichts darstellen muss, der darauf abzielt, dass „der Glaube ... im Kontext des Lebens vollziehbar, und das Leben im Licht des Glaubens verstehbar werden“ kann. Dies heißt heute, 30 Jahre später, divergierende Denkstrukturen (Wissenschaftsgläubigkeit vs. Sinnsuche) miteinander ins Gespräch zu bringen. Jene Aufgabe hat nicht nur der Religionsunterricht, sondern ebenso der naturwissenschaftliche Unterricht zu erfüllen, gerade auch im Hinblick auf die Ausbildung von Kritikfähigkeit. Hier muss in zweifacher Hinsicht korreliert werden, einmal innerhalb des

Religionsunterrichts und einmal zwischen den Fächern. Dazu bedarf es eines „gemeinsamen Bezugspunktes, der das Trennende nicht verschleiert" (Porzelt 1999, S. 39), sondern so gefasst ist, dass beide Bereiche in ihrer Eigenheit wahrgenommen werden, aber zugleich Berührungspunkte für die (philosophische) Diskussion erkennbar werden.

■ „Wenn ich in den Sternenhimmel schaue, dann spüre ich etwas Göttliches; ich fühle mich geborgen und geführt von einem persönlichen Gott." (Eduard Thommes, Astrophysiker an der Universität Heidelberg)

„Die Schwärze des Himmels, das Gefühl, unendlich weit sehen zu können, ist eine außerordentlich schöne Erfahrung, aber mehr auch nicht." (Klaus Meisenheimer, Astronom an der Universität Heidelberg) ■

Grundfragen eines auf der Korrelation basierenden fachübergreifenden Lernens wäre: Wie wenden sich Theologie und Naturwissenschaft der Welt zu? Wie sehen beide die Welt? Welche Funktion und welchen Wert haben das jeweilige Denken und Forschen, die spezifischen Erkenntnisinteressen für das Zusammenleben der Menschen und für die Erhaltung der Schöpfung/Welt? Dass es hier keine allgemein gültige, „wahre" Antwort geben kann, zeigen die verschiedenen Versuche von Theologen, eine Verhältnisbestimmung beider Disziplinen vorzunehmen. U. Lüke skizziert in seinem kurzen, informativen Aufsatz die verschiedenen theologischen Modelle, vom Abgrenzungsmodell à la K. Barth bis zu Integrations- und Vereinnahmungsmodellen à la G. Theißen (vgl. Lüke 1993). Auf ihre Weise versuchen diese Modelle auch eine Art Korrelation und machen deutlich, dass es nicht nur um die Korrelation der individuellen Erfahrung von Alltagswirklichkeit und Glaube geht, sondern auch zwei Disziplinen korreliert werden müssen.

Die Frage, ob es reicht, dass beide Wissenschaften friedlich nebeneinander existieren und sich darauf zurückziehen können, dass sie unterschiedliche Zugänge zur Wirklichkeit behandeln, muss gestellt werden. Legen sich Naturwissenschaft und Theologie auf solch ein Verhalten fest, besteht für die Theologie die Gefahr, den Weltbezug und die Verantwortung für die konkrete, geschichtliche Welt zu verlieren und sich in die Subjektivität zu flüchten. Für die Naturwissenschaften besteht die Gefahr, den ganzheitlichen Blick und ethische Fragestellungen aus den Augen zu verlieren, mit dem Ergebnis, dass der Mensch Objekt von Betrachtung und Forschung wird.

Die biblische Schöpfungsperspektive

Um eine eigene Position finden zu können, hilft zunächst der Blick auf die eigene Profession und die Beschäftigung mit den Grundlagentexten zum biblischen Weltverstehen.

Die beiden Schöpfungsgeschichten stehen nicht ohne Grund am Beginn der Bibel. In ihnen sind schon die zentralen Fragen der Menschen angesprochen sowie das Verhältnis des Menschen zu Gott, Mitmensch und Welt. Die Rede von der Schöpfung schließt die Frage nach dem Woher, Wohin und Wozu des Menschen mit ein.

Neben den beiden Schöpfungserzählungen in Gen 1–3 weist die Bibel noch weitere schöpfungstheologische Aussagen auf. Besonders Ps 104 kann dabei als ein Lobpreis auf den Schöpfer gelesen werden, der den Dank der Menschen an Gott ausdrückt. Der Text spricht zum Schöpfer aus einer staunenden Erfahrung der Welt und ist quasi ein Glaubensbekenntnis an die Herrlichkeit Gottes und sein Ja zu dieser Welt. Das Wissen darum, dass Ps 104 eine hebräische Nachdichtung des großen Sonnengesangs des Pharaos Echnaton ist (vgl. Halbfas 1986, S. 90), tut diesem Gefühl keinen Abbruch.

Auch Ps 8 und Ps 19 singen ein Lob auf die gute Schöpfung Gottes. Weitere Aussagen zur biblischen Sicht auf die Schöpfung und den Schöpfer finden sich unter anderem in Sirach 42,15–43,33 und Ijob 38,1–42,6. Die trotz dieser Funde eher spärlichen Hinweise auf das jüdische Schöpfungsverständnis verweisen darauf, dass die Geschichte Israels immer stärker im Zentrum des Interesses stand als das Lob auf die Natur/die Schöpfung. Daher wird die Erschaffung der Natur durch Gott hervorgehoben, die Natur ist damit Gott unterstellt.

Die ökumenische Weltversammlung für Gerechtigkeit, Frieden und Bewahrung der Schöpfung in Seoul 1990 zeugt vom Aufbruch der Kirchen, sich für den Erhalt und die Achtung der Schöpfung stark zu machen. Dies ist positiv zu werten, wurde doch lange gerade der Schöpfungsbericht durch die Aufforderung der „Herrschaft“ über die Natur dafür verantwortlich gemacht, dass der Mensch Umwelt zerstört und die Erde ausbeutet (vgl. zur Geschichte dieses Gedankens Kessler 1990). Kessler zeigt, wie Francis Bacon (1561–1626) den Schöpfungsauftrag des Menschen umdeutet: Nicht Bewahrung sei das Ziel, sondern aus „eigener Kraft, nämlich durch tätige Unterwerfung der Erde, müsse der Mensch sich zum Ebenbild Gottes machen; dadurch komme es zur Wiederherstellung des verlorenen Paradieses“ (Kessler 1990, S. 43). Diese Sicht hat bis heute verhängnisvolle Folgen. Dabei zeigt sich im Kontext der gesamten Urgeschichte (Gen 1–11) die Bedeutung von Herrschaft als Bewahren. Eine Analogie dazu findet sich in den Zehn Geboten. Anstatt der üblichen Übersetzung „Du sollst …" heißt es eigentlich „Du wirst – …", das heißt, wenn du dich geliebt und eingebunden in die Güte Gottes weißt, *wirst* du nicht – … Der Herrschaftsauftrag so verstanden, dass der Mensch eingebunden ist in die Schöpfung Gottes und dafür die Verantwortung trägt, ist letztlich die Realisierung des Gottessegens.

■ „Weshalb ist bloß ein einziger Mensch (zu Beginn) erschaffen worden? Um dich zu lehren, dass jener, der einen einzigen Menschen vernichtet, gleichsam die ganze Menschheit vernichtet hat, und jener, der einen einzigen Menschen erhält, gleichsam die ganze Menschheit erhalten hat. Ein weiterer Grund: Wegen des Friedens unter den Menschen. Damit keiner sage: ‚Mein Vater ist größer als der deine' – … deshalb soll jeder denken: ‚um meinetwillen ist die Welt erschaffen worden' (das heißt: ich trage die Verantwortung für die anderen)." (Talmud: Sanhedrin, IV 5, zitiert nach: RAPP 2000, S. 14) ■

Die beiden Schöpfungserzählungen, auch als Urgeschichten bezeichnet, sind aufgrund ihrer Eigenart als Anfangserzählungen zu verstehen.

Die Bedeutung dessen, was mit „Anfang" gemeint ist, hat in der Geschichte aber auch zum Missverstehen der Urgeschichten geführt, das sich auf die Verhältnisbestimmung von Theologie und Naturwissenschaft ausgewirkt hat. Die lateinische Sprache unterscheidet den Begriff „Anfang" durch zwei verschiedene Bezeichnungen: „initium" und „principium" (vgl. HALBFAS 1985, S. 133). Initium ist ein räumlich-zeitlicher Begriff, der Verwendung findet, wenn man etwa den Anfang eines Buches oder Spieles meint, von dem man sich nach und nach entfernt. Zu dieser Kategorie zählen unter anderem die Evangelien. Auch die Naturwissenschaft hat dieses Verständnis. Der Anfang als principium umschreibt jedoch einen mitlaufenden Anfang – „prinzipiell". Die Urgeschichten erzählen also gleichermaßen von den ersten Menschen wie von uns heute, sie berichten von dem, was wesenhaft zum Menschen gehört. Es geht in den Schöpfungsberichten also nicht um den Zeitpunkt des Anfangs, sondern um die Qualität des Anfangs, „es ist die Geschichte aller, die sich diesem Anfang verdanken" (HALBFAS 1985, S. 134).

Auch in anderen Kulturen gibt es Schöpfungserzählungen (vgl. Welt und Umwelt der Bibel 2/1996) mit vergleichbarem Inhalt. Man geht davon aus, dass in diesen Anfangstexten „ein Fundus gemeinsamen Denkens und gemeinsamen Verstehens" (Halbfas 1985, S. 135) vorliegt, der in der Betrachtung der Natur, des Himmels und in dem Gefühl unendlicher Weite und Unermesslichkeit wurzelt.

Der „erste Schöpfungsbericht (Gen 1,1 bis 2,4a) ist der jüngere. Er entwirft ein Lob auf die gute Schöpfung. Aus dem Chaos entsteht Ordnung und Leben. Steht hinter diesem Bericht eine quasi kosmologische Denkweise, findet sich im 2. Schöpfungsbericht, dem älteren (Gen 2,4b bis 3,24), eine stark anthropologische Zentrierung, deren konsequente Weiterführung sich in den weiteren Kapiteln der Genesis zeigt: Der Mensch überhebt sich selbst und bringt das „Böse“ in die Welt. Die Datierungen der Schöpfungsberichte sind nach gegenwärtigem exegetischem Diskussionsstand überholt. Sicherheit gibt es hier noch keine. Daher wird hier auf die Darstellung einer zeitlichen Einordnung verzichtet.

Zwar hat die „Sündenfall“-Geschichte, die sich an den zweiten Schöpfungsbericht anschließt, einen viel höheren Bekanntheitsgrad, doch ist für unseren Zusammenhang der erste Schöpfungsbericht der relevantere. Andererseits verweisen die Motive der Erschaffung und Verfehlung des Menschen, ausgehend von dem Wunsch nach Erkenntnis, darauf, dass die „natürliche“ Grenze, die dem Menschen auferlegt ist, damit die Welt eine paradiesische bleibt, von diesem verschoben wird. In den Schöpfungsberichten zeigt sich eine Utopie und Handlungsanweisung für unseren Umgang mit der Welt. In der Besinnung auf die Gottebenbildlichkeit ist der Mensch in die Verantwortung gerufen und zum Bewahren der Schöpfung angehalten. Dies gelingt, wenn wir allem von Gott Geschaffenen die gleiche Würde zukommen lassen und die dem Menschen auferlegte Grenze beachten.

Hier rückt auch der Sabbat als wichtiger Punkt hinsichtlich des Auftrages zur Bewahrung der Schöpfung in den Mittelpunkt, der gleichzeitig auch die anthropologische Engführung aufhebt. Nicht der Mensch ist die Krone der Schöpfung, sondern der Sabbat (vgl. MOLTMANN 1985, S. 45).
Was sich anhört wie Postulate, sind Anforderungen an den Menschen, der sich Gedanken um die Zukunft seiner Kinder macht. Daher ist es, auch im Sinne nachhaltiger Entwicklung, wichtig, deutlich zu machen, warum sich Schülerinnen und Schüler heute mit den Schöpfungstexten beschäftigen sollten und was diese Berichte uns Heutigen noch sagen können.

Der amerikanische Molekularbiophysiker und Historiker McGrath hat vier ökologische Prinzipien aus dem biblischen Schöpfungsbericht entwickelt (vgl. MCGRATH 1999, S. 143), die sich für eine unterrichtliche Beschäftigung eignen:

a. das Prinzip der Bewahrung der Schöpfung.
b. das Sabbat-Prinzip (die Schöpfung muss sich von der Nutzung durch den Menschen erholen können).

c. das Fruchtbarkeitsprinzip (die Fruchtbarkeit der Schöpfung soll man genießen und nicht zerstören).
d. das Prinzip von Fülle und Beschränkung (der Rolle des Menschen sind Beschränkungen auferlegt, die es zu beachten gilt).

Auch der Blick auf andere Kulturen kann helfen, dem Schöpfungsauftrag gerecht zu werden, so zum Beispiel durch die Beschäftigung mit der Rede des Häuptlings Seattle vor dem US-Präsidenten Franklin Pierce, auch wenn die Quellenlage dieser Rede umstritten ist (vgl. dazu HALBFAS 1986, S. 108 f.).

Im Blick auf die Weltverantwortung muss sich der Mensch fragen, ob er alles darf, was man kann, und sein Verhältnis zur Natur und zur Erde neu überdenken.

Das Neue Testament kennt keine expliziten Schöpfungsvorstellungen. Implizit vermittelt Jesus in seinen Reich-Gottes-Gleichnissen die Möglichkeiten, die Welt „heil" werden zu lassen, und in seinen Taten lässt er der lädierten Schöpfung Heil zu kommen. Der Sabbat wird als für den Menschen da seiend hervorgehoben.

Bis weit ins 20. Jahrhundert hinein war in der christlichen Theologie die Frage der Schöpfung und deren Verständnis keine dringende theologische Frage. Die Theologie zog sich zurück auf die Heilsgeschichte und das Christusereignis. Man „teilte" die Aufgaben: Die Naturwissenschaft war für das „Wie" zuständig, die Theologie für das „Dass". Erst durch die ökologische Krise, ins allgemeine Bewusstsein gerückt durch den Club-of-Rome-Bericht 1972, bezog Theologie Stellung und hat sich die Bewahrung der Schöpfung als eines ihrer Ziele gesetzt. Theologisch wird dies fundiert durch den Verweis auf die Trinität: Vater – Schöpfer; Sohn – Erlösung; Geist – Vollendung der Geschichte durch den Menschen.

Unterrichtliche Konkretionen Klasse 9/10

Ein Ansatzpunkt der Auseinandersetzung ist die Beschäftigung mit dem Sonntag als Ruhetag und die sinnvolle Gestaltung dieses Tages. Was ist der Sinn eines „freien" Tages – für Mensch und Welt?

Im Vergleich mit Heinrich Hoffmann von Fallerslebens „Vom Schlaraffenlande", 1853 erschienen (positive Auswirkung: Essen im Überfluss, Versorgung ohne Anstrengung bzw. ohne Arbeit; negative Auswirkung: Gefahr der Langeweile; Überfluss ist reizlos; Reizüberflutung), können eigene Utopien von einer „guten" Welt durch die Schülerinnen und Schüler dagegengestellt werden. Dies kann mit „Utopia" von Thomas Morus (1516) kontrastiert werden (Gleichheit für alle, Frieden, kein Eigentum, alle leben in Harmonie. Negative Auswirkung: keine Selbstverwirklichung, eintöniges Leben. Hier kann für die Lernenden erfahrbar werden, dass Utopien vor allem aus zwei Quellen erwachsen, einmal aus der Kritik am Status quo und aus eigenen Erfahrungen sowie aus der Hoffnung auf Veränderung in der Zukunft. Eine aktuelle Auseinandersetzung kann mit dem Film „Der Herr der Fliegen“ (Buch: William Golding, 1954) eingeleitet werden, in dem die Möglichkeiten und Schwierigkeiten einer aktiven Zukunftsgestaltung beeindruckend geschildert werden.

Im Gegensatz dazu entwickelt die Bibel eine andere Vorstellung, den Garten Eden (Gen 2,4b–25): volles Leben; Frieden; Schutz; der Mensch hat eine Aufgabe. Als neutestamentliche Quelle kann die Bergpredigt (Mt 5–7) als Beispiel christlicher Verantwortung für die Welt herangezogen werden. Musikalisch ist eine Auseinandersetzung mit dem Oratorium „Die Schöpfung“ von J. Haydn möglich.

Ein anderer Ansatzpunkt könnte, in Verbindung mit dem Fach Physik, die Frage nach den „sicheren Beweisen“ sein. Was sind „sichere Beweise“ überhaupt? Denn Ausgangspunkt aller Wissenschaft, sowohl der Theologie wie der Naturwissenschaft, ist die Erfahrung: Von der Wirklichkeit gelangt man über Abstraktion zur Logik. Reinhard Löw unterscheidet drei Erfahrungsbegriffe (Löw 1994, S. 30), die sich nicht aufeinander reduzieren lassen:

a. Subjektgebundene Erfahrung.
b. Der naturwissenschaftliche Begriff von Erfahrung ist Empirie: Qualifizierbarkeit, Reproduzierbarkeit, Prognosefähigkeit unter Ausschaltung des Subjekts.
c. Erfahrung von Sinn.

Das Bewusstsein der eigenen Subjektivität und Entwicklung sowie das Ringen um eine eigene Position in einer pluralen Welt, die jeden Einzelnen fordert, Stellung zu beziehen und sich zu verorten, kann sinnvoll in eine Auseinandersetzung mit Biografien von Personen münden, die in diesem Konflikt Stellung bezogen haben, zum Beispiel Werner Heisenberg, Sören Kierkegaard, Albert Einstein, Max Planck. Fachübergreifend mit Deutsch kann auch das „Leben des Galilei“ von B. Brecht gelesen werden. Oft vernachlässigt wird in den höheren Klassen der Blick auf die Schönheit der Natur, das Staunen darüber, welche Vielfalt und Großartigkeit die Welt bietet. Dieser Aspekt sollte als Gegenpol zur kritischen Auseinandersetzung mit den Naturwissenschaften eine Rolle spielen. Eine Beschäftigung mit den Aussagen des hippokratischen Eides, den Mediziner leisten, kann angeschlossen werden, um die Frage nach dem, was zum Wohl des Menschen gereicht, von einer anderen Perspektive her zu beleuchten.

Wichtig für den Religions- wie für den naturwissenschaftlichen Unterricht ist die Benennung und Annahme, dass beide bewusste Vorentscheidungen und Randbedingungen schaffen. Eine voraussetzungslose Theorie gibt es nicht. Die Physik arbeitet mit vereinfachten Modellen. Das Arbeitsmaterial des Physikers sind unbewiesene Voraussetzungen (Axiome) und nur vorläufige Erkenntnisse. Das Gleiche gilt für die Theologie. Eine letzte Begründung des „Wissens" von Gott gibt es nicht, aber es gilt, die im Glauben gewonnene Einsicht immer wieder neu zu vertiefen und zu reflektieren. Was beide eint, ist die Neugier, die Welt zu begreifen.

Entwicklungspsychologische Voraussetzungen

Halbfas plädiert für eine frühe Auseinandersetzung, da Kinder evolutionäre Theorie und Weltentstehungsfragen präsent haben. Theologische Fragestellungen hintanzustellen sei falsch, da nachgeschobene Antworten oft nicht mehr akzeptiert würden (HALBFAS 1985, S. 132).

Eine empirische Studie zum Umweltbewusstsein von Kindern stellt fest, dass die Sorge um die Natur einen großen Stellenwert einnimmt. Auf die sich ihnen bietenden Bilder der Umweltzerstörung reagieren viele mit Angst (vgl. BUCHER 1993), vor allem Kinder bis zur Pubertät. Solch eine Vorstellung kann aber nur entwickelt werden, wenn ein Bewusstsein für eine „an sich gute" Schöpfung/Welt vorhanden ist. Diese Sensibilität für das, was ist, und das, was sein soll, wird in den Lehrplänen für Religion der Unterstufe aufgegriffen. Einerseits wird die Schönheit der Schöpfung zum Beispiel in der Beschäftigung mit Franziskus aufgegriffen, andererseits geht es um den Umgang mit Tieren. Die Verantwortung des Menschen für die Natur steht im Zentrum dieser Überlegungen.

Parallel dazu steht ein Weltbild, das Gott „oben" sieht, der alles gut geschaffen hat. Schöpfung wird hier, implizit, als Beziehungsgeschehen aufgefasst, in der der Mensch – indem er „in Beziehung", also sensibel für seine Umwelt ist – Gottes gute Schöpfung wiederherstellen kann. Was in den meisten Unterrichtswerken für die Unterstufe fehlt, ist das Ernstnehmen der Angst in Bezug auf Umweltkatastrophen etc. und eine Auseinandersetzung damit.

Die naturwissenschaftliche Thematik im Sinne von Beweisbarkeit und Machbarkeit kommt erst mit dem Übergang in das formal-operative Stadium zum Tragen, also dann, wenn Jugendliche die Fähigkeit entwickeln, selbst über das Denken nachzudenken, und auf kognitive Widersprüche in ihren bisherigen Vorstellungen von Welt stoßen. Diese Entwicklung korrespondiert oftmals mit einer Gottesvorstellung, die Gott als nicht mehr tauglich für die Fragen der Welt ansieht. Hier kommt es in vielen Fällen zum Bruch mit dem religiösen Weltbild. Die Urknalltheorie löst Gott als Schöpfer der Welt ab (vgl. Kropač 2004, S. 103 f.), Wissenschaftsgläubigkeit verdrängt die beängstigenden Fragen des Kindesalters.

Das Aufeinandertreffen des naturwissenschaftlichen und des eigenen religiösen Weltbildes führt zu einem kognitiven Konflikt. Denn beide Weltbilder stiften zunächst einmal für sich allein Sinn. Um die Kohärenz des Denkens zu gewährleisten, in der beide sinnstiftendenden Weltbilder ihren Platz haben, muss mittels philosophischer Sprache beides zusammengebracht werden (vgl. ebd., S. 108). Dabei ist dem mythischen Weltbild genauso viel Wert beizumessen wie dem naturwissenschaftlichen.

Die Entwicklung der Weltbilder ist aber nicht nur abhängig von äußeren Einflüssen, sondern sowohl von inneren Faktoren als auch vom Reflexionsvermögen (vgl. Fetz/Reich/Valentin 2001, S. 107).

Sich diesen Umbrüchen zu stellen, wäre Aufgabe eines Religionsunterrichts für die Unter- und Mittelstufe. Ein Weg dazu könnte, neben dem bisher genannten, sein, sich Personen einzuladen, die beide Sichtweisen in ihr Leben integriert haben. Auch sind Formen und Methoden zu wählen, die Perspektivwechsel möglich machen, zum Beispiel durch Einsatz von Vexierbildern. Hier kann man erfahren, dass nicht von jedem Blickwinkel aus alles „gesehen“ werden kann.

Unterrichtliche Konkretionen Klasse 5/6

Vor allem in der Unterstufe können Zugänge gewählt werden, die die Sinne schärfen. Ein exponierter Vertreter dieser Richtung ist Hugo Kükelhaus (1900–1984). Er entwickelte ein „Erfahrungsfeld der Sinne“, das auf der Vorstellung beruht, dass menschliche Sinne verkümmern, wenn man sie nicht ausbildet und fördert. „Das Auge sieht, das Ohr hört, die Nase riecht, die Haut fühlt, die Finger tasten, der Fuß (ver)steht, die Hand (be)greift, das Gehirn denkt, die Lunge atmet, das Blut pulst, der Körper schwingt. Die Wahrnehmung der Gesetze der eigenen Natur befähigt den Menschen, in den Erscheinungen der äußeren Natur die gleiche Gesetzmäßigkeit wahrzunehmen als auch zu wahren.“ (Hugo Kükelhaus) Je mehr der Mensch seine Sinne schärft, desto stärker wird die Wahrnehmung erweitert. Kükelhaus meint damit auch die Weltwahrnehmung. Seine Grundannahme, in Anlehnung an konstruktivistische Vorstellungen, ist die, dass wir das für wahr und wirklich halten, was wir wahrnehmen. Daher gebührt der Wahrnehmungserweiterung ein gebührender Platz im Unterricht, um uns davor zu schützen, voreilige Schlüsse zu ziehen.

Ein Gemeinschaftsprojekt mit dem Fach Biologie könnte sich über die Frage „Was ist Leben? Was sind die Kriterien des Lebens?“ ergeben.

Das Thema „Natur und Mensch“ kann aus dem Blickwinkel von Religion und Biologie anhand des Inhalts der jeweiligen Bücher betrachtet werden (REICH/SCHRÖDER 1995, S. 12 ff.). Eingeführt wird dieses Thema bei Reich/Schröder durch den Vergleich der „normalen“ Uhr und dem populären Bild der zerfließenden Uhren (Die zerrinnende Zeit, 1931) von Salvador Dalí. Welche Uhr „hat Recht“? Die Schülerinnen und Schüler konnten in dieser durchgeführten Einheit sehr wohl die Bedeutung beider Uhren für die Lebenszeit der Menschen erkennen. Die eine ist für den Lebensalltag wichtig, die andere spielt für die Lebenszeit eine wichtigere Rolle.

Im Umgang mit der Thematik geht es darum, komplementäres Denken bei den Schülerinnen und Schülern anzuregen. Rothgangel bringt diese Überlegungen prägnant auf den Punkt. „Grundsätzlich zeigt der Blick auf die Alltagstheorien zum Verhältnis von Naturwissenschaft und Theologie, dass es sich hier um ein Schlüsselproblem des Religionsunterrichts handelt und einer differenzierten Biografiebegleitung bedarf. Dementsprechend sollte Naturwissenschaft und Theologie im Rahmen eines Spiralcurriculums zumindest jedes zweite Schuljahr eingehend behandelt werden.“[2] (ROTHGANGEL, 2001, Sp. 1401)

Naturwissenschaft und Theologie stehen in der Verpflichtung zum Wissen. Beide müssen sich mit neuen Theorien und Entwicklungen auseinander setzen, wenn beide ihrem Anspruch genügen wollen, zu reflektiertem, verantwortungsbewusstem Handeln einen Beitrag zu leisten. Dabei können sich beide Wissenschaften befruchten, da Menschen beide Dimensionen von Weltdeutung in sich tragen und brauchen. „Wir fühlen, dass, selbst wenn alle möglichen wissenschaftlichen Fragen beantwortet sind, unsere Lebensprobleme noch gar nicht berührt sind.“ (WITTGENSTEIN 1984, S. 85) Diese im Zitat angedeutete Verhältnisbestimmung von Naturwissenschaft und Theologie ist immer wieder neu und im Dialog zu deuten. In Anlehnung an Wittgenstein entwickelt Hans Jonas einen „Tractatus technologico-ethicus“ (vgl. JONAS 1979, S. 8 f.): Jeder hat seine Macht und sein Wissen zu verantworten.

2 Abkürzungen im Original sind ausgeschrieben.

Die Frage nach dem Ende

von Ulrike Baumann

Didaktische Grundlagen

Der Tod als unwiderrufliches Ende des Lebens lässt Erwachsene oft verstummen. Jugendliche aber fragen manchmal mit erstaunlichem Wissen um die Unausweichlichkeit nach dem Prozess des Sterbens, dem Sinn des Todes und einem möglichen Leben danach. Sie erwarten in solchen existenziellen Fragen Glaubwürdigkeit von den Unterrichtenden. Was bedeutet das für die Religionsdidaktik und die Rolle des Religionslehrers bzw. der Religionslehrerin?

Jugendliche fragen nach dem Ende

■ „Jeder Mensch, jedes Tier und jede Pflanze, die auf der Erde leben, haben eine Schnur, die am Ende einen leuchtenden Stern hat. Leuchtet der Stern nicht mehr, so ist das Lebewesen tot. Jedes Lebewesen ist auf der Erde da, um das Beste aus seinem Leben zu machen. Und wenn das getan ist, so wird es uns verlassen." (Kessler 2003, S. 6) ■

Die mythischen Motive, mit denen die 13-jährige Pascale den Tod verbindet, bedeuten nicht zwangsläufig, dass sie hier nicht über reale Erfahrungen verfügt. Der gleichaltrige Dario neigt in der von Andreas Kessler, dem Religionslehrer der Jugendlichen, durchgeführten Befragung zu einer radikalen Entmythologisierung: „Wir verrotten irgendwo." (ebd.) Andere Jugendliche stellen solche materialistischen Konzepte in Frage. Sie zeigen zum Beispiel Interesse an Nahtod-Erfahrungen, an der Lehre von der Reinkarnation und berichten in lichtvollen Farben von positiven Begegnungen, mit denen sie im Jenseits rechnen. Eva, 13 Jahre, hat

■ „... verschiedene Vorstellungen, zum Beispiel dass es durch einen hellen ‚Tunnel' geht und mich am Ende die Verstorbenen, die ich lieb hatte, abholen und wir gemeinsam ins ‚Jenseits' (irgendwohin) gehen." (ebd.) ■

Mario dagegen hat hauptsächlich Fragen:

■ „Wenn jemand stirbt, den ich kenne, denke ich immer: Was erwartet ihn? Wie hat er es jetzt? Was macht er jetzt wohl?" (ebd.)
„Abends vor dem Einschlafen denke ich manchmal über den Tod nach", erzählt Adrian (ebd.). ■

Nicht selten sind solche Gedanken mit Ängsten verbunden:

■ „Jedenfalls habe ich Angst vor dem Tod, weil ich alles verlassen muss ...", so Eva (ebd.).
„Als mein Großvater vor zwei Jahren starb, wurde ich mehr mit dem Thema konfrontiert. Seither bereitet mir das Wort ‚Tod' Angst", gesteht Tabea. Das Sterben ist für sie „beängstigend, furchterregend, aber auch etwas ganz Natürliches, was jeder Mensch durchmachen muss. Ein paar Menschen sterben früher, andere später" (ebd.). ■

Selbst wenn sie relativ wohlbehütet aufwachsen, begegnet Jugendlichen der Tod durch die *Medien* schon früh. Sie sehen, dass auch Menschen in ihrem Alter durch Krankheiten, Unfälle oder Krieg und Verbrechen sterben. Oft können sie ihre Ängste nicht ausdrücken, um Antworten zu bekommen, die sie beruhigen könnten. Die folgenden Überlegungen beziehen sich auf die 9. Jahrgangsstufe. In diesem Alter stellen sich mit erweiterten Fähigkeiten, die Wirklichkeit zu deuten, auch weitere Fragen:

- Was meinen „Die Toten Hosen", wenn sie singen: „Nichts bleibt für die Ewigkeit"?
- Warum nimmt sich ein so erfolgreicher Rockstar wie Curt Cobain, prominentes Mitglied der Gruppe „Nirvana", das Leben? Hat er keine Möglichkeit mehr gesehen, seine Zukunft zu gestalten?
- Die Jugendlichen bringen solche Fragen mit ihren Gottesvorstellungen in Verbindung, die sie einer Überprüfung und kritischen Klärung unterziehen wollen.

Wann und wie sie darüber in der Schule sprechen, sollten die Jugendlichen mitbestimmen können. Wenn in der Schule ein Todesfall zu beklagen ist, richten sich besondere Erwartungen an die Religionslehrerinnen und -lehrer. Man hofft, dass sie den Trauerprozess begleiten und tröstliche Bilder vermitteln können. Aber auch sie können – wie alle Unterrichtenden – mit den Schülerinnen und Schülern gemeinsam viel lernen, wenn sie sich deren Fragen stellen und deren Äußerungen und Wissen ernst nehmen. Eine Atmosphäre von gegenseitigem Respekt und Vertrauen ist dabei Voraussetzung für das Gespräch.

Lehrende vor der Frage nach Sterben und Tod

Ein Religionsunterricht, der sich mit dem Tod befasst, muss schülerorientiert gestaltet werden. Die Frage nach dem Tod und dem Leben danach ist aber auch für die Unterrichtenden eine existenzielle Frage, die vielleicht wichtige Momente in ihrer Biografie berührt. In der Auseinandersetzung damit müssen persönlich bedeutsame Antworten gefunden werden. Diese beeinflussen die Einstellungen im Rahmen der gelebten Religion, besonders zur Gottesfrage. Wie Leben und Lehre zusammenhängen, ist die nächste für Religionslehrerinnen und -lehrer interessante Frage. Die meisten haben ein reflektiertes Verhältnis zu ihrer religiösen Lebenspraxis und wollen den Zusammenhang zwischen ihrer gelebten und gelehrten Religion auf eine theologisch fundierte Grundlage stellen. Diese reflektierte Religion wird noch einmal reflektiert in Bezug auf die Didaktik religiösen Lernens und die Unterrichtsgestaltung (Dressler 2002, S. 7–9). In dieser *doppelten Reflexion* erkennen viele Religionslehrerinnen und -lehrer geradezu die Besonderheit ihres Berufs. Sie bearbeiten die Distanz zwischen der gelebten und gelehrten Religion, weil ihnen das für die Initiierung von Lernprozessen notwendig erscheint. Gerade bei der Auseinandersetzung mit dem Themenfeld Sterben und Tod erweist sich das Spannungsverhältnis zwischen gelebter und gelehrter Religion als didaktisch fruchtbar.

- In Gesellschaften, in denen das Überleben stark im Vordergrund steht, ist auch das Sterben stärker im Bewusstsein als in unserer reichen Gesellschaft. Hier wird Sterben eher von weitem erlebt oder gar verdrängt.
- Im Rahmen eines schülerorientierten Religionsunterrichts aber kommen die Lehrerinnen und Lehrer an den direkten Fragen der Jugendlichen nach dem Tod nicht vorbei. Sie müssen für sich selbst und mit den Schülerinnen und Schülern gemeinsam nach Antworten suchen. Dabei kommen die unterschiedlichen Perspektiven ins Gespräch, zwischen denen die Jugendlichen hin und her schwanken.

Aus biologischer Sicht setzt der Tod ein, weil der Organismus als ganzer nicht mehr funktionsfähig ist. Es kommt zu einer Entropie, weil die nötige Energiezufuhr fehlt. Den Menschen hat die Evolution so ausgestattet, dass er sein eigenes Ende bewusst realisiert. Auf die Frage nach dem Sinn des individuellen Todes gibt die Evolution keine Antwort. Hier muss philosophisch und theologisch weitergefragt werden. Die Perspektive des Glaubens liefert keine klaren Bilder vom Tod und dem Leben danach. Sie können deshalb auch nicht von Religionslehrerinnen und -lehrern erwartet werden. Diese finden aber Orientierung in dem, was die Bibel sagt.

Biblisch-theologische Perspektiven

Die Bibel weiß, dass der Mensch nach dem Tod zu Staub zerfällt (Gen 3,19). Sie sieht den Grund für diese *Vergänglichkeit*, der die gesamte Schöpfung unterworfen ist, in einer gestörten Gottesbeziehung, die der Mensch mit seinem freien Willen verursacht hat. In den biblischen Schriften finden sich unterschiedliche Erfahrungen mit dem Tod.

- Er kann als selbstverständlich zum Leben gehörend akzeptiert werden. Nach Genesis 25,8 starb Abraham so in einem guten Alter, als er lebenssatt war.
- Der Tod kann aber auch als Feind der Menschen und Feind Gottes gesehen werden. Biblische Erzählungen von Totenerweckungen verweisen darauf (1. Kön 17,17–24; Joh 11,1–46 u. a.).
- Im NT ist die Rede vom Sterben und Tod Jesu Christi, wodurch die Kluft zwischen Gott und den Menschen sichtbar und überwunden wird.
- Christliche Existenz ist eng mit diesem Sterben verbunden (Röm 6,8). In Johannes 12,24 verwendet Jesus dafür das Bild vom Weizenkorn, das in die Erde fällt und stirbt und gerade deshalb viel Frucht bringt. Wer sein Leben loslassen kann, gewinnt es.

Diese Motive sind erst in Verbindung mit dem *Glauben an die Auferstehung* in ihrer vollen Bedeutung zu verstehen. Jesus fand diesen Glauben bereits bei den Pharisäern vor und bejahte ihn (Mk 12,18–27). Zentraler Inhalt seiner Verkündigung ist aber das schon in dieser Welt angebrochene Gottesreich. Diese Nähe Gottes ermöglicht schon jetzt eine neue Art zu leben, die allerdings über die Grenzen des Lebens in dieser Welt hinausweist. In der Auferweckung des gekreuzigten Jesus haben die Jüngerinnen und Jünger die Kraft dieses neuen Lebens erfahren. Mit dieser Erfahrung begründet der christliche Glaube mit der Bibel eine Hoffnung für alle:

- Gott hat Jesus von Nazareth auferweckt und wird auch uns auferwecken. Wie das Leben danach sein wird, davon spricht die Bibel nur in andeutenden Gegensätzen wie verweslich und unverweslich, natürlich und geistlich, sichtbar und unsichtbar, zeitlich und ewig (1. Kor 15,12–44; 2. Kor 4, 17–18) oder in starken Symbolen wie zum Beispiel der Vision vom neuen Jerusalem, in dem es kein Leid und keinen Tod mehr gibt (Offb 21,1–4; 2. Kor 5,1–4).
- Die Kraft Gottes, von der hier die Rede ist, wirkt schon jetzt in dieser Welt. Deshalb spricht der christliche Glaube mit der Bibel von Auferstehung. In den Ostererzählungen erfahren die Jüngerinnen und Jünger die lebendi-

ge Nähe des Auferstandenen in diesem Leben. Durch Gottes Geist werden ihre verzagten Herzen lebendig gemacht (Lk 24,32). So gibt Gott Menschen die Kraft aufzustehen, in der Hoffnung auf Heilung und Vollendung des gelebten Lebens.

■ „Wenn nach dem Tod rein gar nichts mehr ist und wir nicht mehr existieren, ist es nicht gut“, denkt Adrian (Kessler 2003, S. 6). ■

Der Glaube an die Auferstehung der Toten kann so verstanden werden, dass etwas von der Persönlichkeit, von dem, was uns als Menschen ausmacht, erhalten bleibt, da Leib und Seele nicht zu trennen sind. Wie das genau sein wird, weiß auch der Glaube nicht. Er geht vor allem davon aus, dass wir letztlich bei Gott geborgen sein werden. Adrian hofft, „dass ich meine Lebenserfahrungen nicht vergessen werde“ (ebd.). Dazu gehören aber auch Erfahrungen von Schuld und Scheitern. Die entscheidende christliche Antwort darauf ist nicht die traditionelle Jenseitstopografie von Gericht, Himmel und Hölle, sondern der Glaube, dass auch unsere Schuld bei einem Gott der Liebe und Barmherzigkeit im ewigen Leben aufgehoben ist.

Perspektiven für den Religionsunterricht

Im Unterricht müssen Religionslehrerinnen und -lehrer damit umgehen, dass die Jugendlichen unterschiedliche Einstellungen zum Tod und einem Leben danach haben. Grundsätzlich verdienen alle ihren Respekt. Das gilt auch für die Schülerinnen und Schüler, die sagen, dass nach dem Tod nichts ist. Was das für ihr Leben jetzt bedeutet, sollte die Unterrichtenden aber interessieren.

Respekt verdient auch eine Haltung, die hier auf Erden an der Gerechtigkeit arbeiten will. Wer dabei kein Leben nach dem Tod annimmt, verzichtet auf die Visionen einer endgültigen Gerechtigkeit für die unschuldigen Opfer und einer neuen Welt ohne Tränen. Diese Bilder können aber für Menschen Trost bedeuten, wie unterschiedlich ihre Vorstellungen davon im Einzelnen auch sein mögen.

Wenn Schülerinnen und Schüler mit klarer Überzeugung von Reinkarnation sprechen, mag das mit Unsterblichkeitsträumen zusammenhängen. Eine ernsthafte Auseinandersetzung mit solchen Auffassungen im Religionsunterricht ist notwendig, zumal sie nicht nur in den östlichen, sondern in allen Weltreligionen eine gewisse Rolle spielen. Zentrale Aufgabe des Religionsunterrichts ist es aber, „den Zusammenhang zwischen menschlichen Erfahrungen und der christlichen Rede vom Tod herzustellen und dabei zu verdeutlichen, wie die Hoffnung auf Auferstehung das gegenwärtige Leben orientieren und intensivieren kann“ (Nocke 2002, S. 128). Letztlich geht es dabei um die *Sinnfrage*: Wozu lebe ich eigentlich? Ein Religionsunterricht in Übereinstimmung mit den Grundsätzen der Religionsgemeinschaften kann hier nicht alles offen lassen. Religionslehrerinnen und -lehrer sind den Schülerinnen und Schülern die christliche Antwort schuldig:

- Wir leben, weil wir geliebt werden und diese Liebe an andere weitergeben können. Wo unsere Liebe korrespondiert mit Gottes Liebe, da ist ewiges Leben.
- Je lebendiger und unverkrampfter Religionslehrerinnen und -lehrer dies im Spannungsverhältnis zwischen gelebter und gelehrter Religion gestalten, umso produktiver werden die angestrebten Bildungsprozesse. Die konfessionelle Bindung des Religionsunterrichts lässt hierfür Gestaltungsräume offen.
- Nicht nur die verbal-kognitive, sondern auch die expressive Seite der Religion spielt hier eine Rolle, und die Kirchen können die Religionslehrerinnen und -lehrer bei ihrer Suche nach spiritueller Orientierung durch offene Kooperation unterstützen.

Didaktische Entfaltung

Die folgenden Überlegungen beschreiben Schwerpunkte der Unterrichtsgestaltung, die sich aus dem Themenfeld Sterben und Tod ergeben. Besonderes Gewicht hat dabei die Rolle der Religionslehrenden. In Auseinandersetzung mit den konkreten Fragen ihrer Schülerinnen und Schüler müssen sie entscheiden, welchen Schwerpunkt sie für ihren Unterricht auswählen.

Über den Tod sprechen – nach Hoffnung fragen

Arbeitsanregung Mit Jugendlichen über den Tod zu sprechen, ist ein Wagnis, und deshalb neigen Erwachsene dazu, hier angenehme Erfahrungen abzurufen: schlafen, ruhen, in Frieden sein etc. Die Schülerinnen und Schüler aber verbinden mit dem Tod nichts Schönes. Um ihre ersten Fragen zur Sprache zu bringen, ist Andy Warhols „Selbstbildnis mit Totenkopf“ (1978) geeignet (Herrmann/Hienstorfer 2002, S. 4).

- Warum stellt sich Andy Warhol, ein erfolgreicher und berühmter Popkünstler, so dar, als blicke ihm der Tod ständig über die Schulter? War er ein melancholischer Mensch?

- Was wissen wir über seinen Tod und seine Auseinandersetzungen im Leben? Stellte er sich mit dem Tod dar, weil er in seiner Umgebung auch viel Kopfschütteln erntete und vielleicht nicht alles ausführen konnte, was er gern gemacht hätte?
- Hatte er das Gefühl, den Menschen, die er als Siebdruck-Ikonen porträtierte, letztlich nicht gerecht zu werden? Worunter hat er gelitten, sodass er sein Selbstporträt mit dem Tod verband?

Schwierigkeiten, die Jugendliche mit dem Thema Sterben haben, nimmt *Psalm 90* auf. Sie erhalten den Text zunächst in einer unvollständigen Fassung:

Tausend Jahre sind vor dir ...
... wie ein Gras
als flögen wir davon
...
unsere Jahre wie ein Geschwätz
Lehre uns bedenken ...
... klug werden!

Sie ergänzen die Sätze und fügen eigene hinzu. So bringen sie ihre Gedanken und Gefühle zum Ausdruck, bevor der Psalm gelesen wird. Ein sensibles, bildhaftes Sprechen vom Sterben wird angebahnt.

Ist einmal der Zugang zu biblischen Texten erreicht, fallen einigen Schülerinnen und Schülern vielleicht die hohen *Altersangaben* in der Bibel ein. Sie bringen symbolisch zum Ausdruck, dass Menschen ein von Gott gesegnetes Leben führten (Gen 5,21–27). Andere Stellen aus den Väter- und Müttergeschichten der Genesis zeigen aber, dass die Menschen in dieser Zeit nicht nur das lebenssatte Sterben kannten, sondern auch den Tod, der zu früh kommt (Gen 22; 35,16–22). Die meisten Jugendlichen sehen realistisch, dass ein früher Tod schon Menschen in ihrem Alter treffen kann, etwa durch eine unheilbare Krankheit.

Arbeitsanregung Eine solche Krankengeschichte erzählt Eric-Emmanuel Schmitt in seinem Buch „Oskar und die Dame in Rosa“ (2003). Es schildert, wie der 10-jährige Oskar sich und seine Umwelt auf seinen Tod vorbereitet und wie er die verbleibende Lebenszeit ohne falsche Sentimentalität gestaltet. Die Geschichte bietet Anlässe, um in religiösen Kategorien denken zu lernen. Oma Rosa, eine ehemalige Catcherin, hilft Oskar bei der Auseinandersetzung mit dem Sterben. Sie rät ihm, sich jeden verbleibenden Tag wie zehn Jahre vorzustellen. So durchlebt Oskar auf wundersame Weise ein ganzes Menschenleben. Er kann die Kraft der Liebe erfahren und bekommt Mut, sich seinem Schicksal zu stellen. Von seinem Glück und seinen Enttäuschungen erstattet er in Briefen an den lieben Gott Bericht. Mit ihm versöhnt kann Oskar schließlich sterben. Auf seinen Nachttisch hatte er ein Schild gestellt: „Nur der liebe Gott darf mich wecken".

- Die Unterrichtenden sollten den Schülerinnen und Schülern Zeit lassen, in der Auseinandersetzung mit Oskars Briefen ihre eigenen Gedanken zu entwickeln.
- Danach sprechen sie die Glaubensinhalte an, die sich in seinen Briefen ausdrücken: In der Bibel ist mit der Störung der Gottesbeziehung der Tod verbunden (Gen 3,19). Oskars Briefe aber sprechen vom Leben in Gottes Nähe.

Arbeitsanregungen Auch für Menschen, die ihr Leben schließlich im Vertrauen darauf, aufgefangen zu werden, loslassen können, ist der Übergang vom Leben zum Tod ein schmerzlicher Prozess. Die Psychiaterin Elisabeth Kübler-Ross hat ihre Gespräche mit mehr als 200 Sterbenden in fünf Sterbephasen zusammengefasst: Nichtwahrhabenwollen und Isolierung, Verhandeln mit dem Schicksal, Depression, Zustimmung.

- Der Religionsunterricht sollte über diese Phasen informieren.
- Die Schülerinnen und Schüler können diese Kenntnisse mit Erzählungen anderer Sterbebegleiter, etwa aus Hospizgruppen, vergleichen. Auch sie berichten von wiederkehrenden Gefühlen. Aber lassen sie sich in ihrer Reihenfolge festlegen?
- Was ist letztlich unter menschlichem Sterben zu verstehen? Gerade in dieser Frage wollen die Schülerinnen und Schüler auch die persönliche Haltung der Unterrichtenden wahrnehmen. Sie fragen, welche Erfahrungen und Erlebnisse ihre Überzeugungen, ihren Glauben und ihre Zweifel beeinflussen.

Religionslehrerinnen und -lehrer, die sich selbst mit dem Sterben auseinander gesetzt haben, werden hier glaubwürdiger antworten. Damit geben sie den Jugendlichen freilich die Möglichkeit zu Rückschlüssen auf ihre gelebte Religion.

Wo warst du, Gott, als das passierte?

Auf die Frage seines Religionslehrers, was die Vorstellung vom Leben nach dem Tod für sein Leben jetzt bedeute, antwortet Adrian:

■ „Ja, aufpassen, dass man nicht sinnlos oder leichtsinnig stirbt und dass man sein Leben genießen soll sowie richtige Entscheidungen fällt. So, dass man irgendwann mit einem guten Gewissen sterben kann." (Kessler 2003, S. 6) ■

Die Realität zeigt jedoch, dass oft unschuldigen Menschen ein Unglück widerfährt. Die Schülerinnen und Schüler wissen um den Tod als Folge von Unfällen, Suizid oder Gewalteinwirkung. Manche haben damit eigene Erfahrungen, können aber ihre Ängste und Gefühle kaum ausdrücken. Der Religionsunterricht kann ihnen Zeit einräumen, das auszusprechen, was sie möchten, und die Unterrichtenden haben die Möglichkeit, das dahinter liegende Erleben vorsichtig zu ertasten.

Besonders schwer ist die Situation, wenn in einer Lerngruppe jemand durch einen Unfalltod betroffen ist. Er tut den Jugendlichen weh, sie möchten ihn abstoßen und ungeschehen machen. Jetzt brauchen sie die Unterrichtenden als Spiegel ihrer selbst, die mit ihnen trauern und als Partner mit eigenen seelischen Empfindungen zu erkennen sind. Tröstlich ist es, die Trauer gegenüber den Angehörigen etwa in einem gemeinsamen Brief zum Ausdruck bringen zu können. Bei vielen Jugendlichen bricht aber angesichts solcher Erfahrungen die *Theodizeeproblematik* auf: Wo warst du, Gott, als das passierte? Religionslehrerinnen und -lehrer haben die Aufgabe, ihnen zu verdeutlichen, dass sie so fragen dürfen.

Arbeitsanregung Dass angesichts solcher Leiderfahrung das religiöse Fragen weitergehen kann, zeigen zum Beispiel Peter Pohl und Kinna Gieth in dem Jugendbuch „Du fehlst mir, du fehlst mir!" (1999). Es beschreibt den Prozess der Trauer der 14-jährigen Tina um ihre Zwillingsschwester Cilla, die durch einen Verkehrsunfall ums Leben kam. Kirchenlieder über Güte und Herrlichkeit Gottes erscheinen Tina jetzt verlogen. Sie fragt konkret, wo der gütige Gott am zweiten Mai um fünf Minuten nach halb acht war (a. a. O., S. 93–94). In Tinas Auseinandersetzung mit Gott werden die Zweifel beherrschend und zugleich wächst das Bedürfnis nach Vergewisserung.

- An Gott gibt es viel auszusetzen und ihr Leben vertrauensvoll in seine Hände zu legen, ist Tina unmöglich. Noch schwerer fällt es ihr, Cillas Tod mit Gottes Allmacht zu erklären (a. a. O., S. 184).
- Im Unterrichtsgespräch lässt sich behutsam aufdecken, dass hier verschiedene Gottesbilder im Spiel sind, denen auch menschliche Fantasie von Allmacht und Geborgenheit zugrunde liegen. Diese Erkenntnis muss noch nicht zur Ablehnung des Gottesglaubens überhaupt führen.

Auf die Frage, wann sie an ein Leben nach dem Tod gedacht habe, antwortet Pascale: „Als sich einmal jemand vor unseren Haus umgebracht hatte." (KESSLER 2003, S. 6) *Suizid* kommt unter Jugendlichen vor und meist sind Krisen in den persönlichen Beziehungen die Ursache. So erzählt Andreas Janssen von seinem Freund Klaus, einem sensiblen 17-Jährigen, der sich das Leben nahm. Er konnte eine als kalt wahrgenommene Umwelt und das Scheitern einer Liebesbeziehung nicht mehr ertragen (BAUMANN/WERMKE 2002, S. 64–67). Die Zweifel und die Sprachlosigkeit der Schülerinnen und Schüler angesichts solcher Erfahrungen gilt es zu respektieren. Doch kann in der Auseinandersetzung mit ihnen Gott wichtiger werden als je zuvor. Wenn er als unbedingter Garant von Identität und Lebenssinn ins Spiel kommt, kann das Grundvertrauen der Schülerinnen und Schüler gestärkt werden. Welche Methoden und Materialien dazu geeignet sind, müssen die Unterrichtenden feinfühlig erspüren.

- Die Gleichnisse von den Verlorenen (Lk 15) erzählen, dass gerade in den dunklen Momenten der Verzweiflung jemand da ist. Können sie trauernden Jugendlichen etwas Zuversicht geben?
- Texte wie 1. Korinther 13 bieten auch heute noch Impulse für ein erfülltes Leben, wenn die Aussagen „Die Liebe ist geduldig ... erträgt alles ... glaubt alles" usw. auf konkrete Lebenssituationen bezogen werden.

Arbeitsanregung Der plötzliche Tod vieler Menschen durch *Katastrophen* oder *gewaltsame Anschläge* schreckt die Schülerinnen und Schüler auf, auch wenn das Ereignis entfernt von ihnen in Erfurt oder New York stattfindet. Manche drücken ihre Wut und ihren Schmerz vehement aus, andere verdrängen sie. Alle aber achten darauf, wie sich ihre Lehrerinnen und Lehrer äußern, als Skeptiker oder als Hoffende. Dass die gelebte Religion liturgische Vollzüge und eine spirituelle Formensprache einschließt, erweist sich in solchen Situationen als hilfreich. Sie unterstützt die Lehrerinnen und Lehrer, die auch in der Schule Gelegenheit zum gemeinschaftlichen Klagen und Gestalten von Trauer bieten wollen.

- Im Schulgebäude kann eine Wand als Klagemauer hergerichtet werden, an der die Schülerinnen und Schüler ihre Klagen ausdrücken.
- Aber wie kommen sie jetzt mit ihren Gottesvorstellungen persönlich zurecht? Grundsätzliche Schwierigkeiten im Bereich des Theodizee-Problems bleiben bestehen. Sie brauchen existenztragende Antworten.
- In Meditationen und Schulgottesdiensten wird die Situation vor Gott zur Sprache gebracht. Ökumenische Kooperation ist dabei zu begrüßen.

Arbeitsanregung Der christliche Glaube kennt eine Gestalt, in der das Leiden der Welt, das Kämpfen mit ihr und das Ringen mit Gott konzentriert zum Ausdruck kommen: die *Figur des leidenden Christus*. Wie er mit solchen Erfahrungen umgegangen ist, verdeutlicht zum Beispiel die Radierung „Christus am Ölberg" (1915) von Lovis Corinth (Herrmann/Hienstorfer 2002, S. 23). Die Gesten der abgebildeten Personen eignen sich zur Meditation:

- Die hoch aufragende Gestalt Christi, seine gefalteten Hände und der flehentlich zum Himmel gewandte Blick, dagegen die abgewandte Haltung der von Sorgen erschöpften und schlafenden Jünger.
- Das Bild und die zugehörige Geschichte (Lk 22,39–45) lassen die Jugendlichen nicht völlig ohne Trost. Vom Himmel kommt ein Engel auf Christus zu, um ihn zu stärken.

Der theologische Schlüssel zur Entschlüsselung der Theodizee-Problematik liegt im Zusammenhang von Kreuz und Auferstehung Jesu Christi. In der 9. Klasse haben viele Schülerinnen und Schüler zwar von diesen Glaubensvorstellungen gehört. Der eigenständige Umgang damit bleibt aber späteren Entwicklungsstufen vorbehalten. Doch als tröstlich kann sich auch in dieser Altersstufe der Grund der *Auferstehungshoffnung* erweisen: Er liegt nicht im Menschen, sondern in Gott, der alles neu machen will. Johannes, der Seher von Patmos, hat diese Hoffnung in eine grandiose Vision gefasst. In der unterrichtlichen Auseinandersetzung damit gilt es zwar, die geschichtlichen Hintergründe zu klären, die Situation der frühen Christen in der Verfolgung. Das Bild vom himmlischen Jerusalem kann aber auch Jugendliche heute stärken, wenn sie die zugrunde liegende Hoffnung wahrnehmen, nicht zuletzt bei den Unterrichtenden:

- Was jetzt noch Vision ist, wird am Ende mit der Erfahrung unseres Lebens übereinstimmen. Der Tod hat seine lebensbestimmende Kraft verloren, weil Gott das letzte Wort behält. Er ist bei den Opfern und wird ihre und unsere Tränen trocknen.
- Wer so hofft, kämpft gegen Leid und Gewalt als Vorboten des Todes.

An der Schwelle zum Tode

■ „Ich habe schon mal im Fernsehen gesehen, dass eine junge Frau fast tot war, aber ihr Vater hat ihren Namen immer wieder gerufen. Die Frau erwachte und erzählte, dass sie auf ein helles Tor zugelaufen sei, wo eine helle Person auf sie gewartet habe. Sie hörte ihren Namen rufen und wusste, dass sie sich zwischen Leben und Tod entscheiden musste. Sie entschied sich für das Leben." (Kessler 2003, S. 5) ■

Wie Livia erzählen Schülerinnen und Schüler im Religionsunterricht gelegentlich von Berichten über *Nahtod-Erfahrungen*. Manche mögen den Spielfilm „Flatliners" (1992, Regie: JOEL SCHUMACHER) gesehen haben, in dem Medizinstudenten mit Momenten des Herzstillstands experimentieren und „auf der anderen Seite" quälenden Bildern und Einsichten begegnen. Bei Menschen, die ihrer Überzeugung nach einen Blick über die Schwelle des Todes werfen konnten, sind dadurch nicht selten entscheidende Lebenswenden ausgelöst worden. Manche Schülerinnen und Schüler faszinieren solche Berichte. Wenn sie im Unterricht davon erzählen und den Eindruck haben, nicht ernst genommen zu werden, sind sie sehr verletzt. Es ist damit in einer Weise umzugehen, die sich konstruktiv auf die Lebensbewältigung auswirkt.

Die Jugendlichen fragen unter Umständen zurück, wie weit die Religionslehrerinnen und -lehrer *paranormale Phänomene* zulassen oder ausschließen. In der Regel halten diese ihre gelebte Religion auch nicht so weit aus dem Unterricht heraus, dass nicht erkennbar wird, was sie selbst verpflichtet. Aber sie wollen den Schülerinnen und Schülern ihre Meinung nicht überstülpen. Sie wissen, dass die Lebensreligion mit der gelehrten Religion nicht identisch ist, doch: „Die gelebte Religion, die im Laufe einer Lebensgeschichte Gestalt gewinnt, scheint durch die lehrhafte Gestalt von Religion an der Schule durch. ... Gelebte Religion ist eine ‚Ressource', ist ein ‚Fundus', aus dem im Religionsunterricht geschöpft wird." (DRESSLER 2002, S. 9) Die meisten Religionslehrerinnen und -lehrer gestalten das Verhältnis von gelebter und gelehrter Religion bewusst so, dass eine Identifikation mit dem Fach und seinen Gehalten erkennbar ist. Wie können sie aus der Sicht des christlichen Glaubens den Jugendlichen helfen, Begrenzung und Endlichkeit zu akzeptieren? Es gibt biblische Geschichten, in denen junge Menschen in Not Begleitung erfahren.

- Jakob, der sich wie tot fühlt, erfährt, dass Gott ihn nicht allein lässt. Im Traum kommt er ihm auf der Himmelsleiter entgegen und sagt ihm Schutz und Segen zu (Gen 28,10–17). Das Bild der Himmelsleiter symbolisiert die Verbindung zwischen Erde und Himmel und damit Gottes Zusage: „Ich bin bei euch. Ich begleite euch mit euren Fragen und euren Ängsten."
- Jugendliche in der postmodernen Gesellschaft haben einen Zugang zu solchen Texten. Religionslehrerinnen und -lehrer können mit ihnen gemeinsam die Entzauberung der Entzauberung erleben.
- Andererseits ist der biblische Gott kein Objekt zur Stillung von Harmoniebedürfnissen, sondern ein verletzlicher Gott, der sich durch den Kreuzestod hindurch als Liebe und Leben gezeigt hat.

Bilder für die Lebenden

Authentizität der Lehrenden ist nicht im Sinne von Selbstinszenierung zu verstehen. Religion zeigen heißt mehr, als nur sich selbst als religiösen Menschen zu zeigen. Gerade beim Schwerpunkt Tod und Trauer können die Unterrichtenden sich auf einen starken außerschulischen Bezugsrahmen verlassen, auf die Kirche, auf religiöse Lebensformen und eine immer noch wirkmächtige Tradition.

Arbeitsanregung *Friedhöfe* legen ein beredtes Zeugnis ab. Bei einem Friedhofsbesuch sollten die Unterrichtenden die Schülerinnen und Schüler zwar begleiten, sie aber zu eigenständigen Erkundungen anregen.

- Wo liegt der Friedhof, und wie fügt er sich in das Gesamtbild des Stadtteils oder des Dorfes ein? Lässt sich schon daran erkennen, wie die Lebenden mit dem Tod und den Verstorbenen umgehen?
- Aus angemessener Distanz richten die Jugendlichen ihre Aufmerksamkeit auf die Menschen, die den Friedhof besuchen. In welchem Alter sind sie, und lassen sich neben der Pflege der Gräber noch andere Aktivitäten beobachten?
- Wie bringen die Menschen ihre Trauer zum Ausdruck, und lassen sich daneben auch Anzeichen der Zuversicht oder gar der Freude finden?
- Nicht selten strahlen ältere Menschen, die sich auf dem Friedhof treffen, einen weisen Humor aus. Ist es möglich, sie anzusprechen und ihnen einige Fragen zu stellen?

Nur bei oberflächlicher Betrachtung sehen die *Gräber* eines Friedhofs alle gleich aus. In der Regel weisen sie eine große Vielfalt auf und sind deshalb ein lebendiges Buch der Toten. Jeder Grabstein erzählt vom Leben der Verstorbenen, und der Friedhof insgesamt schildert auch, was das soziale Leben in einem Stadtteil ausmachte.

- Sind Berufe verzeichnet? Ist an den Grabstätten erkennbar, ob bestimmte Personen oder Familien ein besonderes Prestige genossen?
- Was bedeutet es demgegenüber, dass nicht nur vor dem Tod, sondern auch vor Gott alle Menschen gleich sind, dass sie seine Nähe suchen und finden können? Wie setzt sich diese andere Ordnung auf dem Friedhof durch?

Zumeist wird der Glaube an diese Ordnung durch die Bildsprache des Friedhofs artikuliert. Die Unterrichtenden sollten also den expressiv-ästhetischen Zugängen zur Religion genügend Raum geben.

- In welchen Analogien/Metaphern wird auf Grabsteinen vom Tod geredet?

- Ist auch erkennbar, was das Leben der Verstorbenen erfüllt und bereichert hat und was für ihre Angehörigen Leben in Fülle bedeutet?
- Eröffnen die Bilder und Bildworte Perspektiven? Erzählen sie, was Menschen zu einem Zeichen der Auferstehungshoffnung werden kann?

Vielleicht ist der Besuch bei einem Steinmetz möglich, der den Schülerinnen und Schülern über seinen Beruf Auskunft gibt. Zunächst wird sich die Aufmerksamkeit auf Äußerlichkeiten richten:

- Wie teuer sind verschiedene Grabsteine? Wie lange arbeitet ein Steinmetz daran, und welche Ausbildung braucht er?
- Führt er ausschließlich Bestellungen der Angehörigen aus, oder kann er eigene Ideen verwirklichen?
- Die letzte Frage führt auch in tiefere Überlegungen: Wie oft sind ihm die Verstorbenen, deren Grabsteine er herstellt, bekannt? Zeigt er dann etwas von ihrem Leben und von seiner Trauer?
- Welche Erfüllung findet er in seinem Beruf? Versteht er ihn auch als Berufung? Woran hat er sonst noch Freude, und was macht er in seiner Freizeit?

Die intensivere Betrachtung der Bildsprache eines Friedhofs regt die Schülerinnen und Schüler an, nach eigenen erfüllenden und sinnstiftenden Erfahrungen zu suchen und ihnen in *eigenen Bildern* Ausdruck zu verleihen. Im Anschluss an Matthäus 6,19–21 können sie sich fragen, wie man sich Schätze im Himmel sammelt, wo sie nicht von Motten und Würmern zerstört werden können. Wo finden sich Spuren und Zeichen dieser Hoffnung im eigenen Leben, und lassen sie sich in Bildern fassen? In alledem sind auch die Religionslehrerinnen und -lehrer gefragt, wie sie mit der Wirklichkeit des Todes in ihrem Leben umgehen. Aber sie können nicht nur sich selbst, sondern eine ganze Welt zeigen, wie sie sich aus der Sicht des Glaubens darstellt.

Arbeitsanregung Kurt Marti bringt in seinem Gedicht „Wenn ich gestorben bin" (1972) Wünsche einer gläubigen Christin an ihre Angehörigen zum Ausdruck.

- Sie möchte, dass sie nach ihrem Tod helle Kleider tragen und heitere Lobgesänge anstimmen, denn sie sollen nicht den Tod, sondern das Leben und den Gott der Lebendigen preisen (Schibler 2003, S. 30).
- Nicht alle Christen sind in der Lage, im Licht der Auferstehungshoffnung ihre Angehörigen um so etwas zu bitten. Trotzdem hat die christliche Religion angesichts des Todes eine Zuversicht anzubieten, die im Religionsunterricht durchaus standpunktbezogen erschlossen werden kann.

- Dazu können die Religionslehrerinnen und -lehrer im Rahmen eines konfessionell-kooperativen Religionsunterrichts kirchliche Hilfe in Anspruch nehmen. Sie können einen Pfarrer oder eine Pfarrerin in den Unterricht einladen, um über direkte Erfahrungen mit Trauernden zu erzählen. Die Schülerinnen und Schüler lernen in solchen Gesprächen, was es heißt, die Rede von Gott sensibel zu gebrauchen.

Manche Klassen werden die Frage stellen, wie Juden und Muslime ihre Toten bestatten und um sie trauern. Andere werden wissen wollen, was von virtuellen Friedhöfen im Internet zu halten ist. Die Unterrichtenden sollten darauf nach ihren Möglichkeiten eingehen.

Was kommt nach dem Tod?

In ihrem Song „My heart will go on", Begleitmusik zum Film „Titanic" (1998), bringt die Sängerin Celine Dion den Glauben an das Fortbestehen einer starken Liebesbeziehung auch jenseits der Todesgrenze zum Ausdruck. Die Macht der Liebe so über den Tod hinaus einzuklagen, ist theologisch legitim. Aber wie verhalten sich solche Sehnsüchte zu der oft schmerzhaften Wirklichkeit?

> ■ „Ich stelle mir, was nach dem Tod kommt, etwa so vor", schreibt Livia. „Man läuft schwerelos in ein helles Land, wo man nicht mehr man selbst ist, sondern ein Bestandteil von der heutigen Welt. Eine schöne Blume oder ein tiefrotes Herbstblatt, einfach etwas, was die Erde verschönert. Die helle Gestalt ist vielleicht der Mensch, der einen dann findet, und das Licht die Freude, die er an einem hat."
> Sie fügt hinzu: „Es tröstet mich, wenn ich weiß, dass jemand auf die Toten aufpasst." (Kessler 2003, S. 6) ■

Es ist Aufgabe des Religionsunterrichts, angesichts solcher Vorstellungen die *christliche Auferstehungshoffnung* zu präzisieren. Auch sie vertraut darauf, dass die Liebe letztlich stärker sein wird als der Tod. Doch damit ist nicht nur eine individuelle Hoffnung gemeint, sondern die größte Nähe Gottes zu allen Geschöpfen, ohne dass deren Individualität aufgelöst würde. Dass es keine Beweise für ein Leben nach dem Tod gibt, ist Religionslehrerinnen und -lehrern bewusst. Trotzdem können sie sich von der Frage, was nach dem Tod kommt, nicht verabschieden, schon allein weil die meisten Jugendlichen auf ein Leben nach dem Tod hoffen. Das hat viel mit der Frage zu tun, wie sie jetzt leben wollen.

> ■ Mario stellt sich ein Leben nach dem Tod so vor: „Menschen, die einem auf der Erde ganz nahe gestanden sind, aber auch tot sind, holen einen ab und führen einen im Schnelllauf noch einmal durchs Leben. Damit man sieht, was man gut und was man

schlecht gemacht hat. Danach kann man sich im Himmel richtig ausgiebig ausruhen, weil man nach dem Leben erschöpft ist." (ebd.) ■

Mario behauptet, dass unser Schicksal nach dem Tod mit unserem Leben in Zusammenhang steht. Bei genauerem Nachdenken stellen viele Jugendliche eine solche Verbindung her. Auch wenn sie traditionelle Jenseitsvorstellungen ablehnen, wollen viele eine gewisse Fairness nach dem Tod garantiert sehen. Aber welcher Art soll diese Gerechtigkeit sein, und welche Rolle könnte ein gütiger Gott dabei spielen?

Arbeitsanregung Es empfiehlt sich, die Thematik einer *letzten Gerechtigkeit* bildhaft einzuführen. Herbert Vorgrimler hat nachgewiesen, dass Bilder von Himmel und Hölle bei Kindern und Jugendlichen lebendig sind. Die von ihm dokumentierten Kinderzeichnungen eignen sich als Einstieg in das Thema (Vorgrimler 1993, S. 432 ff.).

- Ihr leicht ironischer Stil hat den Vorteil, dass die Schülerinnen und Schüler sich unverkrampft mit den Gerichtsvorstellungen beschäftigen und sie auch kritisieren können.
- Die Höllendarstellungen sind weit differenzierter ausgefallen als die Bilder vom Himmel. Auf die Frage, woher Heranwachsende solche Vorstellungen haben, werden manche auf Filme und Musik-Videos okkulter Gruppen verweisen. Diese machen Anleihen bei Gerichtsdarstellungen aus der religiösen Tradition, die deshalb eine intensivere Bearbeitung verdienen.
- Die frühmittelalterliche Bildtafel „Höllenmaul" (um 1240) etwa zeigt im unteren Teil ewig von Teufeln geplagte Menschen (a. a. O., S. 80). Darüber aber ist der Himmel ausdifferenziert: Menschen entsteigen dem Rachen des Todes und treten in die Sphäre der Heiligen und Engel ein. In der Mitte thront Christus als Weltenrichter in der Mandorla. Meist verhalten sich Schülerinnen und Schüler heute abgrenzend zu solchen Bildern mit dem Hinweis, dass sie die Menschen einschüchtern und ängstigen sollten. Doch woher nahmen sie überhaupt die Autorität dazu? Diese Frage leitet zur Betrachtung der biblischen Grundlagen über.
- Matthäus 25,31–46 wird gelesen. Es fällt auf, dass in dieser Rede Jesu vom Weltgericht viel weniger vom Leben im Jenseits als vom Leben in dieser Welt die Rede ist. Am Umgang mit dem bedürftigen Nächsten heute entscheidet sich also, was ewiges Leben ist. Der Text gibt Anlass zur Hoffnung auf eine umfassende Gerechtigkeit, die auch für die Verstorbenen gilt und

vergangenes Unrecht wieder gutmachen kann. In jedem Fall widerspricht er dem Bild eines naiv-gutmütigen Gottes, der über Schuld einfach hinweggeht.

- Diesem Gott kommt es darauf an, ob Menschen ihre Verantwortung bewusst ist oder nicht. Aber schließen solche Gerichtsvorstellungen auch Reue, Erbarmen und Vergebung ein? „Kann ein guter Gott Menschen nach dem Tod ewig leiden lassen?", hielt ein Schüler dem Text entgegen (KESSLER 2003, S. 18).

Andere Jugendliche finden die Entweder-oder-Vorstellung zu „krass", aber sie möchten die Idee der ausgleichenden Gerechtigkeit nicht missen. Können sie eigene Vorstellungen formulieren, wie nach dem Tod mit Schuld und Unschuld, Tätern und Opfern umgegangen werden soll?

Diese Frage setzt voraus, dass wir überhaupt Fantasien dazu entwickeln, wo wir *nach dem Tod* sein werden. Die Unterrichtenden sollten den Schülerinnen und Schülern Zeit lassen, sich dies in einem Bild vorzustellen. Damit die Bilder nicht verloren gehen, werden sie von den Einzelnen verschriftlicht oder nachskizziert, aber nicht kommuniziert. Vielmehr analysieren die Schülerinnen und Schüler bereits veröffentlichte Vorstellungen. Dazu präsentiert der oder die Unterrichtende eine selbst erstellte Sammlung von Todesanzeigen. Die Schülerinnen und Schüler vergleichen die Todesanzeigen miteinander unter der Fragestellung: Wo befindet sich der Tote nach Ansicht seiner Angehörigen jetzt? Wahrscheinlich erkennen sie folgende Möglichkeiten:

- Es gibt keine Angaben, außer dass die sterblichen Reste in der Erde vergehen.
- Der Tote lebt in den Herzen und Erinnerungen der Hinterbliebenen weiter.
- Der Tod führt zu einem verwandelten Leben an einem neuen Ort.

Was ist die spezifisch christliche Vorstellung? Christen befassen sich mit dem Leben nach dem Tod nicht in erster Linie, um den Tod besser zu verstehen, sondern um das Leben besser zu leben. Deshalb sollen Religionslehrerinnen und -lehrer bei den Jugendlichen Fantasien wecken, die der Endlichkeit standhalten, aber das Leben fördern. Erneut lässt sich Offenbarung 21,1–5 ins Gespräch bringen.

- Hier ist nicht von einem Gott des Totenreichs die Rede, sondern von einem lebendigen Schöpfer eines neuen Himmels und einer neuen Erde.
- Seine Neuschöpfung ist nicht rein geistig, sondern durchaus materiell. Wie verhalten sich die Texte der Todesanzeigen zu diesen biblischen Bildern?

■ „Es könnte sein, dass jeder, der in diesem Moment stirbt, sogleich wieder geboren wird und zwar genau als das, wovor er sich im vorderen Leben fürchtete (das kann zum Beispiel ein Tier sein)," überlegt Pascale. „Es könnte auch sein, dass jeder Mensch sich in ein Licht verwandelt, das die Menschen in der Nacht bzw. manchmal am Tag sehen können." (Kessler 2003, S. 6) ■

Hier klingt die Idee der Seelenwanderung an. Sie unterscheidet sich von der Reinkarnationslehre, deren Ziel letztlich die Befreiung vom Kreislauf der Wiedergeburt ist. Im Rahmen einer religiösen Grundbildung hat der Religionsunterricht solche Unterschiede zu vermitteln. Dabei lässt er Spannungen in der Wahrheitsfrage stehen und verzichtet auf vorschnelle Abrundungen. Aber die Auseinandersetzung geschieht aus der Perspektive des christlichen Glaubens. Ob sich die ursprünglichen Vorstellungen der Schülerinnen und Schüler vom Leben nach dem Tod unter dem Eindruck dieser Perspektive geändert haben oder nicht, ist als Frage am Ende einer Unterrichtsreihe legitim.

Begegnungen besonderer Art

■ „Ich denke, dann sind wir Geister in einem Land, das Gott für jene erschaffen hat, die gestorben sind. Ich hoffe, dass ich von da aus Menschen, die ich liebe, beschützen kann." (ebd.) ■

Adrians Vorstellung vom *Leben nach dem Tod* enthält die alte Verbindung von Liebe und Tod. Genesis 6,1–4 bringt sie in dem Mythos von den Gottessöhnen zum Ausdruck, die sich aus Liebe zu den Menschentöchtern auf die Erde stürzen und so der Sterblichkeit aussetzen. Der Film „Stadt der Engel" (1998, Regie: Brad Silberling), die Hollywood-Adaption dieses Mythos, verfehlt ihre Wirkung auf Schülerinnen und Schüler einer 9. Klasse nicht, auch weil er mit Grenzbereichen unserer modernen Kultur spielt. Er verdeutlicht, dass selbst eine starke Liebe vor der Sicherheit und Endgültigkeit des Todes nicht bewahrt. Religionslehrerinnen und -lehrer, die schülerorientiert vorgehen, werden solche Spuren der biblischen Religion in der populären Kultur identifizieren und sichtbar machen. Aber spüren die Jugendlichen auch, dass „Auferstehung" ein Schlüssel zu ihren Ängsten sein kann?

Arbeitsanregungen Während Begegnungen mit ruhelosen Toten in Filmen die Aufmerksamkeit der Jugendlichen erreichen, lösen Geschichten vom auferstandenen Christus eher Achselzucken aus. Für die Jünger auf dem Weg nach Emmaus (Lk 24,13–35) war die Begegnung mit dem Auferstandenen aber ein Moment, wo ihnen Entscheidendes in ihrem Leben klar wurde. Volker Stelzmanns Bild „Gastmahl in Emmaus“ (1984/85, Städt. Galerie Schloss Oberhausen) kann den Schülerinnen und Schülern diese Erfahrung nahe bringen. Stelzmann hat den Wendepunkt der Geschichte festgehalten, an dem die Jünger noch erschöpft und hungrig sind. Die Bildbeschreibung erbringt:

- Ein dunkler Raum. Drei Männer sitzen an einem Tisch, barfüßig, mit Alltagskleidung, in Hut und Mantel. Mit geschlossenen oder gesenkten Augen wirken sie müde. Die linke Figur wendet sich vom Tisch ab. Die rechte hält das Messer so, als könne sie es kaum abwarten.
- Angelpunkt des Bildes ist die Figur in der Mitte. Ihr Gesicht und der weiß gedeckte Tisch sind hell erleuchtet. Der weiße Teller vor ihr ist leer, aber mit ihren Händen hat sie schon das Brot gebrochen. Noch haben die beiden anderen es nicht bemerkt.

In diese Spannung hinein wird die Emmaus-Geschichte gelesen. Die Schülerinnen und Schüler werden gebeten, sich in die Jünger hineinzuversetzen.

- Was bedeutet es, dass ihnen die Augen geöffnet werden? Weshalb waren sie von der Begegnung auf dem Weg plötzlich so berührt? Wie müsste das Bild verändert werden, nachdem dieses Wunder geschehen ist?
- Auch der Christus von Emmaus wirkt rätselhaft; aber während die Zombies in Filmen die Menschen mit Angst und Sorge erfüllen, nimmt Christus ihnen die Angst, beruhigt sie und verweist sie auf das Leben.
- Die Sehnsucht nach erfülltem Leben bekommt wieder eine Richtung: Brechen das Brotes und teilende Gemeinschaft. Hier lassen sich Brücken schlagen zum Wirken Jesu unter den Menschen und zu seiner Botschaft vom Reich Gottes.

Die Jugendlichen sind auf der Suche nach dem, was ihr Leben gelingen lässt. Deshalb fragen sie die Religionslehrerinnen und -lehrer, wie weit diese Botschaft ihrem Leben heute Hoffnung gibt und auf welche Formen religiösen Lebens sie sich dabei beziehen. Hier schließt sich der Kreis zum Ausgangsproblem, dem Verhältnis von gelebter und gelehrter Religion.

Fragen nach Kirche und Sakrament: konfessionell – kooperativ

von Michael Meyer-Blanck

1. Konfessionen – Stile des Fragens

Der Religionsunterricht wird in Deutschland in der Regel konfessionell erteilt. Das gehört zu den Rahmenbedingungen, die gesetzlich geregelt sind (Grundgesetz Art. 7,3). Doch in den letzten Jahren hat sich die Zusammenarbeit zwischen katholischen und evangelischen Lehrkräften auf allen Ebenen immer besser entwickelt – auch in diesem Buch sind die Perspektiven beider Konfessionen vertreten. Dies macht es sinnvoll, das konfessionelle Moment beim religiösen Lernen genauer anzusehen, damit Unterschiede weder zementiert noch vorschnell überspielt werden. Erst die nähere Beschäftigung zeigt nämlich, dass die konfessionellen Stile stärker prägen als oft angenommen, weil sie tiefer in das Empfinden reichen, als dies die komprimierte Sprache von unterscheidenden theologischen Formeln („Lehrunterschiede") auf den ersten Blick vermuten lässt.

Konfession und Bildung

Die Konfessionalität des Religionsunterrichts wird meistens als rechtliches und unterrichtsorganisatorisches Thema behandelt. Doch die Kirchen begründen in ihren offiziellen Stellungnahmen die Notwendigkeit des konfessionellen Religionsunterrichts auch vom Bildungsprozess her: Die didaktische Präsentation von Religion setzt einen erkennbaren Standpunkt voraus. Es geht um das Spannungsfeld von „Identität und Verständigung" (EKD 1994). Dieser Einsicht wird von den meisten zugestimmt. Doch die Unterrichtenden in der Praxis sehen oft stärker auf die gemeinsamen pädagogischen Aufgaben und praktischen Kooperationsmöglichkeiten als auf die theologischen Unterschiede zwischen Katholizismus und Protestantismus.

Denn die Fragen nach Kirche, Amt, Sakrament und Rechtfertigungsverständnis werden von Expertenkommissionen bearbeitet und erscheinen als primär historisch bedingt und damit als wenig aktuell.
Im Folgenden soll hingegen der Versuch gemacht werden, die Konfessionalität nicht nur rechtlich, organisatorisch und dogmatisch, sondern im eigentlichen Sinne didaktisch, vom Lernen von Religion her zu beschreiben. Dies erfolgt unter der Leitidee: Katholizismus und Protestantismus lassen sich auch als *unterschiedliche Stile der Suche nach dem Heiligen* beschreiben, als konkrete Ausprägungen glaubenden Empfindens. Und an dieses Empfinden ist zu denken, wenn Religionsunterricht als Teil der Bildung verstanden wird. Weil theologische Lehren nur als Abkürzungen glaubenden Erlebens richtig verstanden sind, müssen sie auch so erschlossen werden. Lehren entstehen aus Fragen nach dem Geschehen und nach dem Ort religiöser Realität: Wo ist Religion, wo ist das Heilige, wo ist Gott? Eindrücklich hat Karl Rahner (1904–1984) formuliert:

■ „Wenn ich innehalte und schweige, all die vielen einzelnen Wirklichkeiten meines Lebens in ihren einen Grund zurücktreten lasse, alle einzelnen Fragen zu der Frage werden lasse, die durch alle Einzelfragen zusammen nicht mehr beantwortet werden kann, sondern aus ihr selbst das unendliche Geheimnis hervortreten lässt, dann ist das Geheimnis da, und es beunruhigt mich im Letzten nicht mehr, was eine rationalistische Wissenschaft dazu skeptisch meint sagen zu können." (K. RAHNER, zitiert nach VORGRIMLER 2004, S. 2) ■

Dieser Text, der auch im Unterricht besprochen werden könnte, zeigt, wie für den katholischen Glauben die Frage nach dem *Sein*, nach dem Ganzen den entscheidenden Schlüssel religiösen Empfindens darstellt; nicht als direkten Gegensatz, aber als anderen Akzent könnte man dem protestantisch das *Geschehen* (des Wortes, der Rechtfertigung u. a.) gegenüberstellen. Immer wieder wird man feststellen, dass die beiden großen Kirchen unterschiedliche Konzepte für die Beantwortung der grundlegenden Fragen haben und im Sinne der Elementarisierung ist es, solche elementaren Strukturen des Themas zu erarbeiten und nicht nur unterschiedliche Dogmen und Äußerlichkeiten. Unterschiedlich sind nicht nur die Antworten, sondern schon die Wege des religiösen Fragens. Gerade daraus kann sich didaktisch ein verstehender und existenzieller Zugang ergeben, damit Schüler sowohl informiert als auch persönlich interessiert werden können. Als didaktischen Schlüssel wählen wir die Frage nach dem Heiligen.

Auf der Suche nach dem Heiligen

Die Suche nach dem Heiligen als Bedürfnis vieler Menschen hat in letzter Zeit wieder deutlich zugenommen. Der Mensch auf der Suche nach dem, was sein Leben trägt, nach dem Gefühl, einmalig, gewollt und frei zu sein, der Mensch auf der Suche nach Glauben über das hinaus, was er wissen und berechnen kann, möchte etwas, worin dieses Bedürfnis zum Ausdruck kommt. Verschiedene Religionen, aber auch Kirchenräume und Großveranstaltungen wie Wallfahrten und Kirchentage finden darum neues Interesse. Andererseits gilt: Die alltägliche Form von organisierter Religion in den getrennten katholischen und evangelischen Kirchen stößt zurzeit auf wenig Sympathie – nicht nur bei Jugendlichen. Dabei sind die Kirchen und ihre Ausdrucksformen wie Gottesdienst und Sakrament ursprünglich gerade dies: Sie sind Versuche, der Suche des Menschen nach dem Heiligen eine erkennbare und wiedererkennbare Gestalt zu geben.

Diese Bemühungen sind für Jugendliche vielfach undeutlich geworden hinter Gewohnheiten, Lehren und Institutionen: *Gewohnheiten* (wie der Gottesdienstbesuch) erscheinen fragwürdig, weil diese nicht dem jugendlichen Bemühen um subjektive Ehrlichkeit entsprechen. Dass *Lehren* das Ergebnis langen Suchens und damit Resultate von Lebensprozessen sind, wird vielen im Kontext kirchlicher Verlautbarungen und akademischer Theologie nicht erkennbar. Und die *Kirche* als Institution schließlich ist Jugendlichen so fern, dass sie für das Unglaubwürdige am Christentum überhaupt steht. Der Zweifel an der glaubwürdigen Verbürgtheit Gottes in der Kirche ist die vielleicht stärkste „Einbruchstelle", die für den Verlust des Gottesglaubens im Jugendalter verantwortlich gemacht wird (daneben sind u. a. die Theodizeefrage und der Projektionsverdacht zu nennen, NIPKOW 1990, S. 52–78).

Ein Unterricht, der allein bei den Institutionen der beiden Großkirchen und ihren unterschiedlichen Lehrtraditionen ansetzt, steht darum in der Gefahr, auf jugendliches Desinteresse zu stoßen. Und darum sollte (neben der notwendigen Erschließung von Kirchenbegriff und Sakramentsverständnis im Katholizismus und Protestantismus) deutlich werden, dass es sich bei den großen Konfessionen um unterschiedliche *Stile* handelt, den Glauben zu verstehen und zu leben. Dass bestimmte ästhetische Stile gerade für Jugendliche wichtig sind, wenn es gilt, sich zu verständigen, ist deutlich. Aber auch Konfessionen sind Lebensstile – Formen, der Suche nach dem Heiligen Ausdruck zu geben.

Glaubensstile erschließen sich primär über Personen. Darum sind bei diesem Thema die Lehrenden von besonderer Bedeutung. Die Konfession von Heranwachsenden als Bildungsprozess erfahrbar zu machen, erfordert den Blick auf die materialen wie auf die persönlichen Aspekte. Eine Kategorie des gemeinsamen Nachdenkens kann dabei der Blick auf die verschiedenen Verständnisse des *Heiligen* sein: Was ist heilig? Wer ist heilig? Wie und wo ist das Heilige zu finden? Aus den unterschiedlichen Antworten auf diese Fragen ergibt sich das jeweilige Grundverständnis von Kirche und Sakrament.

Viele Unterrichtsmodelle gehen historisch vor und beschreiben die Differenzen zwischen Katholizismus und Protestantismus von der Reformationsgeschichte her. Dieser Aspekt ist (wie die Lehrunterschiede) zwar wichtig, beinhaltet aber die Gefahr der Reduktion auf bloße Informationen. Es sollte aus diesem Grund deutlich werden, dass der Stil von Religion, Glaube und Konfession mit gegenwärtigen Lebensvollzügen und mit Prägungen zu tun hat, die auch dann wirksam sind, wenn man sich ihrer nur wenig oder gar nicht bewusst ist. Eindrücklich formulierte diesen Zusammenhang eine katholische Lehrerin nach einem konfessionell-kooperativen Unterrichtsprojekt an der Grundschule: „Am Anfang denkt man ja immer: Beides ist doch das Gleiche. Aber das ist es ja nun wirklich nicht“ (SCHWEITZER/BIESINGER 2002, S. 177).

Das Heilige und die Heiligen

Das Heilige als Allgemeinbegriff hat durchaus Bezüge zum alltäglichen Empfinden. Es ist zunächst meistens im Sinne der Redewendung verstanden, was denn dem Einzelnen heilig ist. Entsprechend können auch empirische Erhebungen Jugendliche etwa nach „heiligen Zeiten“ im Alltag, Jahreslauf und Lebenslauf fragen (BARZ 1992, S. 44). Dieselbe Umfrage konnte bei sehr großer Skepsis gegenüber der Kirche als Institution feststellen, dass die Kirchen*räume* von Jugendlichen trotzdem als besondere religiöse Orte wahrgenommen werden. Auch bei der Frage nach heutigen Äquivalenten bleiben die Kirchen weiter alternativlos. Sie gelten als Orte, an denen man zur Ruhe kommen und sich sammeln kann, während Fußballstadien, Rockkonzerte und Kinosäle nicht mit diesen Gefühlen innerer Sammlung verbunden sind. Kirchenräume bedeuten auch etwas für Jugendliche, die nicht (mehr) an die Kirche gewöhnt sind, sodass das „atmosphärische Erlebnis noch immer einzigartig“ ist (BARZ 1992, S. 58).

Es ist von daher sehr angemessen, dass die Kirchenraumpädagogik in den letzten Jahren religionsdidaktisch so starke Beachtung gefunden hat und dass auf diesem Wege auch die Erschließung der Liturgie neu zum Thema wird (MEYER-BLANCK 2003d). Das grundsätzlich positive Verhältnis gegenüber heiligen Räumen und die Suche nach besonderen Empfindungen, die nicht nur für Teile des immer komplizierteren Lebens stehen, sondern für das *Ganze* des Lebens, verbindet die Mehrzahl unserer Schüler, abgesehen von ihrer Kirchenbindung und Konfession.

Was aber sind *die Heiligen*? An dieser Frage entzündet sich leicht der konfessionelle Unterschied. In dem genannten konfessionell-kooperativen Unterrichtsprojekt in der Grundschule zeigte sich, dass katholische Lehrerinnen auch im Unterricht auf die Vermittlung durch die Heiligen beim Gebet Wert legen und den Kindern davon erzählen (SCHWEITZER/BIESINGER, S. 158). Es wäre zu kurz gedacht, dieses Gebetsverhalten als „magisch" abzuqualifizieren. Ebenso falsch wäre es aber, es einfach als sachliches Faktum darzustellen. („Katholiken haben die Heiligen zwischen sich und Gott und Protestanten nicht.") Es geht vielmehr um verschiedene Glaubensweisen. Der Unterschied liegt in der Art und Weise, die Gemeinschaft der Glaubenden und die Kirche zu denken.

Das heißt genauer: Das katholische Gebet vollzieht sich in der Gemeinschaft der Kirche über Zeit und Raum hinweg. Die Gemeinschaft der Kirche wird im Katholizismus in zweifacher Weise verstanden, sodass sich unterschiedliche Betonungen ergeben.

In der Kirchenkonstitution „Lumen Gentium" (= LG) des 2. Vatikanischen Konzils von 1964 finden sich zwei grundlegende Abschnitte:

- „II. Das Volk Gottes" (LG 9–17)
- „III. Die hierarchische Verfassung der Kirche, insbesondere das Bischofsamt" (LG 18–29)

Bisweilen wird daraus gefolgert, das Verständnis als „Volk Gottes" (Kap. II) sei das primäre und das hierarchische Kirchenverständnis (Kap. III) sei das sekundäre. Eine sorgfältige Lektüre des überschaubaren Textes (RAHNER/VORGRIMLER 2002, 132–161) im Unterricht, evtl. als Referat, kann untersuchen, inwiefern diese Interpretation zutreffend ist.

Die Stärke des katholischen Gebetsverständnisses ist es, dass dieses mit der Gemeinschaft der Kirche einen welt- und zeitumgreifenden Horizont eröffnet. Seine Gefahr ist die Verdinglichung, als könnten die Heiligen zwischen Gott und den Menschen treten, um die Auswirkung des Gebetes zu erhöhen. Damit würde das Gebet zu einer kirchlich optimierbaren Handlung, um Gott positiv zu beeinflussen. Aus diesem Missverständnis ergibt sich die Gegenmeinung: Das Gebet benötigt keine Verstärkung durch Heilige – so der Protestantismus. Die Stärke des evangelischen Verständnisses ist die religiöse Radikalität und Konsequenz: Das Gebet stellt unmittelbar vor Gott und vor die Frage des Glaubens. Wer meint, Gott erst gütig stimmen zu müssen, macht ihn zu einem Despoten statt zu einem liebenden Vater. In dieser kritischen Konsequenz aus der Rechtfertigungslehre liegt die Stärke der evangelischen Art zu glauben. Die Gefahr des evangelischen Weges ist die Vereinzelung, der Verzicht auf die Glaubenserfahrungen der Kirche zugunsten eines ganz individuellen, Prinzipien folgenden Glaubens. Entsprechend sind „Heilige" nach evangelischem Empfinden am ehesten Vorbilder mutigen individuellen Handelns (wie Dietrich Bonhoeffer und Martin Luther King).

Verbindungen zwischen der evangelischen und der katholischen Sichtweise ergeben sich aus dem Neuen Testament: Heilig sind die Menschen, die zu Gott gehören. Heilig ist jemand durch die Beziehung zu Gott und nicht durch das, was er selbst (durch sein vorbildliches Handeln) darstellt. So schreibt Paulus an die Korinther als die „berufenen Heiligen" (1 Kor 1,2), setzt sich aber dann mit Streitereien, Spaltungen und sexuellen Verfehlungen auseinander (1 Kor, Kap 3–6). Heiligkeit ist weniger eine Eigenschaft als vielmehr eine Zugehörigkeit. Heilig sind die zu Gott Gehörenden.

Diese wichtige Unterscheidung der Bibel droht aber dennoch an dem Empfinden Jugendlicher vorbeizugehen. Denn sie lassen sich am ehesten faszinieren durch religiöse Personen, deren Glaube durch ihre besondere Art zu leben zu erkennen ist. Nicht umsonst stehen in den Themenvorschlägen der Rahmenrichtlinien verschiedene besondere Persönlichkeiten wie Franz von Assisi, Albert Schweitzer oder Mutter Teresa. Prägnant formuliert: Die theologische Reflexion ist tendenziell skeptisch gegenüber den Heiligen. Aber der Glaube liebt die Heiligen – nicht nur der katholische Glaube. Besonders gilt das auch für den jugendlichen Glauben, der das Persönliche und Anschauliche schätzt. Nichts überzeugt mehr als durch ihr Leben überzeugende Menschen. Die reale Anschaulichkeit der Existenz eines Heiligen (durch das Leben unter einer Ordensregel, wie bei Franz von Assisi) und die ethische Konsequenz (wie bei Albert Schweitzer) sind miteinander zusammenhängende, aber auch Unterschiede verdeutlichende Aspekte der Heiligen.

Die Frage der Heiligen kann damit auf unterschiedliche Arten christlichen Empfindens und so auch auf die Konfessionen führen. Noch einmal in der Gegenüberstellung: Die katholische Weite und Anschaulichkeit sowie der evangelische Ernst und Gewissensbezug sind das Positive der beiden großen Konfessionen in ihrer Suche nach dem Heiligen. Umgekehrt sind die katholische Verdinglichung und die evangelische Verhärtung die negativen Begleiterscheinungen der jeweiligen Stärken. Wenn man demnach bei der Frage nach den Heiligen keinen theologischen Ausgleich, keine Harmonisierung der theologischen Grundaussagen finden wird (und auch nicht finden soll), so führt das Thema auf die unterschiedlichen Arten („Stile") beider Konfessionen, ohne dass man lediglich auf der Oberfläche „gute" und „schlechte", „richtige" und „falsche" Lehren miteinander vergleicht. Weder Harmonisierung noch Konfrontation, sondern Verstehen durch eigenständige Auseinandersetzung sollen den Prozess der Bildung auszeichnen.

Dennoch ist an dieser Stelle – eher als theologisch präzise Anmerkung im didaktischen Zusammenhang – auch noch einmal klar der Unterschied zu benennen: Für das katholische Verständnis lassen sich über die Heiligkeit von Personen genau kirchenrechtlich geregelte Aussagen machen und die Heiligen werden durch päpstliche Heiligsprechungen (erstmals im Jahre 993) kanonisiert, um dann als Helfer in Notlagen vielfach angerufen zu werden (Meyer-Blanck/Fürst 2003, S. 309 ff. und dann 329 f. exemplarisch über den „heiligen Antonius von Padua").

Wenn wir den Grundunterschied zwischen katholischem und evangelischem Empfinden so annehmen, gilt: Das beschriebene Grundmuster von *Anschaulichkeit* hier und *Reflexivität* dort wird man an vielen Punkten des evangelisch-katholischen Vergleichs wiederfinden: Bei der Frage der Heiligkeit der Kirche, beim Verständnis der Sakramente und im Grundverständnis des Gottesdienstes. Die Stärke des *katholischen Glaubens* ist seine Sinnlichkeit, Greifbarkeit und damit auch Klarheit: Das Heilige ist in den Menschen und Vollzügen der Kirche real verbürgt. Damit kommt der Katholizismus auch dem Bedürfnis nach ästhetischer Qualität und der Suche nach Klarheit im Jugendalter entgegen (dem entspricht zum Beispiel, dass sich auch die evangelische „Jugendbewegung" in den zwanziger Jahren des 20. Jahrhunderts für die katholische Messe begeisterte). Nicht umsonst lässt sich das *Protestantische* oft am leichtesten im Gegenüber zum Katholischen formulieren. Das zeigt sich etwa daran, dass evangelische Lehrer manchmal bewusst nicht konfessionell sein wollen, aber andererseits bestimmte katholische Ansichten deutlich zurückweisen (so die Äußerung bei Schweitzer/Biesinger, S. 187). Evangelisch ist die kritische Reflexion des Anschaulichen, die Unterscheidung des Anschaulichen von Gott selbst und damit der produktive Verdacht gegenüber allem Anschaulichen. Die wirkliche Realität Gottes und die Begegnung mit Gott können nicht in menschliche Anschauung gebracht werden, weil Gott selbst sich von Kirche, Lehre und Gottesdienst immer wieder unterscheidet. Damit kommt der Protestantismus umgekehrt dem jugendlichen Bedürfnis nach Kritik und Konsequenz entgegen. Aus der Reflexivität resultiert aber auch das oft so kompliziert Erscheinende des evangelischen Glaubens.

Wo die Katholiken *einen* Satz über Heilige, Sakrament und Gottesdienst brauchen, da brauchen die Evangelischen immer mindestens zwei – jedenfalls meistens einen Satz mehr. Und noch heute zeigt sich evangelische Konfessionalität vor allem in der Skepsis gegenüber der Institution Kirche – auch bei Pfarrern. Paradox formuliert: Das evangelische Bekenntnis realisiert sich in der Kritik an Bekenntnissen, oder umgekehrt: In der *Kritik* an der Kirche realisiert sich die *Treue* zum evangelischen Konzept von Kirche. Im Kommentar zur dritten EKD-Umfrage wurde dieser Zusammenhang auf die griffige Formel gebracht: „Die Kirchenmitglieder glauben, was die Kirche meint – nicht das, was sie sagt." (Fremde Heimat Kirche. Erkundungsgänge 2000, S. 276). Gemeint ist damit, dass auch der Glaube der kirchendistanzierten Evangelischen der protestantischen Theologie nicht widerspricht, sondern gerade deren Intentionen widerspiegelt.

Dieser evangelisch-katholische Unterschied hat übrigens nicht nur theologische Gründe. Ihm entsprechen auch – wenigstens in Deutschland – verschiedene Bildungstraditionen: Der klassische „Bildungsbürger" mit einer kirchendistanzierten „Bildungsreligion" zu Beginn des 20. Jahrhunderts war protestantisch. Bei ihm fand sich eine „quasireligiöse Bildungsgläubigkeit"; umgekehrt gehörte es lange Zeit „zu den Grundüberzeugungen an deutschen Universitäten, dass „sich moderne Wissenschaft und bekennender Katholizismus ausschlössen" (LANGEWIESCHE 1996, S. 108). Konfessionalität ist demnach auch ein sozialgeschichtliches Thema mit deutlichen Bezügen zur Geschichtsdidaktik – nicht nur beim Thema Reformation.

Konfessioneller und konfessionell-kooperativer Religionsunterricht

Rechtlich besteht in Deutschland bekanntlich in allen Bundesländern außer Berlin, Brandenburg und Bremen konfessioneller Religionsunterricht (mit Alternativfach, in der Regel Ethik) bei grundsätzlicher Möglichkeit zur konfessionell-kooperativen Öffnung. Praktisch-organisatorisch reichen die Extreme von getrennt konfessionellem RU mit abgrenzender theologischer Grundtendenz über gemeinsame Projekte bis hin zum regelmäßigen „Team-Teaching" auf der einen Seite oder zum Nivellieren konfessioneller Unterschiede (etwa zugunsten von gemeinsamen ethischen Grundorientierungen) auf der anderen Seite. Weil der Begriff des „ökumenischen Religionsunterrichts" unscharf ist, hat sich die – sprachlich nicht eben schöne – Redeweise

vom „konfessionell-kooperativen RU" eingebürgert (beim Begriff der „Ökumene" kann auch an das ökumenische Lernen im Horizont weltweiter Gerechtigkeit ohne den konfessionellen Aspekt gedacht sein, dazu s. Böhm 2001 und die verschiedenen Publikationen zum „Ökumenischen Lernen"). Je nach der organisatorischen Möglichkeit und nach der menschlichen Nähe finden sich darum sehr unterschiedliche Formen und Intensitäten konfessioneller Kooperation. Allgemein üblich geworden sind allerdings in den letzten Jahren die gemeinsamen Fachkonferenzen Religion in den meisten Schulen. Wird diese Einrichtung in ihren Möglichkeiten genutzt, bietet sie einen Ausgangspunkt auch für unterrichtspraktische Zusammenarbeit.
Bei der schulischen Organisation der konfessionellen Kooperation lassen sich die Modelle danach unterscheiden, ob die Lerngruppen gemischt sind oder nicht und ob die Lehrer durch gemeinsames Unterrichten oder durch den Wechsel kooperieren. Daraus ergeben sich dann vier Grundtypen (sehr ausführlich s. dazu Schweitzer/Biesinger 2002, S. 217–223):

1. Die Gruppen der Schüler sind nach *Konfessionen getrennt*, aber die Lehrer wissen voneinander, besuchen sich oder sprechen sich ab.
2. Die Gruppen der Schüler werden zeitweise getrennt und *zeitweise gemeinsam* unterrichtet, die Lehrer arbeiten zusammen (dies erfordert aber mehr Absprachen als Modell 1).
3. Es bestehen evangelisch-katholisch *gemischte Lerngruppen*, bei denen die Lehrer wechseln (Lehrertausch).
4. In gemischten Lerngruppen wird gemeinsam unterrichtet. Dieses *Team-Teaching* erfordert am meisten Zusammenarbeit und darüber hinaus dauerhaft zwei Lehrkräfte.

Wie sieht es praktisch mit dem konfessionellen Bewusstsein der Lehrenden und der Lernenden aus? Ein wichtiges Ergebnis der genannten Grundschulstudie ist, dass sich ein konfessionelles Bewusstsein bei Kindern über eine sehr lange Zeit entwickelt – es braucht länger als ein Jahr und auch länger als nur die Grundschulzeit (Schweitzer/Biesinger, S. 54). Vor allem bemerkenswert ist jedoch, dass die (vielfach behauptete) heutzutage völlig fehlende konfessionelle Prägung der Kinder nicht zutrifft. Was sie an der Frage „katholisch oder evangelisch" nicht verstehen, ist primär durch den Stand ihrer kognitiven Entwicklung und nicht durch das Fehlen konfessioneller Primärerfahrungen begründet. Spätestens in der 3. Klasse ist die konfessionelle Differenz durch die Erstkommunion der katholischen Kinder für alle eine selbst erfahrene Realität. Auch das vielfach begegnende Argument, Kinder bräuchten den Unterricht im Klassenverband und fürchteten den Gruppen- und Lehrerwechsel, trifft jedenfalls der Studie zufolge nicht zu:

„Offenbar finden die Kinder einen häufigen, aber klar vorhersehbaren Lehrerwechsel weniger schlimm als die Lehrerinnen und Lehrer, die davon eher abraten“ (a. a. O., S. 85).

Für die Lehrenden wiederum gilt: Nur zunächst erscheint vielen die konfessionelle Prägung als ein zu vernachlässigendes Randphänomen. Je mehr sie sich mit der anderen Konfession beschäftigen und sich in die kirchlichen Inhalte vertiefen, desto eher entdecken sie, dass sie konfessioneller denken und agieren als sie das vorher angenommen hatten. So tendieren die katholischen Lehrkräfte der Studie zufolge (anders als die evangelischen) nicht nur dazu, Heilige als Vermittler der menschlichen Gebete zu Gott zum Thema zu machen (a. a. O., S. 155), sondern sie vollziehen auch selbst im Unterricht „relativ häufig symbolische Handlungen“ (a. a. O., S. 142). Ein weiteres wichtiges Ergebnis: Konfessionelle Kooperation hat einen menschlichen Faktor. Sie kann darum nicht für alle verordnet werden. Das Thema steht und fällt wie so vieles im Unterricht mit dem kooperativen Engagement der Beteiligten.

Zusammenfassend lässt sich sagen:

1. Katholizismus und Protestantismus lassen sich als *unterschiedliche Stile* glaubenden Empfindens und der Suche nach dem Heiligen beschreiben und der Blick auf die verschiedenen Verständnisse des Heiligen kann auf die elementaren Strukturen und Erfahrungen der Thematik führen. Der gemeinsame Glaube an das Evangelium und die Orientierung am Leben Jesu aber bedeuten das Verbindende und sind das Hoffnungspotenzial für noch mehr erkennbare Gemeinsamkeiten in der Zukunft.
2. Die katholische *Weite und Anschaulichkeit* sowie der evangelische *Ernst und Gewissensbezug* sind die jeweiligen Stärken der beiden großen Konfessionen bei der Suche nach dem Heiligen. Die Grundmuster von Anschaulichkeit oder Reflexivität lassen sich bei Fragen des Gottesdienstes, des Sakramentes und der Kirche wiederfinden.
3. Den *Religionslehrerinnen* erscheint die eigene konfessionelle Herkunft nur zunächst als eher unbedeutend. Je mehr sie sich aber mit der anderen Konfession beschäftigen, desto stärker entdecken sie auch das Konfessionelle in ihrem eigenen Denken.
4. Bei der schulischen Organisation der konfessionellen Kooperation lassen sich die Modelle danach unterscheiden, wie die Zusammensetzung der Lerngruppen wechselt und in welcher Form die Lehrer zusammenarbeiten (vier Modelle).

Kirche und Sakrament als Inhalte des Religionsunterrichts

Die unterschiedlichen Glaubensweisen beider großer Kirchen zeigen sich am stärksten bei der Interpretation des Abendmahles/der Eucharistie und im Kirchenverständnis. Die Diskussionen im Umfeld des 1. Ökumenischen Kirchentages in Berlin 2003 haben in diesem Zusammenhang großes öffentliches Interesse gefunden (eindrücklich dazu die engagierten ökumenisch orientierten Erfahrungsberichte von LINK 2003). Trotz der Übereinstimmungen in der Rechtfertigungslehre ist das Verständnis des geweihten Priesters als Vorsteher der Eucharistie das eigentlich Unterscheidende. Die Differenz besteht nicht einmal in der immer wieder genannten „Transsubstantiation", die nach dem Verständnis der gegenwärtigen katholischen Theologie ein mögliches, aber kein verbindliches Interpretament der Gegenwart Jesu Christi in der Liturgie ist. Die in älteren Unterrichtsmodellen begegnende Unterscheidung zwischen dem katholischen wörtlichen, dem lutherischen realpräsenten-symbolischen und dem reformierten zeichenhaften Verständnis entspricht nicht mehr der Diskussion. Alle evangelischen und katholischen Stellungnahmen gehen gemeinsam davon aus, dass Jesus Christus im Abendmahl als der Gastgeber gegenwärtig ist. Dies gilt für Reformierte wie für Lutheraner (EKD 2003) und für Katholiken. Allerdings ist in der jüngsten Papst-Enzyklika die „Verwandlung" (Transsubstantiation) von Brot und Wein wieder sehr stark betont worden (Ecclesia de Eucharistia 2003). Liturgiewissenschaftlich ist jedoch in den letzten Jahren sowohl von Katholiken wie von Evangelischen herausgearbeitet worden, dass die Frage nach dem Geschehen mit den Elementen Brot und Wein eine irreführende Verengung darstellt, die sich im westlichen Mittelalter entwickelte und die (trotz aller Unterschiede) im 16. Jahrhundert die gemeinsame Basis darstellte, auf der die scharfen Abgrenzungen vollzogen wurden. Im Verständnis der alten Kirche bis zum 4. Jahrhundert war die Anwesenheit Christi nicht auf die Wandlung der Elemente bezogen, sondern galt für das gesamte Gebetsgeschehen der Liturgie. In diesem alten Verständnis eröffnen sich radikal neue ökumenische Chancen jenseits der (auf der mittelalterlichen Philosophie beruhenden) alten Abgrenzungen zwischen Katholiken, Lutheranern und Reformierten (dazu s. MEYER-BLANCK/FÜRST 2003, S. 189–197 sowie MEYER-BLANCK [Hg.] 2003b).

Keinerlei Verständigung gibt es allerdings in der Interpretation des kirchlichen Amtes. Im Umfeld des Berliner Ökumenischen Kirchentages ist darum mit Recht formuliert worden: Der Unterschied liegt nicht mehr im Verständnis der Wandlung der eucharistischen *Elemente*, sondern im Verständnis der Wandlung des *Amtsträgers*: Mittels der Weihe durch den Bischof, der sich auf die Amtsübergabe von Petrus her beruft („apostolische Sukzession"), hat der Priester Anteil an der sich durch die Zeit fortsetzenden kirchlichen Christusrealität. Nur für den Priester gilt: „Dank der Gnade, die ihm durch das Sakrament der Priesterweihe verliehen wurde, kann er die Wandlung vollziehen." (Ecclesia de Eucharistia 2003, 8 [Nr. 5]; ähnlich auch bereits LG 10, s. Rahner/Vorgrimler 2002, S. 134: „Der Amtspriester vollzieht in der Person Christi das eucharistische Opfer").

Der Unterricht der Oberstufe sollte die Grundauffassungen von Sakrament und Amt erschließen und dabei auf dem aktuellen Stand der Annäherung, aber auch der erneuten Differenzen sein. Die Papst-Enzyklika, die Stellungnahme der EKD von 2003 und der Leitfaden (Meyer-Blanck/Fürst 2003) bieten dazu ausreichende Quellen und Erklärungen. Das gilt jedenfalls zur Zeit der Abfassung dieses Beitrages; wie unter anderem im Politikunterricht ist daneben auf aktuelle Stellungnahmen zurückzugreifen, die in der Regel über die Tagespresse oder über die Kirchen (am leichtesten über das Internet) zugänglich sind.

Offizielle Seite der Ev. Kirche in Deutschland (EKD): www.ekd.de
Offizielle kath. Seite, u. a. der Deutschen Bischofskonferenz: www.katholische-kirche.de
Katholische Nachrichtenagentur, Bonn: www.kna.de
Evangelischer Pressedienst: www.epd.de
Ökumenischer Rat der Kirchen (World Council of Churches): www.wcc-coe.org
Die offizielle Seite des Vatikans: www.vatican.va

Unterrichtsideen zu Eucharistie/Abendmahl

- *Recherchen* (in der Literatur und im Internet) nach Schlüsselbegriffen zu Eucharistie/Abendmahl (wie Transsubstantiation, Transsignifikation, Transfinalisation, Real-, Spiritual- sowie Personalpräsenz); ferner auch nach anderen konfessionsspezifischen Begriffen wie Angelusläuten, Lutherrose u.a. (Hilfsmittel dazu: Meyer-Blanck/Fürst 2003).
- (Wie) ist *Jesus Christus im Abendmahl* anwesend? Vergleich der jüngsten „Orientierungshilfe" der EKD (EKD 2003, erhältlich im Buchhandel) und der Enzyklika Johannes Pauls II. „Ecclesia de Eucharistia" (Verlautbarungen des Apost. Stuhls 159; kostenlos erhältlich beim Sekretariat der Deutschen Bischofskonferenz, Bonner Talweg 177, 53129 Bonn, Tel. 0228/103205, Fax 0228/103330).

- Wie verhalten sich *Konfirmation* einerseits und *Firmung* andererseits zueinander? Das Thema bietet die Möglichkeit, von Schülererfahrungen ausgehend Grundlegendes zum Thema Kirche zu erschließen (vgl. BIESINGER/SCHWEITZER 2003, S. 139–144). Im Unterschied zum kirchlichen Unterricht geht es im schulischen RU nicht um Konfirmation/Firmung als solche, sondern um die konfessionsvergleichende Perspektive. Gemeindepädagogisch wird bei beiden in der Gegenwart die Eigenständigkeit der Jugendlichen hervorgehoben. Doch theologisch ist die Firmung auf die besondere Verleihung des Heiligen Geistes bezogen, während die Konfirmation als Antwort auf die Taufe gilt. In den Familien ist die Konfirmation stärker verwurzelt, während in katholischen Familien die Erstkommunion begangen wird und viele Jugendliche nicht an der Firmung teilnehmen. (Die Teilnahme von italienischen Jugendlichen in Deutschland ist übrigens höher, weil in Italien nur Gefirmte kirchlich getraut werden; BIESINGER/SCHWEITZER 2003, S. 143). Die unterschiedliche Form und das verschiedene (9 gegenüber 14 Jahre) Alter bei der Abendmahlszulassung führt auf verschiedene Verständnisse von Kirche und Sakrament.

Unterrichtsideen zu Kirche und Amt

- Eine genaue Lektüre von Ausschnitten der Kirchenkonstitution „Lumen Gentium" (LG) unter der Fragestellung Volk Gottes und/oder Hierarchie im katholischen Kirchenverständnis (dazu s.o.).
- Was denken evangelische Christen vom *Papst*? (Entwurf und Unterrichtsbausteine dazu unter: www.religionsbuch-online.de)
- Was sind *Heilige* (heilige Menschen)? Den Weg zu einem aktuellen und schülergemäßen Verständnis zeigt das Kalenderbuch: Woran sie glaubten – wofür sie lebten. 365 Wegbegleiter für die Tage des Jahres, hrsg. von Rudolf Englert. Man kann bestimmte Personen (vom 2. bis zum 20. Jahrhundert, darunter auch Schriftsteller und Künstler wie Bach, Dostojewski oder Tucholsky) vorgeben und fragen: War etwas an ihnen „heilig"? Oder man kann, da alle Daten des Jahres vertreten sind, die dem eigenen Geburtstag zugeordnete Person heraussuchen und befragen lassen.
- Was ist das Heilige im heiligen Raum? Gibt es *„heilige Räume"?* Konfessionell-kooperative Kirchenführungen und Kirchenraumentdeckungen. Impuls dazu in protestantischer Sicht: „Die Wahrheit braucht keine Dome. Das liebe Evangelium kriecht in jeder Hütte unter und hält sie warm." (Predigt über Jesaja 6,8–11 von Peter Beier anlässlich der Wiedereinweihung des Berliner Doms)

- Wie kann man *beichten*? Zusammenstellen verschiedener Beichtformen nach Internetrecherche: „Online-Beichte"; Impuls dazu: Beichtszene aus „Der Pate" Teil 3 (Michael Corleone beichtet beim späteren Papst Johannes Paul I.)

Konfessionen in der Literatur

Ein lebendiges Bild von konfessionellen Milieus und Lebensstilen zeichnet Ulla Hahns Roman „Das verborgene Wort": „Vorbestrafte konnten büßen und sühnen. Evangelisch blieb evangelisch." (U. Hahn, S. 205) Aus diesem Buch, einer Art Bildungsroman, der die Kindheit, Schulzeit und Lehrzeit der 1945 geborenen Hildegard aus der Ich-Perspektive schildert, lässt sich verstehen, wie sich Evangelische und Katholische bis in die jüngste Vergangenheit voneinander abgrenzten.

> „Die wenigen evangelischen Volksschüler lernten mit den katholischen unter einem Dach, wenn auch in einem viel kleineren Teil des Gebäudes. Auf dem Schulhof aber war ihnen ebenso viel Platz eingeräumt wie den katholischen, ... Niemals aber wäre es jemandem in den Sinn gekommen, die unsichtbare Glaubenslinie auf dem Schulhof zu überschreiten. Nur auf der katholischen Seite konnte man in den Pausen aus vielen Wasserhähnen trinken, sein Fahrrad in überdachten Ständern abstellen, und Jungen und Mädchen hatten getrennte Klos, was einem den spontanen Besuch dieser Örtlichkeiten ermöglichte, während die Müppen auf ihrer Seite schub- und geschlechtsweise hinter Verschläge kommandiert wurden. Immer fanden sich dabei ein paar katholische Schreihälse: Evanjelische Müppe drieße op de Schüppe, brüllten sie und schüttelten sich aus vor Lachen. Selbst die Gulaschkanone der Amerikaner, die samstags in der großen Pause eine dicke Suppe ausschenkte, fuhr zuerst auf die katholische Seite und wechselte dann mit dem lauwarmen Rest zu den Evangelischen. Allerdings kriegten die mitunter zweimal, bis der Bottich leer war." (Ulla Hahn, Das verborgene Wort, S. 52 f.)

Auf heutige Leser wirken die packenden Schilderungen aus den fünfziger und sechziger Jahren des 20. Jahrhunderts schon ein wenig fern. Aber gerade so wird deutlich, dass Konfessionen mehr sind als Lehren, eben Glaubens- und Lebensweisen. Die Volksfrömmigkeit in ungeschminkter Form kommt zur Darstellung. Das gilt stärker für die katholische Seite:

> Allein Gebete vermochten den Menschen von Grund auf zu bessern, nur sie konnten den lieben Gott erweichen, das Strafmaß zu verkürzen. Gebete waren bare Münze. (a. a. O., S. 17; vgl. S. 321 ff. über eine Lourdes-Wallfahrt wegen der Krebserkrankung einer jungen Frau)

Aufschlussreich ist auch die Schilderung einer evangelischen Kirche:

> ■ Die Kirche war weiß gekalkt. Die Fenster aus einfachem Glas, die Bänke grau gestrichen, der Fußboden mit hellen Steinplatten belegt. Keine Bilder, keine Blumen, keine Farbe, kein Trost. An der Stirnseite zwischen zwei Fenstern ein mannshohes Kreuz aus schwarzen Balken. Ohne Leiche. Auf dem Steintisch darunter eine schmale weiße Decke, schmucklos wie ein Bettbezug. Sogar in der Turnhalle hatte unsere Kirche besser ausgesehen. (a. a. O., S. 222) ■

Ulla Hahns Buch hat starke Bezüge auch zur Literatur, denn nur durch das gedruckte und gelesene Wort gelingt es Hildegard, gegen massive Widerstände ihren eigenen Weg zu finden.

Evangelischer Puritanismus und Pietismus wird in liebevoll überzeichnender Weise in Tania Blixens Erzählung „Babettes Fest" geschildert. Über die beiden asketischen Pfarrerstöchter, die eine französische Köchin ins Haus nehmen, heißt es:

> ■ Am ersten Tag nach Babettes Dienstantritt nahmen sie sie beiseite und setzten ihr auseinander, sie seien arme Leute und ein üppiger Küchenzettel wäre in ihrem Fall sündhaft. Was für sie gekocht würde, müsse von äußerster Einfachheit sein; nur auf die Suppennäpfe und Esskörbe für ihre Armen sei allenfalls Sorgfalt zu verwenden. (T. Blixen 1998, S. 26 f.) ■

Ein Buch, das den Anspruch erhebt, bei theologischer Zuverlässigkeit auch für Schüler ab etwa Klasse 10 lesbar zu sein, ist „Typisch katholisch. Typisch evangelisch" (Meyer-Blanck/Fürst). Zu den 17 wichtigsten kirchlichen Themen erscheint jeweils ein längerer Doppelartikel aus der Sicht beider Konfessionen. Der Titel ist wörtlich gemeint: Typisierungen gelten als ambivalente Wahrnehmungshilfen, die meistens eher unbewusst sind. Das Erkennen, Benennen und Bewusstmachen von Typisierungen muss entsprechend nicht zu Abgrenzungen, sondern kann zu einer (selbst-)kritischeren Wahrnehmung führen. So kann man den katholischen Artikelteil (etwa zur Eucharistie, S. 189–194) von evangelischen Schülern lesen und mit Fragen versehen lassen, in der katholischen Religionsgruppe im umgekehrter Weise verfahren und dann zum gemeinsamen Gespräch zusammenkommen. Der Anhang, ein kleines Lexikon für den konfessionellen Alltag von „Aaronitischer Segen" bis „Zölibat" (S. 307–360), bietet sehr kurze Artikel, die sich zum Nachschlagen und für Rechercheaufgaben eignen.

Wenn der konfessionell-kooperative Unterricht in den Sekundarstufen I und II (oder Unterrichtsreihen oder Sequenzen zu den konfessionellen Unterschieden) geplant werden, dann kommt es damit zusammenfassend auf Folgendes an:

1. Es sollten nicht nur die Lehrunterschiede thematisiert werden, sondern die Erfahrungen der Lehrenden und Lernenden mit der anderen Konfession sollten im Mittelpunkt stehen. Auch teilweise unrichtige Informationen und problematische Ansichten können dabei Lernchancen eröffnen.
2. Es sollte keine falsche Harmonisierung erfolgen (auch nicht mit dem an sich richtigen Argument, „weil doch die Gemeinsamkeiten wichtiger sind“). Das führt insofern in die Irre, als die unterschiedlichen Prägungen ja auf jeden Fall wirksam sind und weil die Wahrnehmung von Differenzen nicht automatisch zu Abgrenzungen führt (so wenig umgekehrt die gleiche Überzeugung zu realen Gemeinsamkeiten führt).
3. Es sollte weniger bewertet als vielmehr verglichen und verstanden werden. Dabei sind vor allem die Stärken der jeweiligen Konfessionen herauszuarbeiten. Das aber gelingt nicht einfach auf der Ebene der verschiedenen Lehren, sondern mehr auf der Ebene der verschiedenen Glaubensstile und damit auf der Ebene der persönlichen Begegnung.
4. Die katholische Anschaulichkeit und die evangelische Kritik an allen religiösen Darstellungen sind mit dem ästhetischen jugendlichen Empfinden und mit dem Wunsch kritischer Durchdringung so zu vermitteln, dass sich keine Reproduzierung von Klischees ergibt, sondern vielmehr die Möglichkeit zu einer vertieften Auseinandersetzung.
5. Im Sinne eines aufbauenden Lernens („Spiralcurriculum“) wird man in der *Grundschule* die konkreten Aspekte behandeln (Kirchenraum, Erstkommunion und Konfirmation), in der *Orientierungsstufe* die kirchenkundlichen Unterschiede und Gemeinsamkeiten (Aufbau der Institution Kirche, verschieden heilige Personen), im weiteren Verlauf der *Sekundarstufe I* dann die geschichtlichen Hintergründe (Reformation und katholische Erneuerung) und ansatzweise die Lehren von Amt und Sakrament und in der *Sekundarstufe II* neben der theologischen Vertiefung der Themen aus der Sekundarstufe I eine kulturgeschichtliche Betrachtung im Hinblick auf die gesellschaftlichen Wirkungen von Katholizismus und Protestantismus (evangelische und katholische Milieus) und im Hinblick auf übergreifende theoretischere Beschreibungen der Konfessionen (Phänomenbeschreibungen, die hier als „Stil“ benannt wurden).

Christen im Dilemma – geschichtliches Lernen

von Rudolf Englert

Kirchengeschichte – eine spannende Angelegenheit

Die Kirchengeschichte spielt im Religionsunterricht heute im Allgemeinen keine große Rolle. Dafür sind nicht nur die Lehrpläne verantwortlich, in denen die Kirchengeschichte meist nur einen niedrigen Stellenwert besitzt. Es hat auch mit dem bei den Schülern vermuteten geringen Interesse an kirchengeschichtlichen Fragen zu tun. Die meisten Schülerinnen und Schüler sind ja schon für die *aktuelle* Situation der Kirche kaum zu interessieren. Wird man in Anbetracht dessen ernsthaft damit rechnen dürfen, dass sie motiviert sein werden, sich mit deren *historischer* Entwicklung auseinander zu setzen? Aber nicht nur das Stichwort „Kirche", auch das Stichwort „Geschichte" scheint auf viele Schülerinnen nicht gerade motivierend zu wirken. Wobei die Wahrnehmungen hier durchaus widersprüchlich sind. Wo Geschichte in Computerspielen, historischen Romanen, Spielfilmen, dramatisch inszenierten Dokumentationen „hautnah", biografisch konkret und „spannend" erschlossen wird, lassen sich Jugendliche durchaus in die fremde Welt anderer Zeiten hineinziehen. Wo sich Geschichte hingegen als träger Strom dynastischer Aufstiegs- und Zerfallsgeschichten darstellt oder als immer wieder neue Darbietung der immer wieder gleichen, angeblich exemplarischen Ausschnitte („Die Französische Revolution", „Das Dritte Reich" usw.), stößt sie meist auf nur geringe Resonanz. Große Begeisterungsstürme wird man jedenfalls bei der Ankündigung kirchengeschichtlicher Themen auf Schülerseite nicht erwarten dürfen.

Dabei kann die Bearbeitung kirchengeschichtlicher Themen außerordentlich faszinierend sein. An zwei Punkten ist dies in der jüngeren Vergangenheit besonders deutlich geworden: an der Heimat- oder Regionalgeschichte und an der Kirchenraumpädagogik. Warum gerade hier? Weil es in diesen beiden Feldern gelungen ist, Geschichte sozusagen auf Sichtweite heranzuzoomen; so weit heranzuholen, dass deutlich wird: Die große Geschichte besteht aus einer Fülle kleiner Geschichten. Und ich, Felix Koslowski, 14 Jahre alt, wohnhaft in Gelsenkirchen, oder ich, Lisa Baurhammer, 12 Jahre, aus Pfaffenhofen, bin in diese Geschichten verstrickt. Ich spiele in meiner Fußballmannschaft mit einem Jungen zusammen, dessen französischer Nachname seine Abstammung von aus Frankreich geflohenen Hugenotten anzeigt; oder: Ich gehe heute noch durch die Straße, in der die Juden unserer Stadt zusammengetrieben und abtransportiert wurden ... Überdies wird deutlich, etwa wenn Schülerinnen und Schüler selbst lokalgeschichtliche Recherchen durchführen und im Sinne einer Spurensuche Zeitzeugen befragen: Geschichte ist nicht einfach, was im Geschichtsbuch steht; sondern Geschichte ist ein komplexer Lebenszusammenhang mit einer unüberschaubaren Vielfalt verschiedener Akteure, die von dem, was sich „wirklich abgespielt" hat, unter Umständen sehr unterschiedliche Versionen erzählen; es ist also gar nicht so, dass die „historische Wahrheit" vor aller Augen läge, sodass sie in Gestalt von „Zahlen, Daten, Fakten" nur noch zur Kenntnis genommen und „gelernt" zu werden brauchte. Vielmehr muss die „Wahrheit", soweit man ihrer in der Widersprüchlichkeit unterschiedlicher Überlieferungen und Wahrnehmungen überhaupt habhaft werden kann, immer erst „ausgegraben" und „rekonstruiert" werden.

Lokalgeschichte und Kirchenraumpädagogik sind auch deshalb besonders „attraktive" Bereiche kirchengeschichtlichen Lernens, weil sie die Möglichkeit eröffnen, Schülerinnen und Schüler selbst forschen zu lassen. Von lokalgeschichtlichen „oral-history"-Recherchen war schon die Rede. Forschendes Lernen ermöglicht auch die Kirchenraumpädagogik. Auch hier können Schülerinnen und Schüler selbst versuchen, Zeugnisse der Vergangenheit zum Sprechen zu bringen – zum Beispiel die Glocken, die vielleicht, nachdem sie über Jahrhunderte hinweg wichtige Ereignisse der Stadt und des Landes läutend kommentiert hatten, in den Weltkriegen des 20. Jahrhunderts eingeschmolzen und durch neue Glocken ersetzt wurden.

Die Bearbeitung kirchengeschichtlicher Zusammenhänge kann eine spannende Angelegenheit sein. Vor allem dann,

- *wenn Geschichte konkret wird:* in realen Zeugen oder Zeugnissen, in biografischen Einzelfällen, in anschaulichen Tat-Orten usw.;
- *wenn Geschichte nahe kommt:* weil erkennbar wird, wo und wie „wir" selbst in die Geschichten, aus denen Geschichte besteht, verstrickt sind;
- *wenn Geschichte offen gehalten wird:* weil deutlich wird, dass es hier um immer wieder neu zu rekonstruierende Zusammenhänge geht, dass Geschichte sich nicht nur als nach vorne, sondern auch als nach hinten offener Ereigniszusammenhang darstellt.

Was bleibt?

Entscheidend für das, was von jemandem bleibt, ist nicht so sehr, was er (damals) getan hat, sondern was man (jetzt) von ihm denkt. Entscheidend ist, an was man sich erinnert. An was aber erinnert man sich? Altbundeskanzler Helmut Kohl war nach der „Wende" von 1989 der „Kanzler der Einheit und des Euro". Später wurde er im Zusammenhang mit einer Parteispendenaffäre zu „Don Kohleone", dem Protagonisten undurchsichtiger Verbindungen und schmutziger Geschäfte. Gewiss, sagen seine Parteifreunde, er hat einen Fehler gemacht, aber man dürfe darüber nicht vergessen, was er geleistet habe. Da haben sie Recht. Doch darf man erwarten, dass die Erinnerung gerecht ist? Selbst Kaiser Nero mag manches geleistet haben. Vielleicht hat er für eine Reihe von verdienstvollen und zu seiner Zeit beachteten Verordnungen gesorgt. „In die Geschichte" aber ist er damit nicht eingegangen. Und der amerikanische Präsident Bill Clinton? Wird man ihn als Präsidenten eines Wirtschaftswunders oder als Sex-Maniac in Erinnerung behalten? Als einen Mann, dessen außereheliches Liebesleben die Welt monatelang stärker beschäftigte als Außen- und Innenpolitik? Immerhin haben Hauptakteure wie Kohl oder Clinton auch lange nach ihrem Tod noch die Chance, aus einer ins kollektive Gedächtnis bis dahin nicht eingegangenen Perspektive „wiederentdeckt" zu werden. Die Nebendarsteller dagegen bleiben oft ein für allemal abgestempelt. Der Waffenhändler Karl-Heinz Schreiber, der den CDU-Parteispenden-Skandal wesentlich mit auslöste, klagte darüber, dass von ihm immer nur als dem „Waffenhändler" die Rede sei. Auch Monika Lewinsky, Clintons Kurzzeitgespielin, wird wohl bis ans Ende ihrer Tage die „Praktikantin" bleiben müssen. Und wie ist das erst mit all den ungezählten Klein-Akteuren, die den Geschichtsbüchern nicht einmal eine Fußnote wert sind? Was von dem, was sie getan und vielleicht im Verborgenen geleistet haben, wird in Erinnerung bleiben? In welcher Gestalt werden sie in Familien-Traditionen, Vereinsgeschichten und Stadtchroniken einsickern? Wird es jemanden geben, der für ihr Recht eintritt, angemessen gewürdigt zu werden? Und was ist schließlich mit all denen, von denen es keinerlei Lebenszeichen mehr gibt? Deren Spuren sich völlig verloren haben?

Unterschiedliche Interessen an Kirchen- und Christentumsgeschichte

Man kann sich christentumsgeschichtlichen Zusammenhängen in sehr unterschiedlichem Interesse nähern, zum Beispiel:

- *in der Hoffnung, dass ich die christliche Tradition, in der ich selber stehe, besser begreifen kann* – dadurch, dass ich Einblick gewinne in den Variantenreichtum ihrer geschichtlichen Entfaltung. Was etwa die Feier der Eucharistie „eigentlich" ist und bedeutet, lässt sich zum einen natürlich durch eine auf ihr Wesen zielende abstrakte Definition verdeutlichen; erhellend wäre es aber auch einmal zu sehen, wie sich die Feier der Eucharistie vom Herrenmahl der korinthischen Gemeinde (vgl. 1 Kor 11) über die römische Kirchenordnung, die Germanisierung der Liturgie, die Reformation oder die tridentinische Reform usw. bis hin zu den Agenden der heutigen evangelischen Landeskirchen bzw. zur Liturgiekonstitution des Zweiten Vatikanischen Konzils entwickelt hat: Welches Verständnis liegt den unterschiedlichen Ausprägungen jeweils zugrunde bzw. welche theologischen Motive stehen im Vordergrund (Gemeinschaft stiftendes Mahl, Fortsetzung des Kreuzesopfers, Versöhnung der Menschen mit Gott, Dank für die Heilstaten Gottes usw.), welchem „Spielplan" bzw. welcher Dramaturgie folgt die kultische Inszenierung, welche Akteure spielen dabei welche Rollen? Usw. Dieser Zugang kann auch an theologisch weniger komplexen und „handfesteren" Traditionsmotiven durchgespielt werden, zum Beispiel an den unterschiedlichen Ausprägungen, welche die Organisation christlicher Caritas im Laufe der Zeit angenommen hat.
- *in der Hoffnung, dass ich in der Auseinandersetzung mit geschichtlichen Geschehnissen Orientierungshilfen für gegenwärtiges Handeln erhalte.* Stellen wir uns eine engagierte junge Katholikin vor, die Mitglied des Kirchenvolksbegehrens „Wir sind die Kirche" ist. Diese junge Frau ist der Überzeugung, dass der Umgangsstil, den die gegenwärtige „Amtskirche" dieser Art innerkirchlicher Opposition gegenüber zeigt, dem Evangelium Jesu Christi zutiefst widerspricht. Sie kann sich nicht vorstellen, dass das Verhältnis zwischen „Amt" und selbstbewusstem Laientum seit jeher durch, wie sie sagt, „Ignoranz und Unterdrückung" geprägt gewesen sein soll. Von einer Beschäftigung mit der Christentumsgeschichte erhofft sie sich Einblicke in alternative Formen innerkirchlicher Konfliktlösung. Sie fragt gezielt, welche Modelle der Bearbeitung innerkirchlicher Konflikte im Laufe der Christentumsgeschichte anzutreffen sind und vor allem, welche sich als Vorlage für eigene Reformanliegen nützen lassen.

- *in der Hoffnung, dass ich der Befangenheit einer gegenwartsfixierten Sichtweise entkommen kann,* wenn ich mich von dieser Gegenwart weg in eine andere Epoche hineinziehen lasse. Die Vertiefung in die Weiten der Christentumsgeschichte wäre hier gewissermaßen eine Art Einübung in transzendierendes Denken; eine selbstverordnete Ent-Fremdung von dem, was momentan „natürlich" und „zwangsläufig" erscheint. (Christentums-)Geschichte wird hier gesehen als ein Reservoir von in der Gegenwart „vergessenen", „überwundenen", „ausgegrenzten", möglicherweise nie Realität gewordenen Sichtweisen, Handlungsmustern, Formgebungen. Der Blick in die Geschichte macht klar, dass vieles von dem, was uns selbstverständlich erscheint, auch ganz anders sein könnte.

Man wird sich über sein eigenes Interesse an der Christentumsgeschichte genau Rechenschaft ablegen müssen, denn dieses Interesse stellt immer auch eine Begrenzung dar. Grundsätzlich gilt: Die Geschichte fängt überhaupt nur dann an, etwas von sich preiszugeben, wenn man sie gezielt „anbohrt", wenn man etwas von ihr wissen will (1. Schritt: „heuristische Erschließung": Was wissen wir bereits? Was möchten wir herausbekommen? Welche Vermutungen/Hypothesen haben wir?). Die Geschichte sagt aber nur dann etwas, was wir nicht schon immer wussten oder zu wissen glaubten, wenn wir sie „ausreden" lassen: wenn wir uns in ihre eigene Dynamik hineinziehen lassen (2. Schritt: „kritische Auseinandersetzung" mit dem Material und in diesem Zusammenhang auch mit den eigenen Vermutungen/Hypothesen). Dazu gehört, dass man sich bewährter Methoden bedient, die dafür sorgen, dass diese Eigendynamik gewahrt bleibt; dass man genau hinsieht und nicht zu schnell „versteht". Zu diesen Methoden gehört zum Beispiel

- die gründliche Arbeit mit (textlichen, verbalen, ikonischen, haptischen usw.) Quellen,
- die ideologiekritische Rückfrage (Wer äußert sich hier in welchem Interesse? Was sagt er *nicht*? Verzerrt er bestimmte Sachverhalte? usw.) oder
- der mehrperspektivische Zugang (die Auswertung *verschiedener* Quellen: Welche Sicht der Dinge findet sich in Dokument 1, welche Sicht in Dokument 2? und die Auswertung *unterschiedlicher* Quellenarten: Welche Interpretation des Luther'schen „Thesenanschlags" enthält das zeitgenössische Gemälde eines Parteigängers der reformatorischen Bewegung? Welche Interpretation gibt ein kontroverstheologisch ausgerichtetes katholisches Kirchengeschichtswerk des 19. Jahrhunderts? Wie sieht ein Lutherfilm von heute den „Thesenanschlag"? usw.)

Erst im letzten Schritt des historischen Arbeitsprozesses geht es darum, die gewonnenen Erkenntnisse auf ihre gegenwärtige Relevanz für das Leben der Schüler und Schülerinnen und die Orientierung gesellschaftlicher Prozesse fruchtbar zu machen (3. Schritt: „interpretative Bewertung").

Kirchengeschichte ist mehr als nur die Geschichte der Kirche

Die Kirchengeschichte hat natürlich auch selbst eine Geschichte. Diese braucht hier nicht weiter entfaltet zu werden. Es sei lediglich darauf aufmerksam gemacht, dass es im Laufe dieser Geschichte höchst unterschiedliche Interpretationen dessen gegeben hat, was Gegenstand und Aufgabe der Kirchengeschichte ist. Einige dieser Auffassungen werden hier dezidiert *nicht* als weiterführend betrachtet:

- **Kirchengeschichte als Heilsgeschichte.** In dieser Perspektive steckt insofern eine Verengung, als dass sie dazu verleitet, die mindestens aus unserer heutigen Sicht problematischen Seiten der kirchlichen Vergangenheit aus- oder abzublenden. Demgegenüber soll hier deutlich werden: Sowohl epochaltypische Frömmigkeitsformen oder kirchliche Sozialformen wie auch herausragende Protagonisten kirchlichen und christlichen Lebens oder konkrete kirchliche Ereignisse und Entwicklungsprozesse sind niemals einseitig *nur* als Erfüllung eines göttlichen Auftrags oder als Umsetzung evangelischer Intentionen zu sehen. Auch die subjektiv aufrichtigsten Bemühungen um eine Verwirklichung des Evangeliums entkommen nicht der grundlegenden Ambivalenz geschichtlicher Ereignisse und Entwicklungen, die nie nur Möglichkeiten *eröffnen*, sondern immer auch Alternativen *verstellen*, die nie nur die gewünschten Resultate zeitigen, sondern immer auch unbeabsichtigte Nebenwirkungen haben.
- **Kirchengeschichte als Heiligengeschichte.** Die Christentumsgeschichte wird hier einseitig in Form von Lebensbildern hervorragender Persönlichkeiten vergegenwärtigt. Natürlich ist es sinnvoll, geschichtliche Zusammenhänge immer wieder einmal im biografischen Schicksal konkreter Einzelner zu konzentrieren. Dies gilt ganz besonders für die unteren Klassen der Sekundarstufe I. Aber dies darf nicht dazu führen, dass die strukturellen Bedingungen historischer Entwicklungen einfach ausgeblendet werden. Ebenso wenig zielführend ist es, gerade im Blick auf die Anbahnung historischen Verstehens, wenn strukturelle Krisen (Absolutismus, Kolonialismus, Hexenwahn) und mutige Einzelpersonen einander gegenübergestellt werden. Im

Kontext kirchengeschichtlicher Arbeit darf individuelles Handeln nicht nach vermeintlich zeitlosen Kriterien religiös-ethischer Vorbildlichkeit befragt und bewertet, sondern muss stets im Zusammenhang mit den geistigen, gesellschaftlichen und materiellen Voraussetzungen einer spezifischen historischen Situation zu verstehen versucht werden.

Kirchengeschichte als Geschichte einer Institution. Diese Sicht stellt ebenfalls eine bedenkliche Verengung dar, weil sie dazu verführt, die Abhängigkeitszusammenhänge auszublenden, in denen die Kirche ihrerseits stand und steht. Demgegenüber wird hier eine Perspektive auf Kirche bevorzugt, die deren Einbindung in die jeweilige Kultur- und Gesellschaftsgeschichte erkennen lässt (auch wenn „Kirche" als universale Sammlungsbewegung natürlich jeden konkreten kulturellen und gesellschaftlichen Kontext wiederum übersteigt). Um eine institutionalistische Verengung von vornherein zu vermeiden, erscheint es sinnvoll, statt von „Kirchengeschichte" zum Beispiel von „Christentumsgeschichte" zu sprechen. Der Begriff „Christentumsgeschichte" würde auch deutlich machen, dass die Wirkungsgeschichte christlichen Glaubens heute nur in ökumenischer Perspektive angemessen erschlossen werden kann.

Auch die aktuelle Geschichtsdidaktik zeigt: Es ist bei der Arbeit an geschichtlichen Zusammenhängen nicht einfach, das Bemühen um eine motivierende Herangehensweise zu verbinden mit den sachlichen Erfordernissen historischen Denkens. Wo – um Motivation zu schaffen – auf die Gegenwartsrelevanz solcher Arbeit abgehoben wird, entsteht die Gefahr, dass die Fremdheit des historischen Geschehens nicht ausreichend gesehen wird. Wo – um den Erfordernissen historischen Denkens Rechnung zu tragen – herauszustellen versucht wird, wie groß der Abstand zu einer anderen Zeit ist, zu ihrem Denken und Glauben, zu ihren gesellschaftlichen Strukturen, zu den Lebensbedingungen der Menschen usw., läuft man Gefahr, das Interesse der Schülerinnen und Schüler zu verlieren. Um Schülerinteresse und Sacherfordernisse miteinander in Passung bringen zu können, ist es nützlich, sich der entwicklungspsychologischen Voraussetzungen historischen Verstehens bewusst zu werden (vgl. Beilner 2003; Noack 1994) und sich zum Beispiel zu fragen: Inwieweit sind meine Schüler in der Lage, einen größeren Zeitenabstand angemessen einzuschätzen und zu würdigen? Inwieweit sind sie in der Lage, sich in die Perspektive einer historischen Persönlichkeit hineinzuversetzen? Inwieweit sind sie in der Lage, die Bedeutung struktureller Gegebenheiten zu erfassen? Inwieweit könnten die Alltagstheorien meiner Schülerinnen das historische Verstehen eines bestimmten geschichtlichen Phänomens behindern? Usw.

Kennzeichen der geschichtlichen Alltagstheorien von Jugendlichen (vgl. dazu H.G. Arndt 2003, S. 28 ff.):

- Jugendliche denken sich die Vergangenheit im Wesentlichen wie eine technologisch rückständige Gegenwart.
- Die Geschichte wird Aktivitäten großer Persönlichkeiten zugeschrieben.
- Institutionen wie zum Beispiel Kirche oder Staat werden ähnliche Motive unterstellt wie Einzelakteuren.
- Nationen, Parteien, soziale Gruppierungen usw. werden schnell generalisiert, zum Beispiel zu den „Deutschen“, den „Russen“, den „Grünen“, den „Sozis“ usw.
- Soziale Ordnungsschemata werden ziemlich stereotyp gehandhabt, zum Beispiel Demokratie/Diktatur, Herrscher/Untertan usw.

Christentumsgeschichte als Geschichte von Entscheidungen

Im Folgenden soll eine Form christentumsgeschichtlichen Lernens angesprochen werden, der es vor allem um die Handlungsmöglichkeiten der in bestimmten historischen Zusammenhängen beteiligten Akteure geht. Schülerinnen und Schüler sollen das in einer bestimmten Situation von einer konkreten Person realisierte Verhalten und Handeln zu verstehen und zu würdigen versuchen, zum Beispiel indem sie sich vergegenwärtigen, welche alternativen Verhaltens- und Handlungsmöglichkeiten von den Akteuren warum verworfen bzw. nicht wahrgenommen wurden. Aus dieser Sicht erscheint der „Gang der Ereignisse“ stark bestimmt durch die Art und Weise, wie individuelle oder kollektive Handlungsträger ihre Freiheitsräume nutzen. Es wird dabei vorausgesetzt: Die historische Wirklichkeit konfiguriert sich stets in einem größeren Möglichkeitsraum.

Der große Alexander

Das Heer Alexanders ist auf dem Marsch durch die Wüste. Das Wasser ist ausgegangen. Das ganze Heer wird vom Durst gequält. Eine Patrouille nähert sich dem König. Sie bringt Wasser, aber nur einen Becher voll, und bietet dem König den Trunk dar. Dieser nimmt den Becher, überlegt einen Augenblick und schüttet ihn dann vor den Augen des Heeres in den glühenden Sand. Mit dieser Geschichte haben wir einen Zugang zu der Seele des Königs gefunden. Die Geschichte sagt uns vielleicht mehr, als alle Bilder und Statuen, die wir von Alexander kennen, uns sagen könnten. (Schapp 1985, S. 104; Überschrift v. V.).

Christentumsgeschichte erscheint so als ein Zusammenhang von Ereignissen, die ihren spezifischen Charakter wesentlich auch dadurch erhalten, dass sich bestimmte Akteure in bestimmten Situationen entscheiden, eine bestimmte Handlungsmöglichkeit in Anspruch zu nehmen (und andere nicht). Diese Akzentsetzung birgt die Gefahr in sich, Christentumsgeschichte einseitig als die Geschichte herausragender Protagonisten aufzurollen: Konstantin bringt die „konstantinische Wende“ herbei, Chlodwig begründet den Sieg über den Arianismus, Karl der Große errichtet das Schulwesen, Luther „macht“ die Reformation usw. Damit würde man nicht nur die Rolle „großer“ Persönlichkeiten gegenüber der großen Menge namenloser, aber deswegen keineswegs unbedeutender „kleiner Leute“ überbetonen; man würde auch die Bedeutung von Akteuren gegenüber Strukturen überschätzen (auch wenn diese Strukturen ihrerseits Ergebnisse menschlichen Handelns sind).

Beiden Verengungen versucht der hier vorgestellte Ansatz zu entkommen: der Überschätzung individueller Größe dadurch, dass er auch kleine Leute als geschichtliche Handlungsträger vorstellt und würdigt; der Unterschätzung struktureller Gegebenheiten dadurch, dass er deutlich macht: Der Freiheitsraum individueller Handlungsträger ist stets durch eine Reihe von Bedingungsfaktoren eingeschränkt; zunächst von Seiten des Akteurs selbst: durch seine Eigenschaften und Fähigkeiten, durch seine materiellen und ideellen (zum Beispiel religiösen) Bindungen; dann, wenn auch weniger zwingend, von Seiten anderer Akteure; insbesondere von Antagonisten, die sich zum Beispiel bestimmten Handlungsmöglichkeiten widersetzen oder sie negativ sanktionieren; schließlich auch durch strukturelle Gegebenheiten, die Akteure von bestimmten Rollen ausschließen, ihnen bestimmte Entscheidungsmöglichkeiten vorenthalten, sie von wichtigen Ressourcen abschneiden usw. Solche Einschränkungen individueller Handlungsmöglichkeiten sind sehr genau zu beachten.

Gerade im Zusammenhang mit der nationalsozialistischen Diktatur ist an vielen Einzelfällen die Frage diskutiert worden: Welche Möglichkeiten Widerstand zu leisten hatte der Einzelne? Welche Möglichkeiten, etwa Juden oder anderen Verfolgten zu helfen, hatte diese oder jene Person? Hatte ein Soldat der deutschen Wehrmacht die Möglichkeit, die Teilnahme an einem Exekutionskommando abzulehnen? Welche Konsequenzen hätte diese Ablehnung gehabt? Wie drastisch hätten die negativen Folgen mindestens sein müssen, dass man jemand, der die Teilnahme nicht verweigert hat, keine größere moralische Schuld anlasten kann ? Usw.

Das letzte Beispiel zeigt schon, dass Akteure jederzeit – und so eben auch in den unterschiedlichsten geschichtlichen Situationen – in Handlungskonflikte geraten können, in denen sich für sie nicht klar erkennen lässt, welchen Freiheitsspielraum sie haben und wie sie ihn nutzen sollen; im Hinblick speziell auf Akteure christlichen Glaubens könnte man auch von Situationen sprechen, in denen sich nicht klar erkennen lässt, welche Handlung im Sinne des eigenen Glaubens gefordert ist. Situationen, in denen die Erkenntnis – gerade auch im christlichen Sinne – rechten Handelns besonders schwer fällt, weil jede infrage kommende Alternative gleichermaßen problematisch zu sein scheint, kann man als „Dilemmata" bezeichnen. Im Folgenden soll an einigen Beispielen gezeigt werden, wie an solchen historischen Dilemmata religiös gelernt werden kann.

Was lässt sich aus Dilemmata lernen?

Welcher Natur müssen die Dilemmata sein, die zum Ausgangspunkt christentumsgeschichtlicher Einsichten werden sollen? Es wurde bereits deutlich, dass Dilemmata eine starke ethische Komponente haben. Im Unterschied zu vielen anderen ethischen Fragen lassen Dilemmata allerdings nicht ohne weiteres erkennen, welche Handlungsweise in einer fraglichen Situation „richtig" und welche „falsch" ist. Es geht hier nämlich nicht einfach um „gut" und „böse", sondern um die schwierige Abwägung zwischen gleichermaßen attraktiven Gütern oder um die Frage, welches von zwei Übeln das kleinere ist.

Bekannt ist Lawrence Kohlbergs (1927–1987) Arbeit mit Dilemmata. Der in der Tradition Jean Piagets stehende amerikanische Psychologe hat bei seinen Untersuchungen zur Entwicklung des moralischen Bewusstseins Dilemmata eingesetzt, um seine Interviewpartner zu ethisch relevanten Äußerungen zu veranlassen. Bekannt ist das so genannte „Heinz-Dilemma":

■ In Europa drohte eine Frau an einer besonderen Form der Krebserkrankung zu sterben. Es gab nur ein Medikament, von dem die Ärzte noch Hilfe erwarteten. Es war eine Radium-Verbindung, für die der Apotheker zehnmal mehr verlangte, als ihn die Herstellung kostete. Heinz, der Ehemann der kranken Frau, versuchte, sich bei allen Bekannten Geld zu leihen, aber er bekam nur die Hälfte der Kosten zusammen. Er sagte dem Apotheker, dass seine Frau zu sterben drohe und bat darum, das Medikament billiger zu verkaufen oder Kredit zu gewähren. Der Apotheker sagte: „Nein. Ich habe das Medikament entwickelt, und ich will damit Geld verdienen." In seiner Verzweiflung drang Heinz in die Apotheke ein und stahl das Medikament. – Sollte der Ehemann dies tun? Warum? (Kohlberg 1978, S. 111) ■

Bei den Dilemmata im Kontext geschichtlichen Lernens geht es freilich nie nur um eine ethische Problematik. Es geht immer auch und zugleich damit um eine historische Rekonstruktion. Denn: Worin das Dilemma in einer bestimmten Situation für einen bestimmten Akteur genau besteht, lässt sich erst ermessen, wenn man dessen Handlungsbedingungen und Handlungsmöglichkeiten in dieser Situation gründlich erforscht hat. Was einem Menschen eine Entscheidung, die uns Heutigen vielleicht gar nicht so problematisch erscheint, schwer macht, lässt sich erst erkennen, wenn man sich in seine Denkvoraussetzungen und – im christentumsgeschichtlichen Zusammenhang – gerade natürlich auch in seinen Glauben hineinzuversetzen versucht. Dabei wird man sich unter Umständen darüber klar, dass der betreffende Akteur einen bestimmten Konflikt auf der von ihm als gültig vorausgesetzten Grundlage anders beurteilen *musste*, als wir das heute tun würden. Es genügt von daher nicht sich zu fragen: Was hätte *ich*, auf der Grundlage dessen, was *mir* als wertvoll und bindend erscheint, in einer bestimmten Situation getan? Sondern es ist zunächst einmal zu rekonstruieren: Wie stellt sich das Dilemma für diesen bestimmten Akteur in dieser bestimmten historischen Situation dar? Diese Arbeit erfordert ganz entschieden die Fähigkeit zum Perspektivenwechsel und kommt in der Sekundarstufe I von daher wohl vor allem für die Klassen 9 und 10 in Frage.

Beispiel: Das Thomas-Morus-Dilemma

Es kann hier keine auch nur einigermaßen zulängliche Skizze vom Leben Thomas Mores im Kontext seiner Zeit gegeben werden. Das ist auch im Unterricht nicht möglich. Es wäre allerdings immerhin deutlich zu machen:

Thomas More (1478–1535), geboren und gestorben in London, lebte in der turbulenten Übergangszeit zwischen Mittelalter und Neuzeit. Er war Zeitgenosse Luthers und Freund von Erasmus, humanistisch gebildet, ein glänzender Schriftsteller und Stilist, ein exzellenter Jurist und ausgezeichneter Redner, aber in vielen seiner persönlichen und religiösen Vorstellungen noch stark mittelalterlich geprägt (etwa was seine Auffassungen von Hölle, von Sexualität, von Häresie usw. betraf). More bekleidete hohe gesellschaftliche und staatliche Funktionen: er war ein angesehener Richter, er war einer der Sheriffs von London, Parlamentsabgeordneter, Sprecher des Unterhauses, er war mehrere Male an wichtigen Gesandtschaften beteiligt, er war lange Zeit enger Vertrauter des englischen Königs, Heinrich VIII., schließlich sogar Lordkanzler. Als Heinrich VIII. im Blick auf die von ihm beabsichtigte Heirat mit der Hofdame Anne Boleyn nicht die kirchliche Annullierung seiner Ehe mit Katharina von Aragon erhielt, betrieb er den Bruch mit der römischen Kirche und erhob sich selbst zum Oberhaupt der Kirche von England (ratifiziert in der so genannten „Suprematsakte"). Heinrichs immer bedenkenlosere Durchsetzung seiner Heiratspläne führte zur wachsenden Entfremdung zwischen dem König und seinem Kanzler More, der deshalb um seinen Rücktritt einkam. Gleichwohl sollte More dann aber, wie die noch amtierenden geistlichen und weltlichen Würdenträger des Reiches, einen Eid schwören, dass er den neuen ehelichen und kirchlichen Status Heinrichs VIII. als rechtmäßig anerkenne. Dies zu tun weigerte sich More. Daraufhin wurde er im Tower gefangen gesetzt, zum Tode verurteilt und schließlich hingerichtet.

An der Figur des Thomas Morus lässt sich nicht nur ein bis heute aktueller persönlicher Gewissenskonflikt, sondern auch der innere Spannungsreichtum einer für die Entwicklung Europas bahnbrechenden historischen Epoche erarbeiten. Nicht von ungefähr hat die Lebensgeschichte Mores schon bald nach seinem Tod und bis heute Interesse gefunden und dabei, was dem hier gewählten Zugang zu christentumsgeschichtlichen Zusammenhängen sehr zustatten kommt, höchst kontroverse Deutungen erfahren. Die einen stilisierten More als einen Menschen ohne Tadel, als einen unerschrocken für seine Überzeugungen mit dem Leben einstehenden Märtyrer und als einen Heiligen (Thomas Morus wurde 1935 zusammen mit John Fisher von Papst Pius XI. heilig gesprochen), für andere dagegen war More ein Heuchler (dessen Bescheidenheit nur geschickt gespielt gewesen sei), ein hoffnungsloser Papist und ein Prinzipienreiter (den sein mangelnder Sinn für das praktisch Gebotene in einen überflüssigen Tod geführt habe). Diese zwiespältige Aufnahme Mores durch die Nachwelt hat vor allem mit seinem Verhalten in dem angesprochenen Konflikt um die „Suprematsakte" zu tun. Für More handelte es sich bei diesem Konflikt um ein echtes Dilemma, denn einerseits verstand er sich bis ans Ende seines Lebens als treuer Diener seines Königs, andererseits war er der Meinung, dass die vom König in dieser Frage von ihm geforderte Loyalität „den Gesetzen Gottes und seiner heiligen Kirche" direkt zuwiderlief.

Mores erster Biograf, sein Schwiegersohn William Roper, berichtet von einer aufschluss- und auch folgenreichen Unterredung, die More mit dem zu Untersuchungszwecken zu ihm in den Tower entsandten Master Rich hatte. Letzterer spricht More folgendermaßen an:

■ „Weil es wohlbekannt ist, Master More, daß Ihr ein weiser und gelehrter Mann seid und Euch in den Gesetzen des Reiches ebenso gut auskennt wie auch in anderen Dingen, bitte ich Euch, Sir, erlaubt mir die gutgemeinte Kühnheit, Euch folgenden Fall vorzutragen: Nehmen wir einmal an, Sir, es gäbe eine Parlamentsakte, derzufolge das ganze Reich mich als König anerkennen solle. Würdet nicht Ihr, Master More, mich als König anerkennen?" – „Ja, Sir", antwortete Sir Thomas More, „das würde ich tun." – „Ich nenne einen weiteren Fall", sagte Master Rich. „Es gäbe eine Parlamentsakte, derzufolge das ganze Reich mich als Papst anerkennen solle. Würdet nicht Ihr, Master More, mich als Papst anerkennen?" – Darauf entgegnete Thomas More: „Ich möchte zuerst

Euren ersten Fall beantworten, Sir. Das Parlament vermag sich durchaus mit dem Stand weltlicher Fürsten zu befassen. Doch als Antwort auf Euren weiteren Fall will ich Euch folgenden vorlegen: Angenommen, das Parlament würde ein Gesetz machen, daß Gott nicht Gott sein sollte, würdet Ihr, Master Rich, dann sagen, Gott sei nicht Gott?" – „Nein, Sir, das würde ich nicht, denn kein Parlament vermag ein solches Gesetz zu machen." – Nach Aussage von Master Rich habe Sir Thomas More darauf geantwortet: „Ebenso wenig könnte das Parlament den König zum Oberhaupt der Kirche machen." (Roper 1986, S. 72 f. [Erstveröffentlichung 1626]) ■

Das Dilemma lautet also: Sollte More als treuer Untertan des englischen Königs den von Heinrich usurpierten Titel „the only supreme head in earth of the Church of England" (der auch die höchste Zuständigkeit des Königs in geistlich-theologischen Fragen implizierte) anerkennen oder durfte bzw. musste er diese Anerkennung unter Berufung auf sein Gewissen verweigern (worauf Hochverrat stand)? Es gewinnt noch an Brisanz, wenn man bei gründlicherer Vertiefung in den Casus feststellt, dass sich auch für das Ansinnen Heinrichs VIII. durchaus respektable Gründe finden lassen, deren Qualität dadurch noch unterstrichen zu werden scheint, dass der gesamte englische Episkopat (bis auf die Ausnahme John Fishers) Heinrichs Vorgehen als rechtmäßig anerkannte, ja, dass selbst Frau und Tochter More zu bewegen versuchten, den fraglichen Eid zu schwören. Es ist also keineswegs so, dass hier einfach evidentes Unrecht gegen frageloses Recht, unerhörte Zumutung (Eidesleistung!) gegen einen völlig unabweisbaren Gewissensspruch (Eidesverweigerung!) stünden.

William Roper gibt einen anschaulichen Bericht von den Vorhaltungen, die Mores Frau dem aus ihrer Sicht uneinsichtigen Gatten bei ihrem ersten Gefängnisbesuch machte:

■ „Du liebe Zeit, Master More ..., ich wundere mich, daß Ihr, der bisher immer als weiser Mann gegolten hat, nun den Narren spielt und hier in dem engen, dreckigen Kerker sitzt und Euch damit zufrieden gebt, mit Mäusen und Ratten eingesperrt zu sein, wo Ihr doch draußen frei herumlaufen könntet, und das mit dem Wohlwollen des Königs und des Rates, wenn Ihr nur auch tun wolltet, was alle Bischöfe und die hochgelehrten Männer des Reiches getan haben. Und wenn ich mir vorstelle, daß Ihr in Chelsea ein wirklich schönes Haus habt, Eure Bibliothek, Eure Bücher, Eure Galerie, Euren Garten, Eure Obstanlagen und all die unentbehrlichen Annehmlichkeiten um Euch herum, daß Ihr dort in Gesellschaft mit mir, Eurer Frau, Eurer Kinder und Eures Hausgesindes vergnüglich leben könntet, so verstehe ich einfach nicht, warum in Gottes Namen Ihr hier noch in törichtem Abwarten herumsitzt!" (Roper 1986, S. 70) ■

Auch wenn Mores persönlicher Gewissenskonflikt in den Mittelpunkt gestellt wird, können von ihm aus, je nach den situativ gegebenen Möglichkeiten und Interessen, auch weiter reichende historische Spannungsfelder mit einbezogen werden – zum Beispiel die Spannungen zwischen römischem Papst und englischer Kirche, zwischen feudaler Kirche und christlichem Ethos, zwischen „altem" und „neuem" (reformierten) Glauben.

Besonders gut fassbar wird das More'sche Dilemma in der brieflichen Auseinandersetzung zwischen More (der lieber den Tod wählt, als seine Überzeugung zu verraten) und seiner hochgebildeten, von ihm sehr geliebten Tochter Margaret More-Roper (die meint, ihr Vater könne den fraglichen Eid leisten „ohne Schaden zu nehmen an seiner Seele"). Margaret billigte ihres Vaters Entscheidung nicht und versuchte bis zuletzt, ihn zur Eidesleistung zu bewegen.

■ Thomas More: Aber es hat mich wirklich noch nichts so tief und so schmerzlich getroffen, als zu sehen, wie Du, mein so sehr geliebtes Kind, Dich in leidenschaftlichem Erbarmen abmühst, mich zu überreden, das zu tun, worauf ich Dir aus reiner Notwendigkeit zur Rettung meiner eigenen Seele schon so oft eine klare Antwort gegeben habe. So kann ich, was die einzelnen Punkte Deines Briefes angeht, nicht antworten, zweifle ich doch nicht, daß Du Dich genau erinnerst, daß ich Dir die Dinge, die mein Gewissen bewegen ... mehrmals dargetan habe und keinem anderen Menschen sonst eröffnen kann.

Margaret More-Roper: Bestimmt, Vater ... ich finde, das kannst du ohne jedes Bedenken schwören. Aber, Vater, daß man meint, du solltest den Suprematseid nicht verweigern, zumal du so viele gute und gelehrte Männer schwören sahst, heißt nicht, du sollst schwören, um ihnen Gesellschaft zu leisten ... Sondern der gute Glaube, den du Ursache hast, wegen der genannten Eigenschaften ihnen entgegenzubringen, soll dich bewegen, den Eid als solchen zu betrachten, wie ihn jedermann leisten kann, ohne Schaden zu nehmen an seiner Seele, wenn sein persönliches Gewissen keinen Anlaß gibt. Und ferner: Du hättest eigentlich guten Grund, dein eigenes Gewissen zu ändern, indem du es dem Gewissen vieler angleichst, beziehungsweise wenn du so wärst, wie du weißt, daß sie sind. Und da es auch von einem vom Parlament gemachten Gesetz befohlen wird, meinen sie, daß du um der Gefahr deiner Seele willen gehalten bist, dein Gewissen zu wandeln und zu erneuern und es an denen anderer Menschen, wie ich sagte, auszurichten.

Thomas More (vermutl. ein Gebet von M. M.-Roper zitierend): Unser Herr sende mir die Gnade, daß ich mein Leben bessere und immer ein Auge auf mein Ende habe, ohne mich gegen den Tod zu sträuben. Ist er doch denen, die in Gott sterben, das Tor zu einem reichen Leben, zu dem Gott uns alle in Seiner endlosen Gnade geleiten möge. ■

Wie das hier dargestellte Dilemma des Thomas Morus ließen sich in ähnlicher Weise auch andere historische Dilemmata von bleibender Aktualität aufbereiten. Eine größere Zahl sich dafür eignender Zeugnisse findet man etwa im Kontext des christlichen Widerstands gegen das Nazi-Regime, zum Beispiel von Dietrich Bonhoeffer, den Mitgliedern der „Weißen Rose", von Nikolaus Groß, dem Religionslehrer Georg Maus (vgl. LOSCHER/HAHN 1987), von Franz Jägerstätter, Alfred Delp u. a.

„Das kann nicht wahr sein!" Wundergeschichten

von Rudolf Englert

■ Grundschulkinder mögen Wundererzählungen; Religionspädagogen und -pädagoginnen jedoch fürchten, dass diese Begeisterung in die falsche Richtung führt und Jesus als mirakulöser Supermann missverstanden wird. So schwelt seit Jahrzehnten eine bis heute unentschiedene Kontroverse darüber, ob Wunder grundschultauglich sind oder nicht (vgl. zum Beispiel WEGENAST 1999; RITTER 1995). In der Sekundarstufe I dagegen ist es oft umgekehrt. Die Schüler hätten nun eigentlich die kognitiven Voraussetzungen für ein theologisch angemessenes Verständnis der Wunder. Doch die Jugendlichen halten sie für Kindergeschichten und lehnen es ab, an sie zu „glauben". Und weil sich schließlich auch die Religionslehrer selbst mit den „Wundern" schwer tun, sind diese in der Praxis der Sekundarstufe I, wie es scheint, kaum noch ein Thema (vgl. ALKIER/DRESSLER 1998, S. 163). Was also tun mit den Wundergeschichten? ■

„Wunder gibt es immer wieder": Lebensweltliche Anknüpfungspunkte

Wer von Wundern erzählt, tut keineswegs etwas so Außerordentliches, wie es zunächst vielleicht erscheinen mag. Denn von Wundern ist gar nicht so selten die Rede: dem „Wunder der Technik", dem „Wunder von Bern", einem „Wunderkind", einem „Weltwunder", dem „Wunder", dass dieser oder jene überlebt hat: Die Welt scheint voller Wunder.

Von einem „Wunder" sprechen wir gemeinhin, wenn etwas geschieht, das aller Erwartung widerspricht, etwas, für das wir keine Erklärung haben, das uns schier unglaublich vorkommt. Diese Redeweise ist gar kein schlechter Einstieg auch ins Verständnis der neutestamentlichen Wundergeschichten. Denn auch in diesen Geschichten zeigt sich, dass die Wirklichkeit mehr Möglichkeiten bereithält, als man denkt.

Zum Stichwort „Wunder" findet sich natürlich auch manches Skurrile. So ist auf einer „Wunderseite" im Internet eine Fülle wunderlicher, rätselhafter und unerklärlicher Phänomene zusammengetragen: spektakuläre Marienerscheinungen, Milch trinkende Götterstatuen, seltsame Lichtkreise und Lichtzeichen usw. (vgl. info@diewunderseite.de). Offenbar soll damit deutlich gemacht werden: Es gibt mehr zwischen Himmel und Erde, als unser Verstand fassen kann.

Eine große Rolle spielt das Wunder in den Produktionen der Unterhaltungsindustrie. Und zwar nicht nur in der Volksmusik à la Marianne und Michael, sondern auch in der Popmusik. Kein Wunder! Denn das Wunder schlechthin ist natürlich das „Wunder der Liebe“. Die Liebe ist ein Wunder, weil sie unserer vertrauten Wirklichkeit völlig neue Möglichkeiten entlockt, weil sie uns die Welt in einem anderen Licht zeigt, weil sie uns verwandelt, weil sie alles anders macht ... und zwar ganz *ohne* dass hier etwas geschähe, das ‚gegen die Natur‘ wäre – ganz im Gegenteil ...

■ Katja Ebstein
Wunder gibt es immer wieder

Wunder gibt es immer wieder
heute oder morgen
können sie geschehn.
Wunder gibt es immer wieder
wenn sie dir begegnen
musst du sie auch sehn. ■

Die Probleme mit Wundergeschichten

Das „Wunder der Liebe“ oder das „Wunder von Bern“ sind zu einem Teil unseres Alltagsbewusstseins geworden. Solche Wunder sind etwas Großartiges, ohne Zweifel, und es gibt sie tatsächlich „immer wieder“, das zeigt die Erfahrung. Wider alle Erfahrung hingegen und damit „unmöglich“ werden den meisten die Milch trinkenden Götter-Statuen erscheinen. Vielleicht wird man denken „total bizarr“ oder „eine typische Sommerloch-Meldung“ und gar nicht erst annehmen, dass sie von irgendjemandem ernst gemeint gewesen sein könnte.

Was aber ist mit den neutestamentlichen Wundergeschichten? Diese sind offensichtlich auch ziemlich bizarr: Verwandlung von Wasser in Wein, Austreibung von Dämonen, Auferweckung von Toten usw., aber offensichtlich sehr ernst gemeint. Damit tun sich Schüler und Schülerinnen erfahrungsgemäß schwer. Und nicht nur die Schüler, auch viele Religionslehrende weichen diesen sperrigen Geschichten gerne aus. Die Frage ist: Was soll man heute mit Geschichten anfangen, die unserem Realitätssinn so diametral widersprechen?

Wenn Lehramtsstudierende über ihre Glaubensbiografie sprechen, bekommt man immer wieder zu hören: Es war ein Schock für mich, im Studium zu hören, dass die Wunder Jesu gar nicht so stattgefunden hätten. – Die Bibelwissenschaft ist den Betroffenen hier, mindestens zunächst einmal, zur Anfechtung ihres Glaubens geworden. Die Frage ist: Was wird aus den Wundern im weiteren Fortgang der Glaubensbiografie? Was kommt „nach" der Destruktion ‚naiven' Wunderglaubens? Vielleicht fragen Sie sich einmal selbst: Wie sieht meine eigene Geschichte mit den Wundergeschichten aus?

Die Unsicherheit im Umgang mit Wundergeschichten betrifft im Wesentlichen drei Punkte:

- die Unsicherheit, was man über Wundergeschichten wissen muss, um sie nicht misszuverstehen (das sachkundliche Problem)
- die Unsicherheit, wie Wundergeschichten zu interpretieren sind, damit sie von den Schülerinnen und Schülern nicht als unglaubhafte Mirakel einfach abgetan werden (das hermeneutische Problem)
- die Unsicherheit bezüglich der altersgerechten didaktischen Erschließungsweise von Wundergeschichten (das didaktische Problem)

Auch in Anbetracht solcher Probleme darf auf eine didaktische Erschließung der Wundergeschichten im schulischen Religionsunterricht nicht verzichtet werden. Wer Jesus nur als Lehrer und streitbaren Propheten und nicht auch als Wundertäter vorstellt, verkürzt seine Person und sein Wirken um eine wesentliche Komponente.

> Der bekannte Theologe *Fulbert Steffensky* hat einmal auf die Frage, welche Geschichten wir Kindern heute erzählen sollen, drei Auswahlkriterien genannt: „Ich erzähle ... Geschichten, die ich liebe, ich erzähle Geschichten, die die Kinder brauchen, und ich erzähle Geschichten, die zentral sind für meine religiöse Tradition." (Unveröffentlichtes Vortragsmanuskript; zit. n. Tschirch 1997, S. 23) – Vielleicht fragen Sie sich an dieser Stelle einmal selbst: 1. Gibt es eine Wundergeschichte, die ich liebe? und 2. Inwiefern glaube ich, dass die Kinder bzw. Jugendlichen, mit denen ich arbeite, diese Geschichte brauchen?

Was muss man über Wundergeschichten wissen? Das sachkundliche Problem

Die Arbeit mit neutestamentlichen Wundergeschichten bedarf einer gründlichen fachlichen Vorbereitung. „Wunder" kann man nicht „mal eben" machen. Im Folgenden haben wir einige Essentials der Wunder-Forschung zusammengestellt. Wenn sie in angemessener Weise berücksichtigt werden, lassen sich eine Reihe von Missverständnissen vermeiden.

- Wundergeschichten sind eine *gemeinantike Erzählgattung*, die auch in der jüdischen (vgl. zum Beispiel Becker 2002) und besonders auch in der hellenistischen Welt (vgl. Kollmann 2002, S. 29–56) verbreitet waren. Wundergeschichten hatten hier in der Regel die Funktion, den Wundertäter in besonderer Weise zu autorisieren, zum Beispiel seine göttliche Herkunft oder seine prophetische Sendung (zu analogen Geschichten aus unterschiedl. Kulturräumen vgl. z. B. Halbfas 1989, S. 146–150). Sie setzen ein Wirklichkeitsverständnis voraus, in dem das Maß des Möglichen nicht durch Naturgesetze definiert ist, sondern in dem breiter Raum auch für das aus naturwissenschaftlicher Sicht Unmögliche ist.

> *Rudolf Bultmann* (1884–1976) hat das Weltbild der Antike, das in vielen Grundzügen ganz selbstverständlich auch das des Neuen Testamentes ist, sehr prägnant charakterisiert:
> „Die Welt gilt als in drei Stockwerke gegliedert. In der Mitte befindet sich die Erde, über ihr der Himmel, unter ihr die Unterwelt. Der Himmel ist die Wohnung Gottes und der himmlischen Gestalten, der Engel; die Unterwelt ist die Hölle, der Ort der Qual. Aber auch die Erde ist nicht nur die Stätte des natürlich-alltäglichen Geschehens, der Vorsorge und Arbeit, die mit Ordnung und Regel rechnet; sondern sie ist auch der Schauplatz des Wirkens übernatürlicher Mächte, Gottes und seiner Engel, des Satans und seiner Dämonen. In das natürliche Geschehen und in das Denken, Wollen und Handeln des Menschen greifen die übernatürlichen Mächte ein; Wunder sind nichts Seltenes.“ (Bultmann 1967, S. 15)

- In der Bibel finden sich Wundergeschichten sowohl im Ersten („Alten“) wie auch im Zweiten („Neuen“) Testament. Wunder bringt die Bibel vor allem mit Propheten und anderen Gesandten Gottes in Verbindung (zum Beispiel mit Moses, Elia oder Elisa). Eine besondere Rolle spielen Wunder in den Evangelien. Die Erzählungen von Wundern stellen einen *wesentlichen Bestandteil der Jesus-Überlieferung* dar. Keine andere literarische Gattung, nicht einmal die Gleichnisse, nehmen einen so breiten Raum ein: Je nach Zählung besteht die Wundertradition aus 30–35 Einzelerzählungen, 4 Logien und 11 Summarien.
- Die *Wunder-Tradition ist vielgestaltig*. Im Anschluss an A. Weiser kann man unterscheiden: Exorzismen (z. B. Mk 5,1–20 parr.: Der Besessene von Gerasa), Heilungen (z. B. Mk 1,29–31 parr.: Die Schwiegermutter des Petrus), Totenerweckungen (z. B. Mk 5,21–43: Die Tochter des Jairus), Naturwunder (z. B. Mk 4,35–41: Die Stillung des Seesturms) und Begleitwunder (z. B. Mk 15,38: Das Zerreißen des Tempelvorhangs). Es finden sich aber auch andere Klassifikationsvorschläge. Wie auch immer: Es gibt

demnach keinen Bereich der Welt, in welchen die in Jesus wirksame transformative Kraft nicht hineinreichte: nicht das Reich des Dämonischen (Exorzismen), nicht der Bereich von Krankheit und Tod, nicht der Bereich der den Menschen bedrohenden Natur.

- Wenn man neutestamentliche Wundergeschichten miteinander vergleicht, so zeigen sich im Aufbau dieser Geschichten gewisse *typische Eigentümlichkeiten* (formgeschichtliche Betrachtung): Zunächst (1) wird die Situation geschildert und das Personal vorgestellt, zum Beispiel Mk 5, 21: Jesus fährt im Boot ans andere Ufer des Sees, eine große Menschenmenge versammelt sich um ihn. Da tritt der Synagogenvorsteher Jairus an Jesus heran. Dann (2) wird eine Exposition gegeben: Der „Fall" wird geschildert und man fragt sich: Was geschieht jetzt? Jairus fleht Jesus um Hilfe für seine Tochter an, die im Sterben liegt. Jesus folgt Jairus zu dessen Tochter. Es folgt der Hauptteil bzw. die eigentliche Wunderhandlung (3): Als Jesus unter gewissen Schwierigkeiten (vgl. die eingeschobene Wundergeschichte von der „blutflüssigen Frau") bei der Tochter anlangt, ist diese offenbar bereits tot; doch Jesus kann das nicht schrecken. Er erweckt das Mädchen wieder zum Leben. Schließlich der so genannte „Chorschluss" (4): die Reaktion derer, die Zeugen des Wunders geworden sind: „Die Leute gerieten außer sich vor Entsetzen." (Mk 5,42).
- Wichtig ist auch zu bedenken, was die historisch-kritische Exegese den *„Sitz im Leben"* nennt: Im Kontext der jesuanischen Verkündigung hatten zeichenhafte Handlungen wie zum Beispiel die Tischgemeinschaft mit Sündern, die Übertretung von Normen oder eben auch wunderbare Errettungen aus dem Machtbereich von Besessenheit, Krankheit und Not den Sinn, antizipierend etwas spürbar werden zu lassen von dem, was Jesus das „Reich Gottes" oder das „Himmelsreich" nennt. In der urchristlichen Verkündigung hatten die Wundergeschichten dann auch eine missionarisch-werbende Funktion. „Im Zuge der Mission will die Gemeinde die Überlegenheit Jesu Christi gegenüber anderen Kultgöttern, von denen Wundertaten berichtet werden, demonstrieren." (Bee-Schroedter 1998, S. 76) Eine in der Entwicklung der Wundertradition deutlich erkennbare Tendenz zu einer zunehmenden Steigerung der Geschichten ist auch von daher zu erklären.
- Im Vergleich vor allem mit der hellenistischen Wundertradition zeigen die neutestamentlichen Wundergeschichten eine *mirakelkritische Redaktion*. Jesu Wundertaten werden vergleichsweise zurückhaltend und unspektakulär geschildert. Bezeichnenderweise werden für „Wunder" im neutestamentlichen Griechisch die Begriffe „dynamis" (Kraft, Krafterwei-

sung), „semeion“ (Zeichen), „ergon“ (Handlung, Tat) und „téras“ (Machttat) gebraucht, niemals hingegen der Begriff „thauma“ (Mirakel). Alle drei synoptischen Evangelien berichten, dass Jesus den Wunsch zurückgewiesen habe, „er möge ein Zeichen vom Himmel vorführen“ (Mt 16,1). Was die Bibel Wunder nennt, versteht Jesus also gerade nicht als unwiderlegliches Demonstrationsmittel seiner göttlichen Sendung.

- Die neutestamentlichen Wundergeschichten wurden *von den Evangelisten im Sinne ihrer Christologie jeweils unterschiedlich akzentuiert*. Am deutlichsten ist dies bei Johannes, der möglicherweise aus einer eigenen Quelle der Wunderüberlieferung (der so genannte Semeia-Quelle) schöpfen konnte. Stärker als die Synoptiker versteht Johannes Wundertaten als Zeichen- bzw. Symbol-Handlungen. (So ist das verderbliche Brot, um das es bei der wunderbaren Speisung in Joh 6,1–15 geht, im Sinne von Joh 6, 22–59 ein Zeichen für die unverderbliche Stärkung, die Gott gibt und die der Welt das wahre Leben schenkt.) Anders auch als die Synoptiker sieht Johannes Jesus nicht so sehr als das auserwählte Werkzeug, durch das Gott wirkt, sondern als aus eigener Macht handelnden „göttlichen Mann“.

Was wollen Wundergeschichten sagen? Das hermeneutische Problem

Es gibt zahlreiche Arbeiten, die eine gute Übersicht über die Geschichte der Exegese und der Didaktik neutestamentlicher Wundergeschichten bieten (z. B. Blum 1997; Bee-Schroedter 1998; Wegenast 1999). Welcher Gewinn lässt sich aus dieser Geschichte ziehen?

Der hermeneutisch wichtigste Punkt ist wohl die *Überwindung eines rationalistischen Wunderverständnisses*. Ein solches Verständnis stellt die Frage nach der Historizität der Wunder Jesu in den Mittelpunkt („Passiert oder nicht passiert?“). Es findet sich in unterschiedlichen Ausprägungen: *Aufklärerische Rationalisten* lehnen die Annahme ab, dass die Wunder „tatsächlich“ geschehen seien, weil Wunder „gegen die Natur“ und insofern mit der Vernunft nicht vereinbar seien. *Fromme Rationalisten* hingegen betrachten die Wunder als unumstößliche Beweismittel für die göttliche Sendung Jesu, Beweismittel, welche die Vernunft geradezu nötigten, an Jesus zu „glauben“. Beide Ausprägungen rationalistischen Wunderverständnisses haben sich, obwohl sie zu ganz unterschiedlichen Konsequenzen gelangen, gleichermaßen als hermeneutische Sackgassen erwiesen.

■ Aus einem aufklärerischen Interesse heraus versteht sich etwa der Versuch einer „natürlichen" Deutung der Wunder. „Hinter" den Wundern werden verdeckte natürliche Ursachen vermutet. Allerdings muten manche der „natürlichen" Ursachen, mit denen Aufklärer des 19. Jahrhunderts die Geheimnisse der Wunder gelüftet zu haben meinten, heute recht kurios an: Jesu Wandeln auf dem See zum Beispiel wird „erklärt" als Gehen auf unsichtbar umhertreibenden schwimmenden Bauklötzen oder als Durchqueren einer Flachwasserzone, die Engel der Weihnachtsgeschichte sollen fehlinterpretierte Lichterscheinungen gewesen sein, die Stillung des Sturms soll topografischen Gegebenheiten am See Genezareth geschuldet gewesen sein usw. (vgl. Blum 1997, S. 101; Berger 1996, S. 31 f.). ■

Die Exegese und Didaktik der Wundergeschichten hat in verschiedenen Richtungen versucht, über ein solches rationalistisches Wunderverständnis hinauszuführen. Dies kann natürlich nur gelingen, wenn sich zeigen lässt: Die Wundergeschichten sind für uns auch dann bedeutungsvoll, wenn sie kein historisches Geschehen zum Ausdruck bringen. Einige dieser Interpretationsversuche seien hier kurz angesprochen:

■ **die funktionale Interpretation** (vgl. zum Beispiel Rudolf Bultmann): Dieser Ansatz versucht die existenzielle Relevanz der Wundergeschichten aus ihrer zeitbedingten mythologischen Einkleidung (was z. B. die Annahme von Dämonen oder den Glauben an die Wirkung magischer Praktiken anbelangt) herauszulösen („Entmythologisierung"). Demnach haben Krankheiten und ihre Heilungen natürliche Ursachen und beruhen nicht auf dem Wirken von Dämonen bzw. auf deren Bannung. Die Wunder des Neuen Testaments sind, wie Bultmann sagt, damit als Wunder erledigt. Was wir „Wunder" nennen, beziehe sich nicht auf Fakten, sondern stelle eine zeitlich bedingte Form urchristlicher Missions-Predigt dar. Die Erzählung von „Wundern" sei sozusagen eine damals übliche Form der Public Relations für Propheten und ihre religiösen Bewegungen gewesen.

■ **die spirituelle Interpretation** (vgl. z. B. Drewermann 1991): Demnach haben wir es bei den Wundergeschichten mit einer Veräußerlichung von im Inneren der Menschen (durch Glaube, Umkehr usw.) in Gang gebrachten Verwandlungen zu tun. Beispiel: Die Geschichte vom blinden Bartimäus (Mk 10,46–52). Aus dieser Sicht ist davon auszugehen, dass mit der Blindheit des Bartimäus nicht eine organische Blindheit gemeint ist, sondern eine Blindheit des Herzens. Ähnlich bei der Sturmstillung; auch hier handele es sich nicht um eine mirakulöse Bezwingung der Meeresfluten, sondern um eine Bewältigung der im Bild von der Chaosflut dargestellten Angst (primär der Angst der Jünger, darüber hinaus aber der Ängste eines jeden Menschen).

- **die performative Interpretation:** Ob die Wunder „wirklich“ geschehen sind oder nicht, ist demnach für die Bedeutung neutestamentlicher Wundergeschichten völlig unerheblich. Denn es sei nicht die historische Wirklichkeit, die einer Geschichte Wahrheit verschaffe, sondern die innere Wahrheit einer Geschichte, die eine neue Wirklichkeit schaffe. Aus dieser Sicht wollen Wundergeschichten also nicht Tatsachen abbilden, sondern eine neue Realität herbeiführen helfen: indem sie die Hoffnung auf die Möglichkeiten Gottes stärken.

Wie mit Wundergeschichten umgehen? Das didaktische Problem

Leider gibt es in der neueren Exegese kaum Ansätze zur Auslegung von Wundergeschichten, die sich didaktisch ohne größere Probleme fruchtbar machen ließen. Noch dazu weisen die wenigen Ansätze, die mit dem Anspruch praktischer Relevanz auftreten können (vgl. z. B. Scholz 1994; Alkier/Dressler 1998) in zwei scheinbar entgegengesetzte Richtungen:

Die eine Richtung ist stark bestimmt durch eine *konstruktivistische* Perspektive; dementsprechend betont sie die aktive Rolle des Lesers bei der Re-Konstruktion dessen, was ein Text an Sinn und Relevanz freigibt. So gesehen gibt es keine einzige ‚richtige‘ Bedeutung, sondern eine Fülle möglicher und legitimer Lesarten. Auch der von der historisch-kritischen Exegese erschlossene ‚ursprüngliche‘ Textsinn ist nur eine Leseart. Lachmann bemerkt dazu kritisch: „Überspitzt formuliert liefe ein solcher Ansatz auf eine ‚Didaktik des Wachsenlassens vom Kinde her‘ hinaus mit einer bunten Vielfalt an Blüten und einem wildwüchsigen Ertrag!“ (Lachmann 1999, S. 206)

Die andere Richtung ist bestimmt durch eine semiotische Sichtweise; sie betrachtet Texte als „fremde Welten“ (Alkier/Dressler 1998, S. 163), denen sich der Leser mit Respekt zu nähern und denen gegenüber er die „Wut des Verstehens“ (D. F. Schleiermacher) zu zügeln hat. Denn die fremde Welt eines Textes erschließe sich nur denen, die in einer geradezu detektivischen Kleinarbeit versuchten, die Zeichen, aus denen dieser Text gewoben ist, aus ihrem immanenten Verweisungszusammenhang heraus zu dechiffrieren. Alkier/Dressler warnen: „Wir müssen bei jedem einzelnen Wort damit rechnen, daß es in diesem Text etwas anderes bedeutet, als wir es gewohnt sind.“ (Alkier/Dressler 1998, S. 181) Man kann sich denken, wie spannend diese Entdeckungsreise in die fremde Welt zum Beispiel einer Wundergeschichte sein kann – aber auch, welcher außerordentlich hohe hermeneutische Kraftaufwand Schüler und Schülerinnen hier zugemutet wird.

Beim ersten Weg lässt man die Begegnung zwischen Text und Leser also stark vom Leser her bestimmt sein – dessen Kreativität im Umgang mit dem Text dementsprechend durch allerlei Methoden anzustacheln versucht wird. Beim zweiten Weg hingegen muss das Begehren des Lesers, sich den Text in sein Sinngefüge einzuverleiben, zunächst hintanstehen, das heißt, die Begegnung zwischen Text und Leser wird stark vom Text und seinem Anspruch her bestimmt. Man ahnt, dass sich diese beiden Wege nicht unbedingt ausschließen müssen. In der interaktionalen Bibelarbeit beispielsweise wird versucht, die Begegnung mit dem Text alternierend einmal stärker im Stil subjektiver Annäherung und einmal stärker im Stil objektivierender Distanz stattfinden zu lassen (vgl. z. B. Berg 1991, S. 169–195). Eine solche Kombination der Zugänge dürfte der Bibeldidaktik am ehesten einen wirklich gangbaren Weg eröffnen.

Vor diesem Hintergrund seien im Folgenden eine Reihe von Punkten genannt, die bei der religionsunterrichtlichen Arbeit mit Wundergeschichten zu bedenken bzw. zu berücksichtigen sind. Allerdings ist, wie bereits deutlich wurde, der fachliche Konsens in diesen Fragen deutlich dünner als in den vorher angesprochenen exegetischen Sachfragen.

- Die Auseinandersetzung mit den Wundergeschichten sollte keinesfalls enggeführt werden auf die Frage „passiert oder nicht passiert?“. Es kommt vielmehr darauf an, aus der Fixierung auf diese Frage herauszukommen, um den auch für uns heute relevanten Gehalt dieser Geschichten herauszuarbeiten. Es könnte aus diesem Grunde vielfach ratsam sein, zunächst gar nicht die Kategorie „Wunder“ zu gebrauchen, sondern die ausgewählte Geschichten selbst sprechen zu lassen.
- Die performative Deutung erscheint dabei hilfreicher als die lediglich funktionale und sachlich angemessener als die spirituelle. Unter Würdigung der Differenz zwischen antikem und modernem Wirklichkeitsverständnis versucht sie die Wundergeschichten konsequent von Jesu Reich-Gottes-Botschaft her zu verstehen: als Erzählungen, die zeigen wollen, wie sich die Welt verwandelt, wo die Botschaft von Gottes Liebe und Vergebung Raum gewinnt: Blinde können wieder sehen, Lahme wieder gehen, Aussätzige werden rein, die Mächte der Finsternis und des Todes lassen sich überwinden. Die Wundergeschichten erscheinen hier nicht mehr als Berichte von vor 2000 Jahren in Palästina (angeblich) stattgefundenen außerordentlichen Geschehnissen, sondern als Erzählungen, die ihre heutigen Hörer ermutigen wollen, auf die verwandelnde Kraft des Glaubens an Jesus und seine Botschaft zu vertrauen. Wundergeschichten wollen uns aus dieser Sicht dazu „verführen“, im Vertrauen auf die Macht der

Liebe selbst verwandelnd zu wirken, selbst „Wunder“ zu tun.

- In der Religionspädagogik gibt es sehr unterschiedliche Auffassungen darüber, ab welchem Alter Wundergeschichten frühestens unterrichtlich eingesetzt werden sollten. Die einen meinen, vor dem 14. Lebensjahr sähen die meisten Schülerinnen und Schüler Wunder als mirakulöse Spektakel an. Dies hätte unweigerlich Missverständnisse zur Folge, die sich später nur schwer wieder ausräumen ließen (Jesus als Superman, Gott als „deus ex machina“ ...). Andere sagen, niemand bräuchte Wundergeschichten so nötig wie Kinder (vgl. RITTER 1995; BÜTTNER 2002). Wenn es nicht die Bibel sei, die ihnen solche Geschichten anböte, dann besorgten sie sich diese eben aus dem Fernsehen oder aus Comics. Dass Jesus in diesen Geschichten als mächtiger Held aufträte, sei eine altersgemäß durchaus akzeptable Form seines Verständnisses als Retter und Heiland. Empirische Untersuchungen bestätigen die besondere Prägekraft der Wundergeschichten: Oft ist es gerade seine Wundertätigkeit, die Kinder an Jesus beeindruckt (vgl. BÜTTNER 2002, S. 60).
- Es ist anzunehmen, dass Probleme beim Verständnis von Wundergeschichten damit zu tun haben, dass vor allem jüngere Schüler und Schülerinnen mit intuitiven Theorien operieren (zum Beispiel magischen Vorstellungen, „naiven“ kosmologischen Theorien, einem faktizitätsgebundenen Wahrheitsverständnis), die für die Rezeption eines fachlich wünschenswerten Wunderverständnisses wenig Raum lassen. Dies dürfte vor allem für die Frage gelten, inwiefern den in diesen Geschichten erzählten Wundern eine Wahrheit auch dann zuzubilligen ist, wenn sie sich nicht auf empirisch verifizierbare Fakten beziehen. Deshalb sollten Wundergeschichten, nachdem sie in der Grundschule vor allem in identifikatorischer Absicht bearbeitet wurden (vgl. dazu RITTER 1995, BÜTTNER 2002), in der Sekundarstufe I erst in den höheren Klassen wieder ausführlicher aufgegriffen werden – dann eben, wenn damit zu rechnen ist, dass die Schüler für deren spirituelle und performative Tiefendimension wieder aufgeschlossener sind.

■ Schon bei Kindern zwischen 9 und 12 Jahren können die für jüngere Schüler so zentralen Wundergeschichten eher zur Glaubwürdigkeitsbelastung als zum Identifikationsverstärker werden. Als Illustration dazu ein Ausschnitt aus einem Interview mit dem 10-jährigen Klaus:

Klaus: Manchmal denke ich schon nach, ob das jetzt stimmen kann, daß der auferstanden ist, also aus dem Grab, und manchmal auch, ob es den ehrlich gab. Da bin ich mir wahrscheinlich schon sicher, aber eben nicht so ganz. Da gibt es eben viele Sachen, wo man eben schlecht drüber, also schlecht glaubbar sind.

I: Welche denn zum Beispiel?

Klaus: Ja, irgendwie, ich weiß nicht mehr, da hat die uns eine Geschichte vorgelesen, da waren die auf so'ner Party und da war dann der Wein alle, und da hat der Jesus gesagt: „Holt Wasser aus dem Brunnen und schmeckt dran." Und dann war das Wein. Und auch eben daß der auferstanden ist. Das finde ich ziemlich schlecht glaubbar. (ARNOLD/HANISCH/ORTH 1997, S. 33 f.) ■

- Kognitionspsychologische Arbeiten zeigen (vgl. SCHNOTZ 2001), dass die Herausbildung neuer Erkenntnisse gerade dann gefördert wird, wenn die bisherigen Sichtweisen der Lernenden explizit thematisiert und berücksichtigt werden. Für die Arbeit mit Wundergeschichten gilt dies in besonderem Maße, denn es geht hier sehr stark auch darum, ein inadäquates bzw. theologisch nicht weiter führendes Wunder-Verständnis zu überwinden. Dafür aber muss dieses erst einmal deutlich geworden und auch mit entsprechenden Sachgründen geltend gemacht worden sein. Hilfreich erweisen sich in diesem Zusammenhang die Einsichten aus der religionspädagogischen Elementarisierungsforschung (vgl. SCHWEITZER 1995). Von daher wird gut zu überlegen sein, wie Schülern ein für sie wirklich nachvollziehbarer Zugang zu einer ihr bisheriges Wunder-Verständnis überschreitenden Interpretation gelegt werden kann.

Wir verfügen über zwei aktuelle empirische Untersuchungen darüber, wie Jugendliche Wundergeschichten verstehen (von Hans-Joachim Blum und Heike Bee-Schrödter). Blum zieht aus seinen Interviews mit 56 Schülerinnen und Schülern zwischen 10 und 19 Jahren ein ziemlich ernüchterndes Fazit:
Bei den Befragten waren exegetisch und religionspädagogisch angemessene Formen des Wunderverständnisses kaum anzutreffen. Es ist bei den Wundergeschichten offensichtlich noch schwieriger als bei den Gleichnissen, über ein buchstäbliches Verstehen hinauszukommen. Wunder werden nicht selten „zum Stolperstein auf dem Weg zu einem reifen Glaubensverständnis" (vgl. BLUM 1997, S. 204).
Vor diesem Hintergrund ist zu fragen: Wie erklärt sich, dass die von der Exegese entwickelten Deutungsmöglichkeiten kaum ankommen? Dass Kinder und Jugendliche vielmehr auf der Ebene eines wörtlichen (Miss-)Verstehens dieser Geschichten stehen bleiben – was wiederum dazu führt, dass viele diese Geschichten als unwahr oder irrelevant ablehnen? Wie müsste eine Didaktik der Wundergeschichten angelegt sein, um bessere Ergebnisse zu erzielen?

Die Erschließung eines theologisch angemessenen Verständnisses biblischer Wundergeschichten muss gut vorbereitet werden. Denn wer Wundergeschichten verstehen – und mehr noch: Wunder selbst erleben können will, muss Erfahrungen in Geschichte und Natur „in ihrer Zeichenhaftigkeit auf das schöpferische Wirken Gottes hin deuten" (FRANKEMÖLLE 1994, S. 292) können. Die Aufnahme des Themas in der Sekundarstufe I ist also angewiesen auf eine gute Vorarbeit. In diesem Zusammenhang können beispielsweise nützlich sein: Überlegungen zum „Sehen-Lernen" einer metaempirischen Wirklichkeit (vgl. HALBFAS 1983, S. 199), die Einbettung der Wundergeschichten in den Überlieferungsstrom von Glaubenszeugnissen – die deutlich macht, wie sich durch die gesamten biblischen Schriften die Hoffnung zieht: Für Gott ist alles möglich; wo man ernsthaft mit Gottes Macht rechnet, geschieht Unglaubliches (vgl. FRANKEMÖLLE 1994, S. 292).

Zusammenfassend lässt sich sagen:

- Wundergeschichten sind keine Tatsachenberichte über durch Zauberei bewirkte Mirakel. Sie wollen nicht sagen, dass zur Zeit Jesu Dinge geschehen sind, in denen die Strukturen der Wirklichkeit außer Kraft gesetzt waren.
- Wunder wollen als Zeichen für das bereits angebrochene Reich Gottes verstanden werden. Sie sind sichtbare Zeichen für die Glaubwürdigkeit dessen, was die Gleichnisse versprechen: dass sich das Reich Gottes unwiderstehlich durchsetzen wird; dass wir nicht erst auf eine ferne Zukunft warten müssen, um an der Herrschaft Gottes teilhaben zu können, sondern jetzt schon Spuren dieser Herrschaft entdecken können.
- Wundergeschichten sind Glaubensgeschichten. Sie zeigen, dass die Wirklichkeit dem, der glaubt, mehr Möglichkeiten eröffnet als sich denken lassen.
- Wundergeschichten sind Mutmach-Geschichten. Sie wollen zeigen, dass sich die Lage ändern kann, dass man im Vertrauen auf Gott die Hoffnung nie aufgeben muss. In diesem Sinne: Als aus dem Glauben heraus erzählte Hoffnungsgeschichten kann von Wundern gar nicht früh genug erzählt werden.
- Ein in bibeltheologischem Sinne angemessenes Wunderverständnis ist prozessual zu entwickeln. Dies ist nur möglich, wenn in bibeltheologischem Sinne inadäquate Interpretationen ausdrücklich aufgenommen werden.
- Wundergeschichten sind Geschichten von der Wendung konkreter Not. Sie fragen uns: Inwiefern ist die in dieser Geschichte angesprochene Not auch deine Not?
- Wunder können als in sich geschlossene Einheit zum Thema gemacht werden; sie lassen sich aber auch in vielfältiger Weise mit anderen Themen verbinden (zum Beispiel „Sehen lernen", „Angst haben", „Umgang mit Scheitern" ...).

Methodische Arbeitsmöglichkeiten

Für keinen anderen religionsdidaktischen Inhaltsbereich lassen sich so viele methodische Arbeitsmöglichkeiten finden wie für den Bereich der Bibeldidaktik. Die methodischen Arbeitsformen sollten jeweils reflektierter Bestandteil einer bestimmten didaktischen Erschließungsstrategie sein. Den religionsunterrichtlichen Aufgaben und Wirkungsmöglichkeiten besonders angemessen erscheinen solche didaktischen Konzepte, die in der Lage sind, die Schülerinnen und Schüler mit ihrer Erfahrungswelt einerseits und die biblische Tradition mit ihrem Geltungsanspruch andererseits in einen produktiven Dialog zu bringen. Ganz besonders geeignet erscheint dafür eine „interaktionale Auslegung", die sowohl dem Geltungsanspruch des Textes Respekt entgegenbringt (sachorientiert-analytische Komponente) als auch den Schülern die Freiheit lässt, ihre ganz persönlichen Wahrnehmungen und Einstellungen in die Auseinandersetzung mit einem Text einzubringen (subjektorientiert-kreative Komponente).

Horst Klaus Berg skizziert die interaktionale Bibelarbeit im Anschluss an deren Pioniere (insbesondere Walter Wink und Theophil Vogt) als einen in seinem konkreten Nacheinander variablen Dreischritt, der die Schüler abwechselnd in subjektive Nähe und in sachbezogene Selbstdistanz gegenüber dem Text versetzt (vgl. Berg 1991, S. 178). Vieles spricht dafür, zunächst einmal Nähe herzustellen. Berg nennt diese Phase „erste Annäherung", die zweite (stärker analytische) „Erarbeitung" und die dritte, die wieder das eigene Ich des Schülers stärker ins Spiel bringen möchte, „Gestaltwerdung/Verleiblichung". Alle drei Phasen lassen sich methodisch äußerst variantenreich gestalten.

Es wäre zu überlegen, wie ein angemessenes Vorverständnis für die Bedeutung von Wundergeschichten angebahnt werden kann. Neutestamentliche Wundergeschichten ließen sich zum Beispiel in Anlehnung an das literarische Genus der „Science fiction" als eine Art „Human fiction" auffassen: als Geschichten, die am Beispiel der Transformation konkreter Not zeichenhaft deutlich machen wollen, wie eine Welt aussehen könnte, die nach ‚Gottes Geschmack' ist. Man könnte Schüler, ohne dass noch von „Wundern" ausdrücklich die Rede ist, auffordern, sich gleichfalls einmal eine „Human fiction" auszudenken: Texte zu verfassen, die eine Welt spiegeln, in der Menschen wirklich glücklich sein könnten – eine Erzählung, ein Gedicht, einen Werbeprospekt oder die Verfassung bzw. die Hausordnung dieser neuen Welt (interessant dazu: Zirker 1983).

Es wäre zu bedenken, wie ein lebensweltlicher Bezug zu neutestamentlichen Wundergeschichten hergestellt werden kann. Dies muss schon bei der Auswahl der Geschichten im Blick sein. Auszugehen ist von der Einsicht: Wundergeschichten wollen die konkrete Not konkreter Menschen ansprechen. Sie wollen zeigen: Wir brauchen im Vertrauen auf die auch in unserem Leben wirksamen Zeichen göttlicher Zuwendung an unserer Not nicht zu ersticken. Von daher erscheinen besonders solche Geschichten geeignet, die mit altersbedingten Problemlagen der Schülern und Schülerinnen korrespondieren. Ohne dass die Wunder dabei spiritualisiert werden sollten, ist doch die metaphorische Dimension der in den Geschichten jeweils aufgenommenen Nöte zu sehen: das Gefühl, „aussätzig“ zu sein und von niemandem wirklich gewollt und geachtet zu werden (vgl. z. B. Mk 1,40-45 parr.), die Angst, den „Stürmen des Lebens“ nicht gewachsen zu sein und unterzugehen (vgl. Mk 4,35–41 parr.), die „Besessenheit“ von etwas, was einen nicht mehr Herr im eigenen Haus sein lässt (vgl. Mk 5,1–10 parr.) usw.

Die Begegnung mit einer Wundergeschichte sollte auf eine Weise in Gang kommen, die der Würde und dem Anspruch biblischer Texte entspricht. Vermeintliche Kleinigkeiten sind hier wichtig, zum Beispiel konzentriertes, lautes, eventuell mehrmaliges Lesen des Textes; Verwendung bewusst gestalteter Arbeitsblätter (Schriftgröße, Zeilenabstand, Rahmen usw.); eine Interaktion mit dem Text lebt wesentlich von der Eindringlichkeit, mit der dieser Text selbst präsentiert wird. Nach einer ersten Kenntnisnahme kann es hilfreich sein, den Text mit verteilten Rollen zu lesen, ihn dramaturgisch zu akzentuieren (etwa die Not des Hilfsbedürftigen noch deutlicher herauszustellen), ihn zu inszenieren, ihn durch ein Standbild (das die Schülerinnen mit ihren Körpern und wenigen Requisiten selbst erstellen) zu fokussieren usw. Die neutestamentlichen Wundergeschichten eignen sich für eine derartige ‚spielerische‘ Umsetzung ganz besonders gut.

Den Schülern sollte Gelegenheit gegeben werden, sich ihrer Fragen an den Text und sich ihrer eigenen Einstellung diesem gegenüber bewusst zu werden und ihre Sicht in die Interaktion mit dem Text einzubringen. Dabei kann eine kleine Liste mit Fragen helfen, beispielsweise: Interessant an dem Text finde ich ...; unverständlich finde ich ...; an dem Text stört mich, dass ...; besser hätte ich es gefunden, wenn ...; der Text sagt mir etwas, weil .../der Text sagt mir nichts, weil ... usw. Zunächst einmal sollte es wirklich um einen konkreten Text gehen und (noch) nicht um eine unter Umständen dann schnell vom Text wegführende Diskussion zur Glaubwürdigkeit von Wundererzählungen.

Die Schülerinnen und Schüler sollten veranlasst werden, sich dem Text auch analytisch zu stellen. Den Ausgangspunkt für weiterführende Entdeckungen am Text könnten die in der ersten Begegnung von den Schülern und Schülerinnen mitgeteilten „Unverständlichkeiten“ und „Störungen“ sein. Wichtig ist auch die angemessene Klärung sachkundlicher Fragen: Wie muss man sich ein Haus zur Zeit Jesu vorstellen, dass man durch dessen Dach einen Gelähmten samt Tragbahre hindurchschaffen kann (vgl. Mk 2, 1–12)? Was ist mit einer „Grabhöhle“ gemeint (vgl. Mk 5,2)? Was hat man sich unter einer „blutflüssigen Frau“ (vgl. Mk 5,25) vorzustellen? Usw. Teilweise können diese Sachinformationen sicherlich von den Schülern und Schülerinnen selbst recherchiert werden. Auch die Struktur bzw. die Komposition des Textes ist zu beachten. So könnte beispielsweise eine Arbeitsgruppe versuchen, aus einem Vergleich mehrerer entsprechender Geschichten die Stilgesetze neutestamentlicher Wundergeschichten herauszuarbeiten. Eine andere Gruppe könnte einmal probieren, mit den Kategorien einer linguistischen Strukturanalyse zu arbeiten, die Akteure der Geschichte formal zu beschreiben (Adressant/Erstaktant, Zweitaktant, Adressat/Drittaktant, Adiuvant, Opponent) und auf dieser Basis die Grundstruktur des Textes zu erhellen (vgl. dazu etwa Berg 1991, S. 119ff.); wieder eine andere Gruppe könnte, um zu verdeutlichen, dass neutestamentliche Wundergeschichten selbst in einem Traditionsfluss stehen (der in jeder Rezeption aufmerksamer Lesern und Leserinnen weitergeht), bei entsprechend geeigneten Geschichten einen synoptischen Vergleich vornehmen (interessant zu vergleichen sind z. B. Mk 4,35–41parr.: „Der Sturm auf dem See“ oder Mk 2,1–12 parr.: „Die Heilung eines Gelähmten“).

Besonderer Wert wird gerade bei der interaktionalen Bibelarbeit darauf gelegt, dass die Schülerinnen und Schüler ihre persönliche Text-Rezeption in einer für sie gültigen Form sinnlich fassbar zum Ausdruck bringen können. Indem man diesen Schritt der Entäußerung ans Ende der Auseinandersetzung mit dem Text stellt, wird deutlich, dass das Ergebnis der Textarbeit, bei aller dem Eigenanspruch des Textes zuzuwendenden Aufmerksamkeit, nicht für alle Schüler einfach dasselbe sein kann. In diesem letzten Schritt ist Kreativität gefragt: Aktualisierung des Textes, Visualisierung oder Vertonung des Textes, Übermalungen von zu einer Wundergeschichte aus dem Bereich der christlichen Kunst vorliegenden Bildern, Re-Inszenierung der Geschichte mit einem anderen Ausgang, Verfassen eines Gegen-Textes usw. Hans Schmid ist Recht zu geben, wenn er gerade diesem Schritt für das Gelingen einer Interaktion bzw. Korrelation zwischen überliefertem Text und heutigem Leser eine besondere Bedeutung beimisst:

„Vermutlich sind diese nichtsprachlichen, symbolischen und gestalthaften Formen von Korrelation für den langfristigen religiösen Bildungsprozess bedeutsamer als die Verbindungen, die oft im Lehrer-Schüler-Gespräch in einem Hauruck-Verfahren zusammengezwungen werden.“ (SCHMID 1997, S. 58)

Abschließend seien einige didakische Hinweise zusammengefasst, die die exegetische Fachliteratur ausklammern und sich auf Arbeiten mit einem religionsdidaktischen Interesse beschränken. Auch die grundlegenden bibeldidaktischen Arbeiten vor allem von HORST KLAUS BERG und INGO BALDERMANN, die allesamt einen guten Einblick in Grundlagen und Formen lebendiger Bibelarbeit geben, seien hier lediglich erwähnt (vgl. H. K. BERG: Ein Wort wie Feuer. Wege lebendiger Bibelauslegung, München/Stuttgart 1991; Grundriss der Bibeldidaktik, München/Stuttgart 1993; Altes Testament unterrichten. Neunundzwanzig Unterrichtsvorschläge, München/Stuttgart 1999 sowie I. BALDERMANN, Die Bibel – Buch des Lernens, Göttingen 1980; Einführung in die Biblische Didaktik, Darmstadt 1996; Auferstehung sehen lernen. Entdeckendes Lernen an biblischen Hoffnungstexten, Neukirchen-Vluyn 1999).

Reich an weiter führenden Perspektiven ist der von GODWIN LÄMMERMANN u. a. herausgegebene Sammelband „Bibeldidaktik in der Postmoderne“ (Stuttgart 1999). Dort findet sich auch ein interessanter Aufsatz von Rainer Lachmann zu den unterschiedlichen Verstehenszugängen zu biblischen Wundergeschichten. Ein in vieler Hinsicht bemerkenswertes Buch ist die Bibeldidaktik des Neutestamentlers GERD THEISSEN, dem die Exegese gerade der Wundergeschichten wichtige Anstöße verdankt (Zur Bibel motivieren. Aufgaben, Inhalte und Methoden einer offenen Bibeldidaktik, Gütersloh 2003).

Gute und praxisorientierte Einführungen in die Exegese der Wundergeschichten stellen die Bücher von GÜNTER SCHOLZ (Didaktik neutestamentlicher Wundergeschichten, Göttingen 1994) und BERND KOLLMANN dar (Neutestamentliche Wundergeschichten. Biblisch-theologische Zugänge und Impulse für die Praxis, Stuttgart 2002). Einen zuverlässigen ersten Einblick in die einschlägigen Fragestellungen und Befunde vermittelt auch der Beitrag von Ulrich Becker im „Neutestamentlichen Arbeitsbuch für Religionspädagogen“ (U. BECKER/F. JOHANNSEN/H. NOORMANN: Stuttgart ^{2}1997, S. 81–95).

Von Religionspädagogen verfasst und entsprechend stark auf die unterrichtliche Praxis hin bezogen sind die Wunder-Beiträge in dem von R. LACHMANN, G. ADAM und CHR. REENTS herausgegebenen Kompendium „Elementare Bibeltexte“ (Göttingen 2001; W. H. RITTER, Wundergeschichten, S. 275–301) bzw. in dem von R. LACHMANN/G. ADAM und W. H. RITTER herausgegebenen Band „Theologische Schlüsselbegriffe“ (Göttingen 1999; R. LACHMANN, Wunder, S. 381–391).

„Was ist gerecht?" – Lernen in Projekten

von Birgit Menzel

„Ach, wie übel ihnen das Wort ‚Tugend' aus dem Munde läuft! Und wenn sie sagen ‚ich bin gerecht', so klingt es immer gleich wie ‚ich bin gerächt'. Mit ihrer Tugend wollen sie ihren Feinden die Augen auskratzen; und sie erleben sich nur, um Andere zu erniedrigen." (aus: Friedrich Nietzsche: Also sprach Zarathustra)

Gerechtigkeit – was ist das?

Fragende Annäherung an einen schillernden Begriff:

„Gerecht ist nur die Freiheit." (Richard Herzinger, Journalist)
„Mehr Freiheit? Oder mehr Gerechtigkeit?" (Thomas Assheuer, Journalist)
„Gerechtigkeit als Fairness." (John Rawls, Philosoph)
„Gleichheit oder Gerechtigkeit?" (Angela Krebs, Philosophin)
„Kopfpauschale. Gerecht und solidarisch." (Andreas Strom, Journalist)
„Bürgerversicherung. Mehr Wettbewerb und Gerechtigkeit."
(Karl Lauterbach, Professor der Medizin)
„Teilhabe-Chancen statt Verteilungsgerechtigkeit und Chancengleichheit."
(Olaf Scholz, Politiker)
„Für Gerechtigkeit, Arbeit und Solidarität."
(Transparent während einer Montagsdemo)

Diese Auswahl an Überschriften und Titeln ist mehr zufällig gefunden als gezielt gesucht und zeigt, welch unterschiedliche Konnotationen der Begriff der Gerechtigkeit haben kann, je nachdem, aus welchem Blick man ihn betrachtet.

Was ist gerecht?
Diese Frage wird allenthalben und von allen möglichen Seiten gestellt und für die eigene Position in Anspruch genommen. Angesichts angespannter Wirtschaftslage wird die gerechtere Verteilung von Ressourcen und Geld verlangt. Was aber eine gerechte Verteilung ist, da sind sich Politik, Krankenkassen, Kirchen und Bürger und Bürgerinnen nicht einig.

„Jedem das Seine“ oder „Jedem das Gleiche“? Was hat Gerechtigkeit mit Solidarität, Empathie, Werten und Moral zu tun? Muss Gerechtigkeit sozial sein? Wer beurteilt, was gerecht ist? Hängt Gerechtigkeit mit Gleichheit zusammen – oder hat sie mehr mit Recht oder Freiheit zu tun? (vgl. auch Mokrosch, 1999, S. 123 ff.) Gibt es trotzdem eine objektive Gerechtigkeit oder gibt es unterschiedliche Maßstäbe?

Viele Fragen tauchen auf, viele Aspekte sind angesprochen, viele Begriffe werden mit „Gerechtigkeit“ verbunden. Wie bringt man Struktur in diesen schillernden Begriff der „Gerechtigkeit“, sodass Schülerinnen und Schüler sich eine fundierte, eigenständige Meinung bilden können? Fast scheint es so, dass „shareholder value“ die oberste Werte-Maxime wird – in Schule wie in Gesellschaft: Jede für sich, jeder ist sich selbst die/der Nächste. Die Frage „Wer ist etwas wert, was ist gerecht?“ wird angesichts pluralistischer Welt- und Lebensdeutungen immer schwieriger und komplexer und bedarf fundierter, persönlicher Argumentation und einer Auseinandersetzung mit den unterschiedlichsten Positionen.

Projektlernen

Wertvorstellungen werden schon früh durch Vorbilder beeinflusst, die die eigenen Auffassungen und Einstellungen prägen. An den Wertvorstellungen zu arbeiten, heißt gleichzeitig auch, an der individuellen Sichtweise anzusetzen, das heißt, die Schülerinnen und Schüler ins Zentrum der Arbeit zu stellen. Dies gelingt durch eine projektorientierte Herangehensweise in besonderem Maße. Hier wird davon ausgegangen, dass im eigenen Handeln, im Tun und aus eigener Erfahrung eine reflektierte Sichtweise möglich wird, die Veränderungspotenzial beinhaltet. Der folgende Beitrag versucht, projektorientiertes Arbeiten exemplarisch mit dem Thema „Gerechtigkeit“ in Beziehung zu setzen.

Die Projektmethode, deren erster Maßstäbe setzender Vertreter John Dewey war, ist ein Modell, das versucht, Demokratie und Erziehung miteinander zu verbinden, „den Erziehungs- und Bildungsprozess als einen immanent demokratischen Vorgang zu verstehen“ (Bittner 2001, S. 213). Deweys Idee der Projektarbeit hat das Ziel, Schülerinnen und Schüler zu befähigen, Rechenschaft über die eigenen Handlungen abzulegen und das eigene Handeln im Kontext von Umwelt und Gesellschaft verantwortlich zu reflektieren.

Arbeiten in Projekten heißt, bei der Erschließung eines Themas ein Vorgehen zu wählen, das bei der Lebenswelt und der Lebensdeutung der Schüler und Schülerinnen sowie bei deren Interessen ansetzt. Statt Ergebnisorientierung steht der Prozess im Vordergrund. Handlungsorientierung als zentrales methodisches Prinzip fördert die Schülerinnen und Schüler und fordert zu selbstständigem Handeln auf, Lernen wird individualisiert, gleichzeitig aber auch gemeinschaftlich eingebunden.

Projekte sind durch die Selbstorganisation der Gruppe gekennzeichnet, ein Vorhaben wird demnach vom Anfang bis zum Ende gemeinsam geplant, ausgeführt und ausgewertet. Zunächst wird das Thema gemeinsam vereinbart, an dem alle arbeiten oder mit dem sich alle beschäftigen. Danach entscheiden die Einzelnen, welche Aspekte sie im Speziellen betrachten möchten. Erfolgreich wird ein Projekt aber nur sein, wenn außer den Fragen der Einzelnen auch die spezifischen Bedingungen der Klasse berücksichtigt werden.

Ein wichtiges Mittel des Projektlernens ist das Führen eines Lerntagebuches oder Projekttagebuches. Damit wird der Anteil der eigenen Arbeit und des Lernens dokumentiert und durch das Schreiben schon reflektiert. Dies muss allerdings vorher eingeübt werden, damit während des Projekts Raum für das eigentliche Thema bleibt und die Zeit nicht „vertan" wird mit methodischen Fragen. Mit einem Lerntagebuch vergewissern sich die Lernenden selbst, was gelungen ist und was nicht, wo Probleme auftraten, welche Erkenntnisse gewonnen wurden. Sinnvoll ist es, wenn auch die Lehrenden solch ein Buch führen. Innerhalb des Projektes sollten gezielt Phasen der Metakommunikation und der Reflexion vorgesehen werden, um so eine prozessbegleitende Rückmeldung zu erhalten und eventuelle Veränderungen vorzunehmen.

Einen längerfristigen Nutzen hat ein Projekt, wenn es von flankierenden Maßnahmen vor und nach der Durchführung begleitet wird, damit eine Einstellungsveränderung auch wirklich greift und Erkenntnisgewinn möglich wird.

Möglichkeiten und Grenzen eines projektorientierten (Religions-)Unterrichts

In vielen Schulen ist der Religionsunterricht von erschwerenden Bedingungen betroffen. Es sind oft Randstunden, meist wird der Unterricht klassenübergreifend erteilt und manchmal sogar jahrgangsübergreifend. Dieser auf den ersten Blick ungünstige Rahmen bietet aber gerade für projektorientiertes Arbeiten eine Chance. Randstunden zu haben heißt auch, Freiräume nutzen zu können. In keiner festgefügten Klassengemeinschaft zu unterrichten kann auch heißen, Chancen für neue Lernerfahrungen und Begegnungen zu bieten – mit Menschen, mit denen man sonst nichts zu tun hat.

Die Projektmethode ist gerade bei einem Themenfeld wie „Gerechtigkeit“ geeignet, denn Methode und Thema setzen bei der eigenen Person an, fordern und fördern einen individuellen Lebensbezug und eine entsprechende eigene, reflektierte Verortung. Im gemeinsamen Tun können Einzelne voneinander lernen, die gesellschaftlichen Rahmenbedingungen und Verhältnisse werden nicht ausgeblendet, sondern explizit zum Thema gemacht.

Natürlich gibt es auch Einschränkungen. Vor allem existieren sie, wenn Schülerinnen und Schüler freies und selbstständiges Arbeiten nicht gewohnt sind. Dann kann ein offeneres Lernumfeld didaktisch überfordern. Auch besteht die Gefahr, dass Jugendliche den Lernzuwachs, der sich aus Projekten ergibt, nicht wahrnehmen, vor allem weil er sich außerhalb ihrer gewohnten Strukturen bewegt. Nach Untersuchungen von Frey (2002) sieht die Hälfte aller an Projekten beteiligten Schüler und Schülerinnen nicht, dass sie etwas „gelernt“ haben. Gerade dafür ist das Führen eines Projekttagebuchs, das anschließend aufgearbeitet werden kann, sinnvoll. Ihre Grenzen hat die Projektmethode auch da, wo stark vorstrukturierte Lernprozesse angestrebt werden oder wenn Lernen unter Zeitdruck erfolgen muss.

Entwicklungspsychologische und kognitive Voraussetzungen

Die einschlägigen Untersuchungen zur kognitiven Entwicklung des moralischen Urteils (und damit implizit auch zu den Vorstellungen von Gerechtigkeit) mit ihrer großen Wirkungsgeschichte sollen hier nicht eigens referiert werden. Verwiesen sei auf die Werke von J. Piaget (1990/1932), L. Kohlberg (1995), F. Oser/P. Gmünder (1984) und J. Fowler (1991). Diese Literatur zu kennen ist sinnvoll, da die Auseinandersetzung und Bewertung dessen, was Gerechtigkeit meint, stark mit den eigenen Erfahrungen, der eigenen Lebenswelt und der Entwicklung der Reflexionsfähigkeit verbunden ist. Nach Piaget ist der Übergang vom konkret-operationalen Stadium (bis ca. 11 Jahre) zum formal-operationalen Stadium entscheidend dafür, dass Kinder die hinter Texten liegenden Wahrheiten und Aussagen erkennen können. Für Oser/Gmünder korrespondiert die Entwicklung des religiösen Urteils mit der Entwicklung der Rationalität. Um religiöses Urteilen zu entwickeln, muss Kindern immer wieder die Möglichkeit gegeben werden, ihr Weltbild an Situationen überprüfen zu können. Dies können Alltagsbeispiele sein. Aber auch die Bibel enthält vor allem mit ihren Gleichnissen reiches Material, um an und mit ihnen die eigene Urteilsfähigkeit zu schulen und um sich an das, was mit der Gerechtigkeit Gottes gemeint ist, langsam anzunähern.

In den meisten Lehrplänen für katholische Religion wird für die 6. Klassen das Gleichnis von den Arbeitern im Weinberg (Mt 20,1–16) als zentraler Text zum Verständnis der Gerechtigkeit Gottes angegeben. Dies steht den Ergebnissen der Theorien zur kognitiven Entwicklung zunächst entgegen, da mit Mt 20,1–16 ein hochkomplexes Gleichnis vorliegt. Hingewiesen sei daher auf einige empirische Untersuchungen zur Gleichnisdidaktik, welche die oben genannten Autoren und deren Theorien zur Grundlage haben. Hermans (1990) stellt fest, dass die Zahl der Schülerinnen und Schüler, die sich im formal-operationalen Stadium befinden, also in einem Reflexionsstadium, das befähigt, Texte in ihrem tieferen Verständnis zu begreifen, sich im Gymnasium am stärksten von der 7. zur 8. Klasse, in der Realschule von der 9. zur 10. Klasse ändert. Dies heißt, dass in der Unterstufe Schüler und Schülerinnen Gleichnisse und theologische Aussagen biblischer Texte in ihren Denkstrukturen noch bildlich-konkret verstehen. Dies ist bei der Themen- und Textauswahl sowie der Erarbeitung zu beachten. So ist zu überlegen, ob das Weinberg-Gleichnis in einer 6. Klasse am richtigen Platz ist oder wie es dort behandelt werden kann. Dasselbe Gleichnis in einer höheren Jahrgangsstufe auf anderem Niveau zu bearbeiten, erweist sich als schwierig, da es sich in den Augen der meisten Schülerinnen und Schüler um eine Wiederholung handelt, die wenig motiviert. Evangelische Lehrpläne platzieren das Gleichnis in der Jahrgangsstufe 9/10 und berücksichtigen diese entwicklungspsychologischen Verstehensvoraussetzungen.

Trotzdem kann es gelingen, auch in der Unterstufe ein differenziertes Verständnis biblischer Gerechtigkeitsvorstellungen zu entwickeln, wenn die Schülerinnen und Schüler systematisch in metaphorisches und symbolisches Textverstehen eingeführt werden (vgl. u. a. H. Halbfas, der damit in der 1. Klasse beginnt). Vor der Erarbeitung eines so komplexen Gleichnisses wie das des barmherzigen Samariters oder der Arbeiter im Weinberg müssen die Einübung in metaphorische Sprache und „leichtere" Gleichnisse wie die vom Reich Gottes stehen sowie die Arbeit zum Beispiel mit Dilemma-Geschichten.

Im Grunde darf die didaktische Frage nicht lauten, ab welcher Altersstufe Gleichnisse behandelt werden können, sondern sie muss heißen: Ab wann kann man mit der Förderung einer solchen Entwicklung beginnen? Und: Welche Bedingungen fördern oder hemmen die Fähigkeit, Metaphorik zu entdecken und zu benennen? (vgl. Müller u.a. 2002, S. 61)

In einer Studie zum Verständnis von Bibeltexten anhand des Gleichnisses vom barmherzigen Samariter fasst J. Theis (2004) seine Ergebnisse zu drei

Bedingungen zusammen, die man beachten sollte, wenn der Umgang mit Gleichnissen im Unterricht gelingen soll:

1. Menschen verstehen Texte auf der Grundlage persönlicher Bedeutung.
2. Sie verstehen Texte im Rahmen ihres Lebenskontextes und ihrer Erfahrungswelt.
3. Sie ordnen Texte in den Rahmen ihres eigenen gesellschaftlichen Umfeldes ein.

Projektunterricht fördert diese Bedingungen, indem er an den persönlichen Voraussetzungen und Interessen ansetzt, diese in Beziehung zur eigenen und zur gesellschaftlichen Welt setzt, um sie durch die gemeinsame Arbeit und Reflexion zur Entwicklung eigener Gerechtigkeitsvorstellungen verhilft.

Zusammenfassend zum Projektunterricht:

- Projektunterricht versteht den Erziehungs- und Bildungsprozess als immanent demokratischen Vorgang.
- Handlungs- und Prozessorientierung sind die zentralen Prinzipien.
- Lerntagebücher fördern die Reflexion des individuellen Lernprozesses.
- Ein Projekt hat nur dann einen längerfristigen Nutzen, wenn es nicht wie ein seltener Komet am Schulhimmel auftaucht und nach einem kurzen Staunen wieder verschwindet.
- Es bedarf flankierender Maßnahmen vor und nach dem Projekt, damit Einstellungsveränderungen auch greifen.
- Erfolgreich wird ein Projekt nur sein, wenn die spezifische Situation der Klasse und die Fragen der Einzelnen berücksichtigt werden.
- Entwicklungspsychologische, kognitive Voraussetzungen sind bei der Wahl des Themas und des Materials zu berücksichtigen.

Projekt-Beispiele

Die folgenden drei Möglichkeiten projektorientierten Lernens sind an verschiedenen Schulen erprobt worden.

Compassion-Projekt

Das Compassion-Projekt von Lothar Kuld und Stefan Gönnheimer besteht aus einem Sozialpraktikum, bei dem Schülerinnen und Schüler zwei bis drei Wochen lang in eine soziale Einrichtung ihrer Wahl gehen und dort von den Lehrenden besucht werden. Flankiert wird dieses Sozialpraktikum durch die Reflexion im Fachunterricht. Für das Lernen ist gerade, so Kuld, die Verbindung von Unterricht und Praktikum entscheidend, denn ethische Grundhaltungen beruhten nicht nur auf dem Gefühl, sondern auch auf der Reflexion. „Ein Lernen in Lebenszusammenhängen, wie das Compassion-Projekt es organisiert, wäre mithin auch ein Beispiel dafür, wie die Segmentierung des religiösen Schulwissens durch eine den Unterricht begleitende Öffnung auf reale Lebenszusammenhänge hin überwunden werden kann.“ (KULD, S. 249 f.). Dabei verweist er auf J. B. Metz: Mitgefühl (Compassion) ist die Grundformel des Christlichen. Nicht immer ist es möglich, solch ein Projekt, das von der ganzen Schule getragen werden muss, durchzuführen. Aber eine modifizierte Form ist wohl immer möglich, gerade dann, wenn der Religionsunterricht in den Randstunden liegt. Ein Beispiel: Zwei Monate gehen Schülerinnen und Schüler einer 8. Klasse statt in den Unterricht je zwei Stunden in eine soziale Einrichtung, werden dort von den Lehrkräften besucht und führen ein Tagebuch. Die Erfahrung hat gezeigt, dass der anfängliche Widerstand („Was soll ich bei den Asozialen?“; „Die sind doch selbst schuld!“) und die Angst („Das zieht mich doch total runter!“) bei den meisten einer differenzierten Sichtweise gewichen ist. Der größte Widerstand gegen dieses Projekt kommt übrigens erfahrungsgemäß nicht von Lernenden, sondern von deren Eltern. Wichtig ist also, elterliche Vorbehalte durch vorangeschickte Aufklärung auszuräumen. Sehr wünschenswert wäre es, wenn ein solches Projekt in das Curriculum der Schule aufgenommen würde, um ihm auch nach außen einen institutionellen Rahmen zu geben.

Theologisch-ethische Werkstatt

Das hier vorgestellte Modell ist aus einem universitären Projekt (vgl. HOFFMANN, 1992) erwachsen. Es fordert von den Lehrenden viel Organisation und Vorbereitung im Vorfeld und während der Durchführung. Erprobt wurde das Konzept mit Schülerinnen und Schülern einer 10. Klasse. Innerhalb eines Halbjahres wurden konkrete Sozial-Projekte verschiedener Träger in Frankfurt besucht, die das Thema Gerechtigkeit berührten. Auch hier war das aufgrund der Randstunden schultechnisch sehr gut möglich. Einige Beispiele für solche Projekte: Schuldnerberatung; Bahnhofsmission; Obdachlosencafé; Jugendgefängnis; Weiße Väter (sie machen in Frankfurt unter anderem auf die Aktivitäten der Deutschen Bank aufmerksam); Ethikbank. Zu beachten ist der schmale Grat zwischen Interesse und emotionaler Überforderung der Lernenden. Hier ist der Lehrer, die Lehrerin auf das Gespür für die Klasse und die Einzelnen angewiesen, damit nicht Abwehr die Folge ist.

Denn eine Veränderung eigener Deutungsmuster und Verhaltensweisen kann nur in kleinen, selbst gewählten Schritten vor sich gehen.

Gerechte Schule

Dieses Projekt, das eine 6. Klasse durchgeführt hat, lehnt sich an die Idee der Just-Community-Schools von Kohlberg an.

Eine Befragung unter Schülerinnen und Schülern zeigte, dass Erfahrungen mit Ungerechtigkeit meist mit konkreten Beispielen belegt werden und aus dem familiären oder schulischen Kontext kommen.

- Die mündliche Beurteilung in der Schule ist von subjektiven Eindrücken und Vorurteilen geprägt und so fällt sie oft ungerecht aus. (m, 16)[1]
- Ungerecht ist zum Beispiel, wenn meine Mannschaft ein Tor geschossen hat und der Schiedsrichter es nicht gewertet hat. (m, 14)
- Ein bekannter ‚Störer' wird ermahnt, obwohl er nichts gemacht hat. Und bei jeder Kleinigkeit als Erster beschuldigt. (m, 16)
- Ungerecht ist, weil ich in Mathe eine 4 mündlich bekomme, obwohl ich mich oft gemeldet habe. (m, 16)
- Schule ist ungerecht. (m, 15)

Insgesamt scheint es Jugendlichen leichter zu fallen, sich an ungerechte Situationen zu erinnern als an gerechte. Eine Konsequenz aus diesen Aussagen kann sein, bei einer Einheit über Gerechtigkeit möglichst mit den Ungerechtigkeitserfahrungen anzufangen (vgl. Schweitzer 1995, der zu ähnlichen Ergebnissen kommt). Hier fällt es den Schülerinnen und Schülern leichter, konkret und differenziert zu argumentieren und sich selbst in diesem Geschehen zu verorten.

Auch das Projekt der gerechten Schule profitierte von der normalerweise ungünstigen Randlage der Stunden und der Tatsache, dass Schülerinnen und Schüler aller 6. Klassen teilgenommen haben. Ausgangspunkt waren die als ungerecht wahrgenommenen Situationen in der Schule. In Teams, die sich nach Interesse zusammensetzten, wurde während der regulären Schulstunden besprochen, was ungerecht ist, warum es Einzelne so empfinden, wie es anders aussehen müsste und welche Schritte unternommen werden müssten, damit ungerechte Situationen in gerechte gewandelt werden.

---

1 Die Zitate entstammen einer Befragung aus insgesamt 7 Klassen (zwei 6., eine 8., zwei 10., zwei 12. Klassen, Hauptschule bis Gymnasium). Gefragt wurden die einzelnen Schülerinnen und Schüler nach ihrer Definition von Gerechtigkeit und nach Beispielen für Gerechtigkeit und Ungerechtigkeit.

Schließlich wurden daraus konkrete Projekte entwickelt, die außerhalb der Schulzeiten von einigen Jugendlichen angegangen wurden, so unter anderem Gespräche mit Lehrern und das gemeinsame Entwickeln transparenter Notengebung unter Einbezug der Schüler und Schülerinnen; Einführung von Klassenräten; Übungen zu verstärkter Wahrnehmungs- und Konfliktkompetenz sowie eigene Einbringung in Streitschlichterangebote. Die einzelnen kleinen Initiativen haben sich nicht alle durch die Zeit getragen. Manche sind still versickert, manche sind enttäuscht irgendwann aufgegeben worden. Gelungen sind sie da, wo Lehrer und Schülerinnen gemeinsam immer wieder eine Standortbestimmung vorgenommen, sich Zeit füreinander genommen und sich auf den anderen eingelassen haben.

Bausteine und Themen für flankierende Maßnahmen im regulären Unterricht

Schon erwähnt wurde die Notwendigkeit, Projekte nicht als singuläres Ereignis, quasi als Sondersituation von Schule, zu begreifen, sondern es einzubetten, damit langfristiges Lernen möglich ist. Einige Bausteine und Themen werden im Nachfolgenden kurz skizziert:

- **Gleichheit/Gerechtigkeit:** Oft fand sich bei den Schüler-Äußerungen die Entsprechung „gerecht" – „gleich" – „Gleichberechtigung".

- Gerecht ist für mich, wenn alle Menschen gleichwertig behandelt werden, zum Beispiel Männer und Frauen. (w, 18)
- Ich denke, es gibt eine enge Verbindung zwischen „gerecht" und „Gerechtigkeit". Gerechtigkeit ist, dass jeder die gleichen Chancen hat in allen Bereichen (Schule, Beruf, Bildung etc.), dass jeder die Möglichkeiten hat, sein Ziel zu erreichen, dass jeder gerecht bewertet wird und dass Glück nicht nur für bestimmte Menschen existiert. (w, 18)
- Wenn Menschen nicht nach den Menschenrechten behandelt werden, dann ist es ungerecht. (m, 17)
- Gerechtigkeit ist, wenn alle gleichberechtigt sind. (w, 12)
- Gerechtigkeit ist, wenn alle Tiere und Menschen in Frieden miteinander leben können. (m, 12)
- Für mich ist Gerechtigkeit, wenn alle Kinder gleich behandelt werden. Das ist wie ein Gesetz. (w, 12)

Anknüpfend an diese Aussagen kann in höheren Klassen der Bereich der Menschenrechte aufgegriffen werden, etwa im Vergleich mit den Erklärungen der Frauenrechte von Olympe de Gouges (Frankreich) und Mary Wollstonecraft (England). Gutes Material zu den Menschenrechten gibt *amnesty international* heraus. Der Bereich „Gleichheit/Gerechtigkeit in der Kirche" kann hier ebenfalls Thema werden. Auch wenn diese Thematik in den Aussagen nicht anklingt, kann sich hier die Beschäftigung mit kirchlichen Verlautbarungen und theologischen Positionen anschließen.

In der 6. Klasse können die Kinderrechte im Vergleich zu den Kinderpflichten thematisiert werden (vgl. dazu auch die 1989 verabschiedete „Konvention über die Rechte des Kindes". Anlass: Am 20. November ist der Tag der Kinderrechte). Die beiden nachfolgenden Texte können hinsichtlich des Zusammenhangs von Gleichheit und Gerechtigkeit eine einführende Stellung haben.

Arbeitsanregung Zwei Situationen aus dem Erfahrungsbereich der Schüler und Schülerinnen (6. Klasse), mit denen gearbeitet werden kann (vgl. HIBS, 1990, S. 15):

Situation 1: Julia erzählt: „Mein Bruder Simon war letzte Woche krank und wurde zu Hause von der Oma verwöhnt. Als sich die Oma aber immer noch mehr um ihn kümmerte als um mich, obwohl er schon wieder ziemlich gesund war, ärgerte ich mich sehr: „Ach Oma, der Simon ist doch schon wieder gesund und kriegt doch von allem mehr als ich."

Aber Oma meint dazu nur: „Der Simon war krank und muss immer noch ein wenig verwöhnt werden."

Situation 2: Max und Jürgen sind Geschwister. Nach der fünften Stunde kommt Max fröhlich nach Hause: „Ich habe heute nur Mathe auf." Als Jürgen nach der sechsten Stunde nach Hause kommt, ist Max schon fertig. Jürgen stöhnt: „Ich habe heute sooooo viel auf!"

Nach dem Mittagessen sagt die Mutter: „Max, Jürgen, spült das Geschirr ab! – Ich muss noch mal weg – und dann kehrt bitte die Treppe."

Jürgen schimpft: „Dann werde ich ja nie mit den Hausaufgaben fertig."

Gerechtigkeit der Justiz:

- Gerechtigkeit bedeutet für mich, dass die Justiz eingreift, um Gerechtigkeit zu erlangen, auch, dass eine Person ihr Recht erhält. (w, 18)
- Gerechtigkeit ist objektive Beurteilung unter Ausschluss persönlicher Interessen. (w, 19)
- Gerechtigkeit ist nicht immer gerecht. Sie beruht zwar auf dem Recht und der Abwägung von „gut und schlecht", ist jedoch nicht immer gerechtfer-

tigt, zum Beispiel einen Mörder des Todes zu bestrafen. Etwas rechtfertigen beruht auf Subjektivität, also ist auch Gerechtigkeit subjektiv. (w, 19)
- Gerechtigkeit ist die richtige Strafe für die, die etwas Falsches gemacht haben und dafür bestraft werden. (m, 16)
- Gerecht ist, wofür die Polizei sorgt. (m, 12)

In Anlehnung an diese exemplarischen Aussagen wäre es unter anderem möglich, fächerübergreifend mit Deutsch in den höheren Klassen Brechts „Der kaukasische Kreidekreis" zu lesen sowie die Todesstrafe zu thematisieren. Zwei gelungene Filme zu dem Komplex Gerechtigkeit und Justiz sind „Dead Man Walking" und „Dogville". Mit den jüngeren Schülern und Schülerinnen wäre der Besuch einer Gerichtsverhandlung möglich. Ein theologischer Anknüpfungspunkt sind die Themen „Schuld und Vergebung".

Politische und soziale Gerechtigkeit:

- Gerechtigkeit kommt immer auf den Standpunkt des Betrachters an. Gerechtigkeit ist die Fähigkeit, eine Situation schnell zu erfassen und so zu handeln, dass für möglichst alle Beteiligten das größtmögliche Lob, Geld etc. herauskommt. (m, 16)
- Wo die einen eine Tat als gerecht bezeichnen, gibt es auch die anderen, die sie als ungerecht bezeichnen. Deshalb gibt es auch nicht wirkliches Recht und Unrecht. Es gibt nur ein von Gott und Menschen definiertes Recht und Unrecht. (w, 16) *[Eine der ganz wenigen Aussagen mit einem religiösen Bezug!]*

Diese beiden Aussagen sind von älteren Schülern gemacht worden. Thematisiert werden könnten ausgehend von diesen Zitaten die aktuelle Steuerdebatte, philosophische Zugänge, Möglichkeiten einer gerechten Weltwirtschaftsordnung und die Thesen der Befreiungstheologie.

Dilemma-Geschichten

Für den Begriff „gerecht" finden Schüler oft kein Synonym:
- Gerechtigkeit ist, wenn man gerecht zu einem anderen ist. (m, 12)
- Gerecht ist, wenn man nach vielem Lernen eine gerechte Note bekommt. (m, 14)

Gerade bei jüngeren Schülerinnen und Schülern ist der Begriff „Gerechtigkeit" oft nicht ausdifferenziert. Es müssen erst Kategorien dafür entwickelt werden und das, was gerecht ist, inhaltlich gefüllt werden. Mit Dilemma-Geschichten (vgl. KULD/SCHMID 2001), bei denen es keine eindeutig richtige und eindeutig falsche Lösung gibt, kann dies angebahnt werden. Dilemma-

Geschichten wollen einen Prozess anstoßen, der Menschen dazu befähigt, kompetent und begründet zu einem Problem Stellung zu nehmen. Sie können dazu anregen, andere Perspektiven einzunehmen, und zu einer differenzierteren Wahrnehmung beitragen. Auf S. 178 ist eine der bekanntesten Dilemma-Geschichten, die sowohl Kohlberg als auch Kuld/Schmid hinsichtlich der Argumentationsweise sehr gut dokumentiert haben, abgedruckt.

Gleichnisse

- Eltern meinen oft, sie seien gerecht ihren Kindern gegenüber. Diese jedoch empfinden das anders. Ich denke, der Begriff „gerecht“ hat für jeden eine andere Bedeutung, es kommt auf die Perspektive an. (w, 17)
- Ungerecht ist, wenn Arsenal die Champions League gewinnt. (m, 15)
- Gerecht ist, wenn jeder dasselbe bekommt. (w, 12)
- Gerecht ist, wenn es drei Kinder sind und es ein Zwei-Euro-Stück gibt. Die zwei Euro sollen aufgeteilt werden. Dann wäre es gerecht, dass entweder keiner das Geldstück bekommt oder dass die anderen zwei Kinder das Geld nicht brauchen und es dem dritten Kind geben. (w, 11)
- Gerecht ist, wenn man für das, was man gut getan hat, gelobt wird, und für das, was man schlecht gemacht hat, einen zweiten Versuch bekommt. (m, 13)

Es ist vielen Schülerinnen und Schülern sehr lange nicht möglich, die theologische und sehr komplexe Argumentation von Gleichnissen in ihrer Fülle zu erschließen. Jedoch zeigen die ausgewählten Zitate, auf welch unterschiedlicher Ebene die Frage nach Gerechtigkeit betrachtet wird. Diese unterschiedlichen Niveaus gilt es im Unterricht zu akzeptieren. Dennoch sollen alle Schülerinnen und Schüler die Möglichkeit bekommen, sich weiterzuentwickeln.

Wie kann man einen Prozess einleiten, an dessen Ende eine Auseinandersetzung mit der christlichen Vorstellung von Gerechtigkeit steht? In den Klassen, die schon früh metaphorische und symbolische Sprache eingeübt haben, gelingt es besser. Eine unterrichtliche Auseinandersetzung sollte daher in unteren Klassen mit der Einübung in metaphorische Sprache beginnen, immer wieder an Dilemma-Geschichten arbeiten und vor der Behandlung komplexer Gleichnisse die Reich-Gottes-Gleichnisse zum Thema machen. Damit wird die religiöse Sprachfähigkeit gefördert und eine vielfältige Auseinandersetzung mit der Eigenheit religiöser Sprache geboten.

Prophetie in biblischer Zeit und heute

Der spezifische Blick der Theologie auf die Gerechtigkeit Gottes und das gerechte Handeln Jesu ist bei den meisten der befragten Schülerinnen und Schüler nicht im Blick. Daher sollte die religiöse Dimension eher an das Ende einer Einheit gestellt werden, auch wenn die Gefahr besteht, dass dies wie das Sahnehäubchen wirkt oder wie ein Topfdeckel über die ganze Einheit gestülpt wird.

Über die Propheten damals und heute kann eine Anbahnung an die religiöse Thematik möglich werden. Da das Thema „Gerechtigkeit" eines der Schlüsselthemen biblischer Überlieferung ist, hat es einen zentralen Ort im Religionsunterricht. Die Goldene Regel und die Parteinahme für die Schwachen bilden dabei den roten Faden biblischer Gerechtigkeitsvorstellungen. Dies ist in den prophetischen Gestalten der Bibel, aber auch in denen der Gegenwart (z. B. Janusz Korczak; Oscar Romero; Dorothee Sölle) zu entdecken.

Zusammenfassend zum Umgang mit dem Thema „Gerechtigkeit":

- Die individuellen Gerechtigkeitsvorstellungen sind ernst zu nehmen. Auf ihnen ist der Unterricht thematisch wie methodisch aufzubauen.
- Die Beschäftigung mit Dilemma-Geschichten fördert die eigene Argumentationsfähigkeit und Positionierung.
- Vor der Behandlung komplexer Gleichnisse zur Gerechtigkeit Gottes sollte in metaphorische Sprache eingeführt und „einfachere"Gleichnisse vorangestellt werden.
- Die tätige Einbindung von Schülerinnen und Schülern in soziale Projekte erweitert die eigene Wahrnehmung und unterstützt die differenzierte Auseinandersetzung mit unterschiedlichen Gerechtigkeitsvorstellungen.

Sinn und Sinnlichkeit in sakralen Räumen

von Agnes Steinmetz

Hinter der programmatischen Überschrift dieses Beitrags verbirgt sich eine behauptete Chance: „Sinn erschließen" geschieht in sinnenhaft-sinnlicher Begegnung. Dies kann in der Begegnung mit vielfältigen Künsten geschehen (Musik, bildende Kunst, Literatur, Film, Fotografie ...), die zu einer ernsthaften Auseinandersetzung auffordern, und charakteristisch für diese Begegnung ist, dass sie „selbst schon Ästhetik ist" (MEURER 2004, S. 81 f.). Die grundlegende Beschreibung ästhetischen Lernens ist andernorts erfolgt (vgl. G. HILGER 2001), hier soll ästhetisches Lernen am Beispiel der Begegnung mit der Architektur sakraler Orte konkret verdeutlicht werden: *Religion macht Sinn* – und dies nicht zuletzt an den Orten gelebten und gefeierten Glaubens.

Beobachtungen, Bedingungen und Fragen

Tempel, Kirchen und Kapellen, Moscheen, Synagogen als Bestandteil des Besichtigungsprogramms von Kulturreisenden und Schulklassen sind häufig leider nur ein zu absolvierendes Pflichtprogramm. Als ordentliches Lehrfach in der Schule hat sich der Religionsunterricht an der Vergewisserung des künstlerischen und kulturellen Erbes selbstverständlich zu beteiligen – und kann hier einen ausgezeichneten Beitrag zur Sinn stiftenden Begegnung leisten. Dabei geht es einerseits um die Erschließung der vielfältigen Dimensionen, die einen sakralen Raum auszeichnen; andererseits können die Sinneswahrnehmungen geschärft und ihre Möglichkeiten bewusst gemacht werden. Da der Religionsunterricht zur Wahrnehmung anderer, fremder Religionen und Kulturen verpflichtet ist, eröffnet sich hier ein großer Spielraum. Es erscheint dennoch sinnvoll, den Blick auf *Kirchen*erkundungen zu fokussieren.

Mit der Aufgabenstellung stellen sich sofort ernüchternde Fragen und Probleme ein:

- Was ist vielen Menschen der Besuch in einer Kirche (noch) wert – nicht nur an Weihnachten oder bei Taufe, Erstkommunion, Hochzeit und Beerdigung?
- Welche religiösen Riten werden heute von Eltern weitergegeben?
- Wie kann der sakrale Raum einer anderen Konfession oder einer fremden Religion in deren Lebenskontexten verstanden werden, wenn die eigene Kirche fremd geworden ist?

■ Welche persönliche Bedeutung hat dieser Ort: Ist es wirklich nur der kunsthistorisch bedeutsame Ort oder der musikalische Genuss beim Erklingen von Chor und Orgel? Oder ist es der stille Ort, an dem „Aus-der-Hektik-Aussteigen und Wieder-zu-sich-selbst-Finden“ möglich wird? Wird die Erinnerung an die im Kindesalter erlebte Liturgie mit ihren feierlichen Ausdrucksformen zu bestimmten Zeiten wieder lebendig. ■

Die Untersuchungen des Salzburger Religionspädagogen Anton Bucher zum Religionsunterricht in der Bundesrepublik Deutschland weisen auf Momente religiöser Sozialisation hin (Bucher 2001, S. 81). So gehen 23 Prozent der Befragten wöchentlich, 26 Prozent monatlich, 28 Prozent ca. zwei- bis dreimal jährlich, 13 Prozent nie in die Kirche. Diese Zahlen zeigen eine Abnahme der Akzeptanz, sich zur Kirche zugehörig zu fühlen (ebd. S. 129), in der Kirche (gemeint ist der Gottesdienst) beten zu können (ebd. S. 129), den „richtigen Glauben“ in der Kirche finden zu können (ebd. S. 122). Die Differenzierung in Altersgruppen ist dabei entscheidend. Grundschülerinnen und -schüler sind – dies zeigt auch die alltägliche schulische Erfahrung – weitaus eher bereit, der letzten Aussage zuzustimmen; die Kirche als Autorität in Glaubensfragen wird in der Sekundarstufe I/II nur noch von 28 Prozent, in der Grundschule aber noch von ca. 60 Prozent anerkannt. Der Unterschied zwischen Ost- und Westdeutschland fällt eklatant ins Gewicht.

Welchen Zugang haben Kinder und Jugendliche zu sakralen Räumen?

Ihr Bild von Kirche als Glaubensgemeinschaft und als Gottesdienstraum wird immer häufiger von den Medien geprägt als durch eigene Erfahrung: Videoclips (zu Songs z. B. von „E Nomine“) oder Filme (z. B. „Der Name der Rose“, aber auch „rituelle“ Vollzüge in Krimis und Vorabendserien) vermitteln sakrale Orte meistens als okkult und geheimnisumwittert. Diese Stimmung wird technisch aufwändig durch Nebelschwaden, wabernd-weihrauchgeschwängerte Luft, Mönchskutten, Kreuzgänge, Gewölbe und geheimnisvolle Gesänge (oft Ausschnitte aus gregorianischem Choral, bei denen es nicht auf die Aussage, sondern lediglich die Hintergrundstimmung ankommt) erzeugt. Die Suche nach dem Numinosen fasziniert.

Kinder und Jugendliche beobachten und lernen zudem eine in sich widersprüchliche Codierung von Verhaltensweisen: Lässigkeit, Unbedarftheit, Individualisierung und Coolness durch Kleidung, Reden und Bewegen einerseits (häufig gerade am Verhalten von Erwachsenen in Kirchen zu beobachten) – quasi rituelles und damit festgelegtes Handeln andererseits zum Beispiel im Kino (vgl. zum „Kultort Kino": Th. Kroll 2001, S. 76 f.), im Sportstadion (vgl. die Eröffnungsliturgien von Olympischen Spielen und Fußballweltmeisterschaften) oder in Diskos mit ihren je ausgeprägten Stilen und Verhaltensweisen. Überschneidungen entstehen, wenn im Schlussgottesdienst während eines Katholikentages Freude und Begeisterung durch die „La-Ola-Welle" ausgedrückt wird.

Jugendliche sind aber auch in der kirchlichen Jugendarbeit zu finden und lernen dort ein spezielles Verhaltensrepertoire. Sie sind als Messdienerinnen und Messdiener, in der DPSG (Pfadfinder), verschiedenen Hilfsorganisationen (Malteser, Johanniter und andere) vielfältig aktiv – haben weiterhin Kontakt zur Pfarrgemeinde und mehr oder weniger regelmäßig zum Sonntagsgottesdienst. Sie erfahren Regeln und Verhaltensweisen in der Kirche, kennen zumindest im Groben die liturgischen Abläufe. Nicht wenige begeben sich auf Wallfahrten zu bestimmten heiligen Orten in unterschiedlicher Motivation (zum Beispiel Wallfahrt der Messdienerinnen und Messdiener eines Bistums nach Rom, Begleitung eines Krankentransports nach Lourdes, Matthias-Fußwallfahrt nach Trier, Weltjugendtag 2005 in Köln).

Deutlich wird so ein differenziertes Bild. Die Erwachsenengeneration vermittelt jungen Menschen nicht selten Distanz, zuweilen auch Ablehnung der Kirche als hierarchisch gegliederter Glaubensgemeinschaft. Ein kunsthistorisches Interesse an den Kirchbauten ist dennoch zu beobachten, aber auch die (immer häufiger esoterisch motivierte) Suche nach Orten der Stille und Kraft. Gerade Kinder und Jugendliche artikulieren nicht selten ein Bedürfnis nach harmonischen Räumen und stimmungsvollen Zeiten. Dies belegen neuere Studien:

- Begegnung mit Erhabenem, Monumentalem; Gefühle der Ehrfurcht vor dem Heiligen, „scheinbar Übernatürlichen"; Stille, Rückzug, Beruhigung; Feierlichkeit, Außergewöhnlichkeit, Pracht; Unheimlichkeit („das Prickeln vor dem Altar…"); Selbstbegegnung („da kehre ich in mir selber ein"); Begegnung mit Malerei („bunte Scheiben") und Musik („Orgelprobe"); Geborgenheit („man vergisst alles, was draußen ist"). Kirchen haben eine besondere Anziehungskraft, „werden sehr häufig bei der Frage nach Orten mit besonderer Ausstrahlung genannt und auch bei der Frage nach heutigen

Äquivalenten häufig als alternativlos empfunden. Dieses Gefühl mag in Zusammenhang stehen mit der rätselhaften, umfassenden Involvierung aller (d. h. der äußeren wie der inneren) Sinne, die den Kirchenraum zu einem regelrechten ‚Spiegel des Ichs' macht." (HEINER BARZ 1993, zitiert bei GEYER 2002, S. 33) ■

Die Sehnsucht nach Auszeiten und Rückzugsorten steigt in einer Zeit, in der Menschen immer verfügbar, flexibel, dynamisch und funktionsbereit sein müssen. Häufig lernen junge Menschen Kirche und Gottesdienst nicht mehr als eine solche Chance zur Besinnung kennen. Dagegen kann eine zunehmende Sakralisierung von säkularen Orten (Konzertsaal, Oper, Theater, Kino, Museum ...) beobachtet werden, die nicht nur durch die aufgeführten Kunstwerke (Bach-Passionen und h-Moll-Messe, Requiemvertonungen von Brahms, Verdi, Penderecki) bedingt ist, sondern auch durch architektonische Gestaltungen und rituell anmutende Inszenierungen.Es ist deshalb mit sehr divergierenden Bedingungen und Lernvoraussetzungen in einer Lerngruppe zu rechnen, die für den Religionsunterricht entscheidend *und* bereichernd sein können. Macht es sich der Religionsunterricht zum Ziel, zu einer Erhellung und Horizonterweiterung beizutragen, können diese Erfahrungen, aber auch Vorurteile und Prägungen thematisiert, in einen neuen Kontext gestellt und gegebenenfalls auch relativiert oder korrigiert werden.

Daraus resultieren religionspädagogische Aufgaben, Lehrende müssen:

- Entwicklungen und Strömungen der Jugendkultur mit ihren transzendierenden und religiösen Elementen wahrnehmen, ohne sie zu vereinnahmen,
- Dialogfähigkeit in der Auseinandersetzung mit historischen wie zeitgenössischen Ausdrucksformen entwickeln,
- sich mit Kunst, Musik, Architektur, Literatur, Film auseinander setzen, ihre Intentionen erhellen und Chancen für ein korrelatives Lernen entdecken.

Chancen der Erkundung sakraler Räume

Setzt die heutige Religionspädagogik bei dieser Problemlage an, wird sie kirchliche und liturgische Erfahrungen eher nicht mehr als selbstverständlich voraussetzen, wohl aber gleichermaßen eine Fähigkeit zur Neugier auf das Fremde und das partiell Bekannte oder gar Vertraute. Diese Widersprüchlichkeit soll als Herausforderung angenommen und fruchtbar gemacht werden. Ebenso wie die Bedeutung des Sonntags ist daher die Bedeutung von sakralen Räumen lebendig zu vermitteln, da sie beide die mögliche Ahnung einer anderen Welt („eines neuen Himmels, einer neuen Erde“) in der Welt darstellen können.

Angesichts des beschriebenen Frage- und Problemhorizonts geht der entdeckende Weg vom (noch) Vertrauten zum interessanten Fremden. Die Chancen für eine Entdeckung von Kirchenräumen liegen folglich in der Neugier unserer Schülerinnen und Schüler, die häufig sogar gegen die religiöse Entwicklung ihrer Eltern für sich selbst eine Orientierung suchen. Die Erkundung und Erschließung von sakralen Räumen ist eine Aufgabe, die im Religionsunterricht aber noch zu selten geleistet wird, obwohl sich der Umfrage nach bei Schülerinnen und Schülern eine hohe Motivation zeigt: Während im Religionsunterricht die Kirchenerkundungen bei 60 Prozent der Befragten selten erfolgen, bezeichnen immerhin 41 Prozent dies als ihre Lieblingstätigkeit (Bucher 2001, S. 41/45).

Sakrale Räume im Religionsunterricht?

Eine Kirchenerkundung kann am Beginn, in der Mitte oder am Ende einer Unterrichtsreihe stehen, dies ist unter den jeweiligen Bedingungen zu entscheiden. Eine Erschließung sollte aber unbedingt dazu führen, den Raum in seinem historischen *und* gegenwärtigen Lebenskontext zu sehen, und die doppelte Bedeutung von „Kirche“ sollte im Blick bleiben, wenn wir *„in die Kirche gehen“*.

Die Beschäftigung mit dem Kirchenbau ermöglicht Bezüge zu allen theologischen Fächern: Sie kann unter verschiedenen Themenstellungen erfolgen, das heißt, im kulturell-künstlerisch-musikalisch-architektonischen, im sozial-gemeindlichen, biblischen, liturgischen, kirchengeschichtlichen, dogmatischen, pastoralen, caritativen Kontext. Das Christentum hat in seinen vielen Konfessionen eine Vielfalt an sakralen Räumen hervorgebracht, die immer auch von der (Glaubens-)Geschichte nicht nur einer Gemeinde, sondern auch des einzelnen Menschen erzählen.

So erscheint religionspädagogisch relevant:

- die Kirche ist Zeichen des Heils und Ort der Gegenwart Gottes,
- die Kirche ist Versammlungsort einer Glaubensgemeinschaft und prägt nicht zuletzt als Tauf- und Trauungsort die jeweilige Familiengeschichte,
- die Kirche ist Ort des Sakramentempfangs und der Eingliederung in die Gemeinschaft,
- die Kirche ist symbolbeladen mit einzelnen Orten für die Sakramentspendung, liturgische Feiern und persönliche Anbetung,

- die Innenausstattung (Altar, Bilder, Geräte, Gewänder ...) weisen auf heilige Handlungen hin,
- die Kirche als Raum zu interpretieren und sich dort angemessen zu verhalten, bedingt sich gegenseitig.

Was aber sind sakrale Räume? Im Gegensatz zu „profan“ (= weltlich) meint „sakral“ heilig, ausgespart, abgetrennt – ist damit aber auch Weltvergessenheit oder gar Weltverachtung verbunden? Hat die „Welt“ hier zu schweigen? Ist Gottes Nähe nur dort erfahrbar?

Exemplarische Klärungen

Um die Welt des Christentums zu beleuchten, wurde exemplarisch die Kirche *St. Maria im Kapitol* in Köln ausgewählt. Es sollen Bezüge aufgezeigt werden, die über die Zeiten und Räume hinweg wichtig sind. Ihre Aufdeckung kann für junge Menschen motivierend wirken, die eigene Gegenwart im Wissen um die Herkunft zu gestalten. Dies Beispiel soll anregen, vor Ort solche Bezüge aufzudecken, Kirchengeschichte erlebbar zu machen, ihre folgenreiche Wirkung bis in die heutige Zeit zu erhellen.

Für eine Erschließung im Religionsunterricht werden mögliche Konkretionen religionsdidaktischer Prinzipien angeregt, die in einer Interdependenz zueinander stehen. Als Orientierung werden didaktisch-methodische Schritte für eine Thematisierung und Erkundung vor Ort angeboten.

Zum Beispiel Rom: Christliche Stadt

Am Kirchenbau in Rom während der ersten Jahrhunderte kann exemplarisch verdeutlicht werden, welche Parameter für den christlichen Kirchbau wichtig waren und heute noch sind. Vor Konstantin war es undenkbar, einen eigenen christlichen Gebets- und Versammlungsort zu erbauen. Es sind – wie in *Dura Europos* – nur einige Hauskirchen erhalten (vgl. Unterrichtsmaterial bei O. Berg 2001, S. 16). Mit der Anerkennung als Staatskirche aber konnte sich der Kirchbau besonders entfalten.

Die Architektur der konstantinischen Kirchen orientiert sich an einer Variante der römischen Basilika, die im Allgemeinen der Rechtsprechung diente: „Der rechteckige, oft in mehrere Längsschiffe unterteilte Raum bot Platz auch für größere Versammlungen. In der Apsis an einer der Schmalseiten – dem Sitz des Gerichts in der profanen Basilika – konnten für alle Versammelten sichtbar die Zeremonien am Altar vollzogen werden.“ (Caillet 1998, S. 18 f.)

Der Grundriss der konstantinischen Petersbasilika weist ein säulenumgebenes Atrium auf, das „den Übergang zwischen der profanen Welt der Straße und dem eigentlichen Heiligtum" (Caillet 1998, S. 19) darstellt. Für die Taufe diente ein eigenes Gebäude, ein „Baptisterium". Häufig erinnern die frei stehenden Baptisterien durch eine oktogonale oder runde Bauweise an die *Grablegen*. Auf diese Weise wird der Zusammenhang von Leben, Tod und Auferstehung sinnfällig: Taufe als Wiedergeburt in eine neue Daseinsform. Zudem wird der Glaubensweg räumlich verdeutlicht: Die Täuflinge wurden während der Osternacht im Baptisterium getauft, gefirmt und gingen dann zur Eucharistiefeier in die Kirche. Hier konnten sie nun die gesamte Eucharistie mitfeiern. Im Kirchenbau selbst wurde so symbolisch der Glaubensweg dargestellt.

Die Gemeinden in Rom wuchsen stark an, neue Gemeinden bildeten sich dezentral in den Stadtvierteln. Die Kirchen erhielten nun eigene „Presbyter" (Priester) mit Aufgaben, die bisher der Bischof wahrnahm. Die Vergewisserung der Einheit der Gemeinden mit dem Bischof wurde wichtig, die „Stationsliturgien" entstanden: Zu den Sonntagen und Hochfesten feierte der Bischof abwechselnd in den einzelnen Kirchen innerhalb und außerhalb der Stadtmauern. Die Taufe durfte nun von den Priestern gespendet werden, es entstanden Taufbecken in den Kirchen. Es bildete sich eine christlich-römische Basilika als ein „Standardtyp" (Caillet 1998, S. 22) heraus: einfacher Grundriss, das heißt, ein Mittelschiff mit zwei Seitenschiffen, das ohne Chorumgang oder Querschiff in die Apsis führt.

Zum Beispiel Köln: Christlicher Glaube am heidnischen Ort – St. Maria im Kapitol

Im Laufe des 5./6. Jh. werden die kaiserlichen Hauptstädte häufig verlagert: nach Konstantinopel (324), Mailand (Mitte 4. Jh.), Ravenna (402). Für Rom bedeutet dies: Kirche und Papst übernahmen die Verantwortung für die öffentliche Verwaltung, damit auch für bisher öffentliche Gebäude. Diese konnten zu Kirchen umgebaut werden. Kirchen wurden nun über alten römischen Tempelanlagen oder Kultstätten anderer Religionen erbaut, wie in Rom so auch in Köln: Dort zeugt die romanische Kirche *St. Maria im Kapitol* von dieser römischen Tradition. Die römische Stadt Köln hatte den Tempel der Staatsgottheiten Jupiter, Juno und Minerva im Südosten, in der Nähe des Rheins, errichtet. Vom Rhein aus muss diese Tempelanlage imposant gewirkt haben. Hier baute die Äbtissin Ida (1060) für ihr Benediktinerinnenkloster eine Kirche, deren Architektur dem Grundriss der konstantinischen

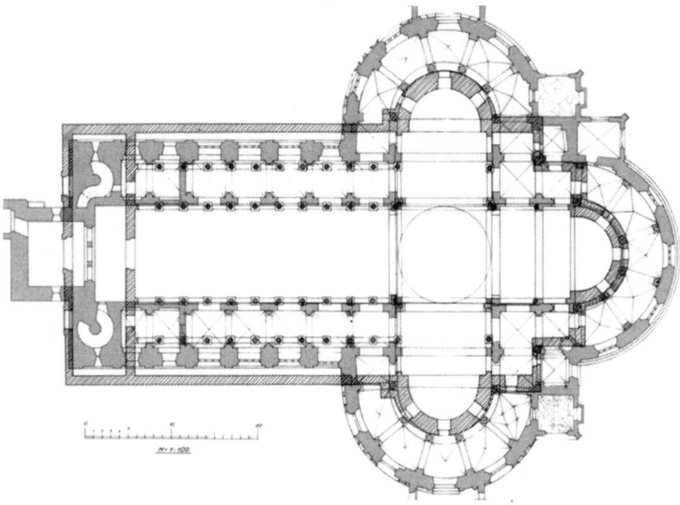

Grundriss der Geburtskirche in Bethlehem kopiert in den Grundriss von St. Maria im Kapitol (nach Otmar Schwab, Köln)

Geburtskirche in Bethlehem entspricht. Damit folgt sie dem Beispiel Roms, denn auch die römische Kathedrale *S. Maria Maggiore* bezieht sich auf die Anlage der Geburtskirche in Bethlehem. Der Grundriss zeigt eine Vorhalle (Atrium) und das Langhaus mit zwei Seitenschiffen. Wie ein Kleeblatt schließen sich hinter der Vierung drei Konchen mit identischen Maßen an, die im Unterscheid zu Bethlehem mit einem Umgang versehen sind.

Noch weitere Zitate und architektonische Entsprechungen betonen die große Bedeutung der eigenen Klosterkirche: Ida bezieht sich auf den Aachener Dom, indem der Westabschluss des Schiffes bis ins Detail kopiert wird. Um die Dreikonchenanlage statisch abzusichern, wurde eine Krypta (unter Bezug auf St. Stephanus, Essen-Werden) gebaut, die nur von der des Speyrer Doms an Größe übertroffen wird. Anselm von Canterbury wiederum übernahm später beim Bau der Krypta für die Kathedrale von Canterbury diese architektonische Anlage.

Rom wurde im Mittelalter zum Maßstab für den westlichen Kirchenbau, sogar für die Ordnung der Kirchen zueinander im Stadtbild (vgl. STRACKE 2000). Es entwickelten sich in Köln regelrechte Zitatketten: So ist die Westkrypta des Kölner Doms ein Nachbau der konstantinischen Krypta der Peterskirche; St. Aposteln bildet wiederum den Kölner Dom ab (vgl. www.romanische-Kirchen-Koeln.de; mit Stadtplan von 1248).

> ■ Ida war die Tochter des Pfalzgrafen Ezzo und der Prinzessin Mathilde (der Tochter von Kaiser Otto II. und Schwester Ottos III., somit Enkelin des Kaisers Otto I.) und die Schwester von Theophanu, der Äbtissin von Essen (1039–58), von Richeza, der Königin von Polen, und Her(i)mann II., Erzbischof von Köln. Ida verbindet mit ihrem Kirchbau selbstbewusst Köln mit Rom (wie der Kirchenbau auf dem Forum Romanum als „Sieg" der frühen Kirche über die heidnischen Kulte, so hier der Bau über dem Heiligtum der römisch-kölnischen Stadtgötter), mit Bethlehem (mit Konstantin und Helena: Geburtskirche), mit Essen (und ihrer Schwester Theophanu) sowie mit Aachen (als Krönungsort Karls d.Gr.) – sie dokumentiert damit ihre Zugehörigkeit zur Kaiserfamilie. ■

Was bedeutet nun das Zitieren architektonischer Formen? Es ist kein billiges Kopieren mangels eigener Kreativität, sondern offenbart neben dem Bewusstsein der eigenen Herkunft und Familie ein tieferes ekklesiologisches Verständnis: Der globale Zusammenhang der christlichen Kirche wird ästhetisch erfahrbar.

Es geht immer um den Bezug Jerusalem → Rom → (z. B.) Köln, dies ist auch an der Heilig-Land-Wallfahrt zu entdecken: Die heiligen Orte in Bethlehem und Jerusalem wurden von Kaiser Konstantin und seiner Mutter Helena durch den Bau der Basiliken (Geburtskirche, Grabeskirche) überhöht. Für Menschen, die diese Wallfahrt nicht miterleben konnten, bauten vermögende Pilger die heiligen Gebäude nach, an denen das Heil bringende Geschehen durch Mysterienspiele zu Ostern veranschaulicht wurde. Die Wallfahrt nach Rom entwickelte sich mit der Heiligenverehrung, die zunächst eine Verehrung der Apostel Petrus und Paulus und der anderen Märtyrer an ihren Gräbern und ihren späteren Kirchen war. Auch an den römischen Kirchen wird zunehmend Maß genommen.

Mögliche Konkretion religionsdidaktischer Prinzipien:

- Biografisches Lernen: Ida als Klosterfrau und Bauherrin
- Ästhetisches Lernen:
  - Grundrisse als Spiegel der Konfessionen: Kreuzformen im Verhältnis von Schiffen und Querhaus (griechisches oder lateinisches Kreuz?)
  - Bedeutung der Gestaltung von Vierung, Apsis, Konchen, Krypta, Kapelle
  - Geheimnisse der Zahlensymbolik: „Du hast alles nach Maß, Zahl und Gewicht geordnet" (Weish 11,20)
  - Ekklesiologische Bedeutung einer Krypta als Grablege: „Communio sanctorum" (Gemeinschaft der Heiligen)
  - Zitierende Bezüge zu Jerusalem und Rom: Teilhabe am Heiligen

- Erschließen der Geschichte der eigenen Pfarrkirche: Welcher Stil? Welche Symbolwelt?
- Die Glocken unserer Stadt und der Zusammenklang der Kirchen

Abbildung: St. Maria im Kapitol, Ausschnitt aus dem Holzschnitt von Anton Woensam, 1531

Es wurde versucht, am Beispiel der Kirche *St. Maria im Kapitol* in Kürze zu zeigen, dass Kirchenräume nicht nur eine eigene Geschichte haben, sondern in einem weit reichenden Traditionszusammenhang stehen. Nicht trockene Geschichtszahlen, sondern Lebenskontexte gilt es zu erschließen.

Die Kirchenerkundung sollte auch einschließen, den gelebten Glauben mit seinen Ausdrucksweisen wahrzunehmen. Das Anzünden von Kerzen ist für manche Jugendliche nichts Fremdes, sehr wohl aber ein Kreuzzeichen oder eine Kniebeuge, erst recht das Symbolhandeln im Gottesdienst. Eine Kirchenerkundung sollte nicht überfordern, aber ein gemeinsam gebetetes Vaterunser oder ein vorher eingeübtes Lied, ein Psalm (evtl. auch im Wechsel im Chorgestühl) sind mögliche kleine liturgische Vollzüge. Diese Entscheidungen sind situativ und lerngruppenbezogen zu treffen.

Wie kann korrelatives Lernen gelingen?

Beispielhaft werden zwei Konzeptionen für den Unterricht vorgestellt: O. Berg (2001) lenkt zunächst den Blick ins eigene Zimmer als Ausgangspunkt der Beschäftigung mit Raumgestaltung. Die Gegenstände der Erinnerung an die Kindheit und an liebe Menschen, die Aufstellung von Bett, Schreibtisch, Regal und Blumen, das bekennende Bildprogramm der Plakate: Das eigene Zimmer zeigt, „wer man ist". Übertragen heißt dies: Die Symbolik des Kirchenraumes wird gestaltet von Menschen in ihrer Zeit. Die theologisch-christologische Ausrichtung des Kirchenbaus kann nicht ohne die Lebensumstände, das Lebensgefühl, das Gemeindeverständnis und die Fragen der Menschen gesehen und erfahren werden. Kirchenarchitektur ist also immer steingewordene „Symboldidaktik", und dies als Basilika gleichermaßen wie als Zentralbau. Vergleichend werden Gemeindevorstellungen an Grundrissen deutlich.

H. J. Roth (1999/2003) erschließt die Geschichte und Gestalt des Aachener Doms auch in fächerverbindender Absicht: Kunsthistorische und historisch-biografische Hintergründe sowie die Stadtgeografie werden mit theologischen Leitideen konfrontiert. Wasser und Licht, Paradies, Engel, Teufel und Hölle, Träume und grausame Realitäten: Der Aachener Dom wird lebendig und erzählt von verborgenen Geheimnissen. Einige der Texte sind in lateinischer Sprache präsentiert. Der Reiz liegt in den unverhofften Perspektiven auf Kleinigkeiten, die bei genauerem Hinsehen die geniale Schöpferkraft der Menschen offenbaren: So wird das Bronzegitter, das die Empore der Pfalzkapelle ziert, zum Vorbild für die spätere Reichskrone und durch die vielfältigen Ornamente zum Abbild des Völkergemischs im römisch-germanischen Reich. Schüler werden so herausgefordert, mit offenem Blick Entdeckungen zu machen und ungeahnte Zusammenhänge zu erkennen.

Erkundungen vor Ort – mögliche Schritte auf dem Weg in die Kirche

Die folgenden Schritte sind als Bausteine gedacht. Eindimensionale Ausrichtungen sollen vermieden werden. Das behutsame Hinführen muss immer mit dem Blick auf die jeweilige Lerngruppe geschehen – und im Blick auf diejenigen, die durch achtloses Benehmen in ihrem Gefühl verletzt werden könnten.

Sich vorbereiten – Eigenrecherche

- Kirchenbau mit Hilfe von Fotos kennen lernen,
- Grundriss der Kirche erfassen, Himmelsrichtungen deuten: Osten (aufgehende Sonne) und Westen (Abendsonne) als Symbole für den Lebenslauf (Geyer 2002, S. 65 f.),
- Orte und Teile der Ausstattung (Altar, Ambo, Orgelempore, Chorraum mit Sitzen, Krypta mit Grablegen, Taufkapelle mit Taufbrunnen) in den Grundriss eintragen,
- liturgisches Leben erkunden (Pfarrbrief gibt Aufschluss über Gottesdienstzeiten und verschiedene Gottesdienstformen),
- Interviews durchführen: Gemeindemitglieder, Pfarrer, Pastoral- oder Gemeindereferentin, Organistin, Küster, Pfarrsekretärin, Jugendverbände,

Frauenverbände, Kindergarten, Krankenhaus, Messdiener, Pfarrgemeinderäte/Presbyter, Kirchenvorstandsmitglieder ... zum vielfältigen Leben in der Gemeinde,

- Sichten, Sammeln von: Kirchenzeitung, Pfarrbrief, Kirchenführer, Zeitungsartikeln, CD-ROMs, Filmen, Sendungen in Radio und Fernsehen,
- unterschiedliche Funktionen beschreiben: Kirchen und Kapellen als Versammlungsorte der Land- oder Stadtgemeinde, als Wallfahrtsort, Bistumskirche oder Meditationsraum,
- Weihe der Kirche verstehen (Altarweihe und Apostelleuchter: symbolische Initiation der gesamten Gemeinde; Weihe der Glocken, der Orgel); Patrozinium (Name der Kirche – eigener Name; Vorbildlernen).

„Sich auf den Weg machen" – Planung einer Klassenfahrt:

- sich informieren über die Wallfahrt der Völker zum Zion,
- eigene Anliegen finden und Meditationen vorbereiten: Frieden, Freiheit, Bewahrung der Schöpfung, Marsch für Gerechtigkeit,
- Orte zum Verweilen unterwegs auswählen: Wegkreuze, Stationen zur Konfrontation mit der Zerstörung der Schöpfung oder der Friedlosigkeit.

Die Schwelle überschreiten:

- innehalten, still werden, Betrachten des Paradiesportals oder der Gestaltung des Eingangsbereichs,
- langsam in die Kirche schreiten, nicht hineinstolpern,
- sich allein im Raum bewegen oder setzen, den Raum wirken lassen, den Blick schweifen lassen (sich einen Raum erschließen heißt: behutsam sein, ihn mitklingen lassen, ihn nicht „vergewaltigen" durch Lärm),
- das Licht beobachten, seine Symbolik verstehen lernen.

Den Raum erzählen lassen – von Generationen und Konfessionen:

Unterscheidendes und Gemeinsames christlichen Kirchbaus erkennen:

- *Evangelische Kirche:* Konzentration auf Kanzel und einen Altar, meistens Gebetsrichtung zum Hochaltar – Amtsverständnis; kein Tabernakel, kaum Bilder, keine sichtbare Heiligenverehrung, je nach Konfession wenig Schmuck, selten Kerzen.
- *Katholische Kirche:* Tabernakel, Heiligenbilder und -skulpturen, besonders Maria, Kniebänke, Weihrauch, Kerzen, besonders Osterkerze, Beichtstuhl, häufig mehrere Altäre.
- Aufsuchen der verschiedenen Sakraments- und Gebetsorte und Gegenstände (Taufbecken, Weihwasserbecken: Taufe und Tauferinnerung, Se-

gensort; Beichtstühle, Gesprächsräume: Beichte; Altar und Tabernakel: Eucharistie; Kreuzweg, Heiligenfiguren und -bilder, Apostelleuchter, Glasmalereien: Heiligenverehrung; Orgel, Ort für den Chor; Aufstellung der Bänke und Stühle, Ausrichtung auf den Altar: wie im Omnibus oder in einer Ellipse, (Halb-)Kreis; Beziehung von Ambo (Lesepult; Ort des Wortes) und Altar (Ort der Eucharistie) – Amts- und Gemeindeverständnis, Vat. II: Gottes Volk auf dem Weg, Weggemeinschaft; Orte für private Frömmigkeit, Lichterständer).

- Außengestalt und Umgebung der Kirche (Heiligenfiguren, Wasserspeier, Turm, Kirche auf dem Berg, mitten im Ort oder am Rand, Friedhof: „Communio sanctorum" – Erinnerung an die Vorfahren).
- Kurze Besinnung an einem ausgewählten Ort: Tauferinnerung am Taufbecken, Bildmeditation eines Glasfensters, Musikmeditation mit Hilfe des Organisten, Meditieren eines Kirchenliedes, Gedenken an die verstorbenen (Mit-)Schülern auf dem Friedhof ...

Sich bewegen (lassen):

- Verstehen der Symbolik von Gehen, Stehen, Sitzen, Knien, Liegen,
- gemeinsame Symbolhandlungen: Segensgeste, Kreuzzeichen, Kniebeuge vor dem Tabernakel.

Sich auf neue Erfahrungen einlassen – mystagogisches Verstehen:

- Stilleerfahrung, Meditation: „Ihr seid der Tempel Gottes, in euch wohnt Gottes Geist",
- Kirchenlieder im Kirchenraum in ihrer Ausdruckskraft erspüren, als Spiegel des Kirchenbaus wie der Gemeinde (z. B.: Eine große Stadt ersteht, GL 642; Ein Haus voll Glorie schauet, GL 639),
- kleine liturgische Feiern an den verschiedenen Orten in der Kirche, zum Beispiel Taufgedächtnis am Taufbecken (Lieder: GL 635, 636) oder Lichtfeier in der dunklen Kirche: „Ihr seid das Licht der Welt",
- Nachvollzug von Elementen des Stundengebets, zum Beispiel eines Wallfahrtspsalms (z. B. Ps 122; 123; 125; 135; 136).

Erfahrungen (mit-)teilen:

- Erstellen eines Berichts auf der Homepage der Schule oder eines eigenen Erkundungsbuches,
- Ausstellung der eigenen Erkundungen, Beschreibung des Weges,
- Gestaltung des Kirchenraums mit künstlerischen Mitteln: Hungertuch in der Fastenzeit; Kreuzweg, Lichtinstallation ...

- **Einrichtung und Gestaltung des Meditationsraums in der Schule – ein nicht unlösbares ökumenisches und interreligiöses Unterfangen:**

Die Gestaltung von Meditationsräumen in Schulen ist an der konfessionellen Struktur der Schülerschaft und deren Bedürfnissen auszurichten, um Raum schaffen zu können für Auszeiten, Ruhe und Besinnung:

- die dort zu realisierenden Gottesdienstformen berücksichtigen (Eucharistiefeier, ökumenische Wort-Gottes-Feier, religionsübergreifendes Friedensgebet u. a.),
- über Gegenstände und Symbole reflektieren: Kreuz, Mesusa, Bilder (Ikonen), Kerzen, Menora- oder Chanukka-Leuchter, Paramente, Gebetsteppich,
- Gebets- und Meditationshaltungen ermöglichen: Sitzgelegenheiten, Meditationsbänkchen, Kissen,
- eine Gebetsausrichtung realisieren: Zentrierung auf den Altar oder auf ein Bild; „Communio-Modell" (Anordnung von Altar, Ambo und Bänken in Form einer Ellipse),
- Bücher auswählen (Bibel, Koran, Gebetbücher, Liederbücher),
- einen gemeinsamen Namen finden.

Abschließend lässt sich zusammenfassen:
Bekanntes neu sehen, Neues entdecken, Gesehenes und Erfahrenes deuten, Gedeutetes vergleichen, Zusammenhänge verknüpfen: *Korrelatives Lernen* vollzieht sich im lebenslangen Dialog mit Vergangenem, um das Kommende gestalten zu können. Deshalb ist es immer auch gemeinsames *entdeckendes Lernen* von Lehrenden und Lernenden, auch wenn die Lehrenden eine anleitende, begleitende, manchmal korrigierende und führende Rolle innehaben. Dieses Vorhaben gelingt aber nur in einer Haltung der Offenheit für überraschende Erkenntnisse der Lernenden und im Staunen über ihre *Wahr*nehmungen.

Wie viel Form braucht die Religion? Rituale

von Agnes Steinmetz

Menschliches Handeln unterliegt Regeln, Gewohnheiten, Sitten und Gebräuchen – und Ritualen. Es ist ein Bedürfnis, besondere symbolhafte Ausdrucksformen (in diesem Sinn werden Riten und Rituale hier verstanden) in existenziell dichten Zeiten und Situationen zu suchen bzw. schaffen.

Moderne Rituale

Jugendliche (und nicht nur sie) schämen sich ihrer Gefühle in bestimmten Situationen nicht und bringen sie eindrucksvoll zum Ausdruck, zum Beispiel im Rockkonzert in der *Begeisterung* für Musiker und Musik oder für Athleten in der Sportarena. Sie pilgern zu ihren Idolen und nehmen dabei manche Anstrengung in Kauf. Dies erscheint wie eine moderne säkulare Variante der Wallfahrt: Die Überwindung großer Strecken, um *wirklich* dabei zu sein (vgl. die Olympia-Losung, die auch für das Publikum gilt: „Dabei sein ist alles!"), obwohl die Medien live übertragen oder das Konzert als CD-Konserve anbieten; der Einsatz von Vermögen und Zeit; das Leben in bescheidenen Unterkünften und nicht selten Schlafentzug; die Realien (Kleidung wie Trikots, Schals, [Wander-]Pokale u. a.) – dies alles symbolisiert Zugehörigkeit zueinander und zu den verehrten Personen. Solidarität findet ihren Ausdruck im Hier und Jetzt, in der Erfahrung und Mit-Teilung der Gegenwart, in gemeinsamen Liedern und rituellen Handlungen (z. B. La-Ola-Welle). Gleichsam wie Berührungsreliquien gelten die (verschwitzten) Trikots und Bälle, Autogrammkarten sind heiß begehrte Sammlerstücke. Die „Arbeit" in den Fanclubs gibt dem Leben Struktur und Sinn (*gemeinschaftsbildende Funktion* der Rituale und Realien).

Nach dem Tod der Prinzessin Diana, nach dem Erfurter Attentat, an Orten von Verkehrsunfällen werden Gedenkorte als Orte der *Trauer* markiert, und dies nicht selten mit Kreuzen, brennenden Kerzen, Blumen und Schmusetieren. Todesanzeigen, Kondolenz- und Fürbittenbücher zeigen Solidarität und bleibende Erinnerung – gerade in einer Zeit zunehmender Anonymität bei Bestattungen. Die Sehnsucht nach gemeinsam gestalteter Erinnerung ist groß, vielleicht auch mit dem Bedürfnis nach Vergegenwärtigung der Erlebnisse mit den Davongegangenen (*krisenbewältigende Funktion*).

Schulderfahrungen und Scheitern sind menschliche Grunderfahrungen, die zunehmend in Talkshows thematisiert und veröffentlicht werden. Formal gesehen handelt es sich um eine öffentliche Beichte, bei der das „Opfer" die Rolle der Anklage übernimmt. Problemlösungsstrategien werden vor dem Publikum verhandelt, das Innerste wird nach außen gekehrt. Die Lossprechung von den Sünden erfolgt pünktlich zum Sendeschluss, und es wird eine Buße vereinbart. Bei reuelosen Kandidaten wird auch das Publikum aktiv (*transformierende Funktion*).

Zu einem Staatsbesuch oder einer offiziellen Einladung gehört das Gebot der Gastfreundschaft, das in einem Empfang oder einem Gastmahl, das heißt einer rituellen Überhöhung des notwendigen Essens, seinen Ausdruck findet. Hier gibt es festgelegte Riten und Gebräuche, die nicht nur die Zugehörigkeit zu einer kulturellen Gruppe, sondern auch die *Ehrerbietung* dem Gast gegenüber symbolisieren. Die hierarchische Sitzordnung spiegelt das gesellschaftliche Ansehen, in den Tischreden fallen Vergangenheit, Gegenwart und Zukunft zusammen. Das gemeinsame Essen dient nicht der politischen Auseinandersetzung, Klärung und Kompromissbildung, sondern es hat eine *erinnernde, stabilisierende und utopische (also Zukunft eröffnende) Funktion:* Es wird eine Hoffnung auf Frieden und Verständigung zum Ausdruck gebracht.

Judentum wie Christentum kennen das rituelle Mahl, verbunden mit der Hoffnung auf die Ankunft des Messias. Auch hier gelten Regeln der Ehrerbietung: Der freie Platz des Elija und die Begrüßung der Königin Sabbat, christlich die verschiedenen Teile des Hochgebets und die Gebetshaltungen wie Stehen und Knien. Heilsgeschichte wird erinnert und ihre verheißene Erfüllung geglaubt.

Beobachtungen der Ritualforschung

Mit Ritualen beschäftigen sich unterschiedliche Wissenschaften: Von der Theologie (die Riten, Rituale und Liturgien im engen Sinn untersucht) bis hin zu Soziologie, Anthropologie, Psychologie, Pädagogik, Theater- und Medienwissenschaften und anderen mehr (die zunehmend mit einem weit gefassten Begriff auch Alltagsbeobachtungen als rituelle Vollzüge bezeichnen, zum

Beispiel Begrüßungs- und Abschiedsrituale). Allgemein wird zwischen *Übergangsriten, kalendarischen Riten* und *Krisenriten* unterschieden und ihre Funktionen werden beschrieben. Eine umfangreiche Dokumentation zum aktuellen Forschungsstand in verschiedenen Disziplinen liegt im Handbuch von A. Belliger und D. J. Krieger vor.

■ Vergleicht man heutige Ritualtheorien mit jenen an den Anfängen der Ritualforschung vor nicht mehr als hundert Jahren, fällt auf, wie wenig gegenwärtige Theorien über das Ritual mit Religion zu tun haben. Das Wort „Religion" kommt zwar in heutigen Untersuchungen noch immer vor, spezifische Riten aber und das Ritual im Allgemeinen werden kaum mehr als ausschließlich religiöse Phänomene betrachtet. Bedeutete „Ritual" ursprünglich „Gottesdienst" oder die schriftlichen Anweisungen dazu, so wird der Ritualbegriff seit der Jahrhundertwende auf symbolische Handlungen ganz allgemein angewandt. Verschiedenes hat zu dieser Wende beigetragen: Die Einführung von Soziologie und Psychologie als Wissenschaften im 19. Jahrhundert, die schon damals beträchtlichen Befunde ethnologischer und anthropologischer Forschung über so genannte „primitive" Völker sowie die Anwendung geisteswissenschaftlicher Theorien auf die Antike führten zu einem Verständnis des Rituals als etwas allgemein Menschliches, genauer als etwas, das in fast allen Bereichen des kulturellen Lebens zu finden ist. (Belliger/Krieger 2003, S. 7) ■

Als ein zentraler Begriff der „ritual studies" erscheint die „Performance". Als „historischen Rahmen" sehen Belliger/Krieger die religiöse und liturgische Erneuerung in Folge des II. Vatikanischen Konzils.

■ War zuvor alles vorgeschrieben, hatten die Teilnehmenden nun selbst die Möglichkeit zu entscheiden, welche symbolischen Handlungen ihren eigenen Bedürfnissen oder den Erwartungen ihrer Familie, Sippe, ethnischen Gruppe usw. am ehesten entsprechen. Die gemeinschaftsstiftende und identitätsbildende Rolle des Rituals kam deutlich zu Bewusstsein und wurde zur Herausforderung. (Belliger/Krieger 2003, S. 10) ■

Diese Sicht der Liturgiereform erscheint verengt und einseitig, die eigentlichen Intentionen sind nicht eingefangen, der Liturgiebegriff ist zu sehr auf die Messfeier eingegrenzt. Im Umfeld der eigentlichen Messliturgie entwickelten sich schon früh viele rituell-liturgische Formen von Volksfrömmigkeit (wie zum Beispiel Andachten), die mit bedacht sein wollen. Auch von einer *Auswahl* von Ritualen kann nicht die Rede sein, wohl aber von der Ausformulierung des dialogischen Ansatzes: Gottesdienst ist möglich, weil Gott sich ansprechen lässt. Es haben sich sicherlich nach dem Konzil durch die Muttersprache und die Entwicklungen eines neuen Liedguts neue Gestaltungsräume liturgischer Vollzüge entwickelt, im Kirchenjahr verschiedene neue Ausdrucksformen entfaltet, Gottesdienste für einzelne Gruppen (Kinder, Jugendliche, Schule, Firmlinge usw.) herausgebildet. Das Ringen um die „Essentials" christlichen Gottesdienstes (nicht nur in der katholischen Liturgie) zeigt aber genauso ein Bewusstsein sinnvollen Wiedererkennens und eindeutiger Symbole. Brot und Wein zur Eucharistie, Wasser zur Taufe sind unabdingbare Materie und Symbolhandlungen können nicht willkürlich nach den Bedürfnissen der jeweiligen Gruppe verändert werden, um kirchliches Handeln darzustellen. Die Spannung zwischen individueller und kirchlicher Ausformung wurde und konnte nicht aufgelöst werden. Die liturgischen Erfahrungen sind immer zu reflektieren, um einer subjektiven oder aber ritualistischen Ausformung zu entgehen. Ritualtheorien stellen Analyseergebnisse „von außen" dar und stehen (bei aller hilfreichen Unbeteiligtheit) in der Gefahr einer Scheinobjektivität. Die geglaubte Existenz Gottes und seiner Wirkmächtigkeit findet in der Theologie ihre vernunftgemäße Ausformulierung.

Als weiteren Grund für eine Ausweitung und Individualisierung von Ritualen nennen Belliger/Krieger die allgemeine „Sensibilisierung breiterer Schichten der Bevölkerung für spirituelle Ideen und Praktiken aus dem Osten und aus so genannten ‚primitiven' Traditionen (Schamanismus, Indianer-Bewegung, Rückkehr zu ethnischen Wurzeln)" sowie die New-Age-Bewegung mit ihrer Orientierung an fernöstlicher Religiosität. „Die spontane Aneignung dieser Formen ritueller Erfahrung und Handlung mündete oft in eine eigene innovative Anwendung auf neue Situationen." Als Beispiel kann die Verknüpfung von Medizin und psychotherapeutischen Ritualen gelten und neue gesellschaftliche Bewegungen (u. a. zur Ökologie oder zur Frauenfrage) geben ihre neuen Rituale wieder an die „etablierten religiösen Gemeinschaften" weiter (ebd., S. 11). Die Künste (Musik, Bildhauerei, Malerei, Theater ...) sprengten nicht nur die eigenen Grenzen, sondern auch den Gegensatz zwischen Betrachtenden und Kunstwerk, zwischen Statik und Dynamik, zwischen Körper und Gegenstand: „Fluxus", „body art", „Ritual-" oder „Performancekunst" („work in progress") beziehen die Zuschauenden in das Werk ein, haben nicht selten ein performatives Ziel, „die Bedingungen des Handelns im Hinblick auf Emanzipation und Durchbrechung sozialer Zwänge zu thematisieren und zu ändern" (ebd., S. 12).

Das Klavierkonzert von John Cage ist ein besonderes Beispiel: Der Pianist betritt die Bühne, setzt sich auf seinen Schemel, öffnet das Klavier und verharrt ... – schließt den Deckel und verlässt die Bühne. Das zunehmend unruhiger werdende Publikum (Atem- und Bewegungsgeräusche, Hüsteln, Räuspern, schließlich Klatschen) bildet die „Klänge". Die Umwelt ist offene Inszenierung, das sonst störend Nebensächliche wird zur Hauptsache, der

Werkcharakter der Kunst verflüchtigt sich, jeder wird eine Künstlerin, ein Künstler. Hier werden zwei Dimensionen deutlich, die für eine christliche Ritualtheorie wichtig erscheinen:

- Rituale sind menschlicher Ausdruck einer Verwiesenheit auf eine transzendentale Wirklichkeit. Die christliche Kritik hat zum Ziel, die Rituale als Antwort des Menschen auf Gottes Heilswirken so zu formulieren, dass sie als Freiraum gesehen werden, dessen Wesen die Zweckfreiheit ist. Deshalb sind die selbstbestimmten und zweckorientierten Übernahmen religiöser Rituale und Kultpraktiken als magisches Handeln abzulehnen.
- Rituale sind Ausdruck einer Gemeinschaft, die sich durch diese konstituiert, aber auch die Individuen auf sich selbst verweist. Christliche Kritik nimmt die Entwicklungen in den Künsten offen wahr und sucht nach Ausdrucksmöglichkeiten des Dialogs der Gemeinschaft und der Individuen mit Gott: Nicht nur die geweihten Amtsträger sind Liturgen, sondern die Gemeinde insgesamt ist Liturgin.

Ritualverständnis und Kultkritik in der jüdisch-christlichen Tradition

Eine der wesentlichen Aussagen der Ritualforschung ist die *De-Konstruktion* und *Re-Konstruktion* von Riten in vielen gesellschaftlichen Zusammenhängen mit dem Ziel der *Sinnstiftung* durch eben diese Rituale. Aber trifft dies auch auf christliche Rituale und die Liturgie zu? Zunächst erscheint die These der Sinnstiftung – von außen gesehen – einleuchtend, hat doch die frühe Kirche nicht nur viele Riten aus dem Judentum und aus der paganen Welt übernommen und in einen neuen Sinn-Zusammenhang gestellt: Die Symbolik des Lichts zum Beispiel wird erfahrbar durch den Sabbatleuchter, im christlichen Abendgottesdienst durch den Lichthymnus, in der Osternacht durch das Leuchten der Osterkerze. Handauflegung und Salbung als Symbolhandlungen finden sich bei der Inthronisation und Beauftragung der Könige in Israel und den Feiern der christlichen Initiation (Taufe und Firmung).

Die Deutung des menschlichen Tuns als Sinnstiftung allerdings erscheint als eine äußerst problematische Folgerung – wird doch suggeriert, dass Sinn machbar und herstellbar ist oder (nur?) der Einbildung der rituell Handelnden entspringt. Damit ist die Nähe zur Suggestion offensichtlich: Es handelt sich um ein innerweltliches Tun und Denken. Zu fragen ist zwar, inwiefern die Phänomene vergleichbar oder abgeleitet sind. Davon unterscheidet sich christliche Liturgie wesentlich, weil ihr Tun immer metaphorisch ist.

Religionspädagogisch ist es notwendig, zum Beispiel Medieninszenierungen zu durchschauen, ihre vermeintlich wirklichkeitsstiftende Dimension kritisch zu beleuchten, die Ideologie der Zivilreligion zu entlarven, vermeintlich heilende Wirkungen zu hinterfragen. Die Sinnkonstruktion menschlichen Handelns durch Ritualhandlungen ist in der jüdisch-christlichen Tradition schon früh kritisch gesehen worden. Judentum und Christentum formulieren Vorsicht und Vorbehalt vor Ekstase und menschlichem Machbarkeitsdenken, eine Kritik am ritualistischen Vollzug ohne verantwortliches ethisches Handeln (Jes 1,15–17; Lk 11,37–54; 18,9–14), Kritik am innerweltlich magischen Ritual zur Verehrung der Götzen (Ex 31,18–32,35). Sie entwerfen die Verehrung des unsichtbaren unverfügbaren Gottes (Ps 115), die möglich wird durch das vorausgehende Werk Gottes („opus Dei"; vgl. Lk 20,1–8).

■ Wer Liturgie feiert, tritt in einen dritten Wirklichkeitsbereich, der als „intermediärer Raum" gewertet werden kann. Es gilt, diesen Raum in seiner eigenen Gesetzmäßigkeit wahrzunehmen. Das Ritual ist nicht real im Sinne der Realitäten alltäglicher Erfahrung, aber dennoch ist es wirklich und wahr. Das hat die Sakramententheologie immer gewusst, wenn sie von Mysterien spricht, wenn etwa Thomas von Aquin die Zeichenhaftigkeit sakramentalen Tuns betont. Und zugleich entsteht etwas Neues, die Realpräsenz Jesu, die sich gemäß der symbolischen Differenz ereignet. Das alltägliche Leben bleibt verschieden vom Ritual, vom illusionären Raum. Das Ritual hat keine „Realität" wie die Wirklichkeit dieser Welt, denn sonst wäre es Magie. Damit „passt" für das hier entwickelte Ritualverständnis die christologische Dimension, die das Konzil von Chalkedon benannt hat und die damit eine Grundstruktur der christlichen Theologie geworden ist. Denn in der Formulierung des Verhältnisses von Gottheit und Menschheit in der Person Jesu werden genau die Koordinaten des „dritten Bereichs" angegeben: unvermischt und ungetrennt. Der „intermediäre Raum" als Bereich des Rituals ist nicht vermischt mit der Lebensrealität des Menschen, aber genauso wenig hiervon getrennt. Er ist nicht vermischt mit dem Reich Gottes, dem die christliche Hoffnung gilt, aber ebenso wenig davon getrennt, da er dessen Angeld ist. (Odenthal 2002, S. 211 f.) ■

So gilt es nachzudenken, wie die „Gestaltung" der Rituale und der Liturgie immer im Geheimnis der unverfügbaren Zuwendung Gottes wurzelt.

■ Damals empfand man den Aufbruch durch die Liturgiereform als eine große Befreiung. Jetzt ist meines Erachtens die Frage eher, wie das Mysterium der Liturgie, das ja letztlich das Mysterium Gottes und des Menschen feiert, rituell auf einem kulturell-ästhetisch ansprechenden Niveau gefeiert werden kann und den Menschen von heute Teilnahme und symbolische Erfahrung ermöglicht. (Odenthal 2002, S. 211) ■

Eine theologische Begriffsbestimmung von *Ritus* meint die äußere Gestalt (Begießen oder Untertauchen beim Taufritus) und die Ritenorganisation, die identitätsstiftend und exklusiv zugleich ist (römischer, byzantinischer Ritus) – und sogar zu Kirchenspaltungen führte. Der Begriff *Liturgie* ist in den einzelnen Konfessionen verschieden gefüllt: In der Orthodoxie wird unter der „Göttlichen Liturgie" die Eucharistiefeier verstanden, während in der römisch-katholischen Kirche mit Liturgie die in liturgischen Büchern, Textsammlungen, Rubriken und Gesetzen geregelten universalen und teilkirchlichen Feiern gemeint sind. Andachten, Wallfahrten, Prozessionen und Volksfrömmigkeit werden in neueren Ansätzen einbezogen.

> Unter Gottesdienst ... wird ... das ausdrückliche und in Form gebrachte Gefüge von Akten der betroffenen und verehrenden Zuwendung zu Gott verstanden, das von einer Gruppe glaubender Menschen vollzogen wird, die sich als Kirche bzw. Gemeinde verstehen. Gottesdienst grenzt sich somit einerseits vom Kult als einem Phänomen allgemein menschlichen Verhaltens ab, andererseits von jeder Form religiösen Verhaltens des je Einzelnen, sei es vom schlichten Gebet im „Kämmerlein", sei es von der hohen Ekstase des Mystikers. (Häussling 1995, S. 891).

Beispiele christlicher Rituale

Die eingangs beispielhaft genannten Rituale für *Begeisterung, Freude, Trauer, Ehrerbietung* sind Religionen allgemein und so auch dem Christentum nicht fremd, sondern für sie konstitutiv und wesenseigen. Jede Kultur- und Religionsgemeinschaft kennt Ausdrucksformen, die Identität stiften, Sicherheit vermitteln und den Alltag transzendieren helfen. Um religiös-christliche Rituale soll es im Folgenden gehen.

Im Religionsunterricht sollen eigene und fremde religiöse Riten und Rituale kennen gelernt, in ihrer Herkunft und Beziehung bewusst gemacht und in ihrer Sinnhaftigkeit für die jeweiligen Menschen erfahren werden. So lassen sich die skizzierten Rituale in ihrem liturgischen Bezug beschreiben:

Der Ritus des Mahlhaltens: Die Feier des Herrenmahles am Sonntag war für die frühen Christen die Form, nach dem gefeierten Sabbat in *Erinnerung* an Christi Botschaft und Taten sowie die die *Vergegenwärtigung* des auferstandenen Herrn im Wort und in der Eucharistie zu feiern: *Anbruch der Zukunft* durch die Teilhabe am eschatologischen Mahl.

Wallfahrtsriten: Viele Religionen kennen das Phänomen der Wallfahrt und der Verehrung von heiligen Menschen und Orten. Das Ziel der Pilgerfahrt ist fast immer durch ein besonderes Ereignis aus den vielen anderen Heilsorten (Kirchen, Synagogen, Moscheen…) herausgehoben. Neben von Menschen an heiligem Ort errichteten Bauten können „Heilige-Natur-Wesen" wie Berge, Bäume, Flüsse Pilgerziel sein. Das Land Israel/Palästina wirkt auf Christen als „fünftes Evangelium" – als Verortung von Leben und Leiden Jesu: „Fünf Evangelien schildern das Leben Jesu; vier findest du in Büchern – eines in der Landschaft. Liest du das fünfte, eröffnet sich dir die Welt der vier." (Pixner 1992) Hier hat Jesus mit seinen Jüngern als Wanderprediger gelebtund hat adressaten- und ortsbezogen gepredigt: pure Korrelation!) Für Juden, Christen und Muslime zeigt das „Heilige Land" die Geschichte Gottes mit seinem Volk: An heiligen Stätten werden die Voreltern Israels, die Orte des Heilswirkens Jesu, aber auch die Wirkungsorte und Reliquien des Propheten Mohammed (Schrein mit dem Barthaar des Propheten, Abdruck seines Pferdes bei seiner Himmelfahrt) verehrt. Eindrucksvoll ist die von außen gesehen gemeinsame Wallfahrt aller drei monotheistischen Religionen zum Tempel in Jerusalem – und gerade sie könnte zum Friedenssymbol werden (Jes 60–62). Nach der Anstrengung der Pilgerfahrt und dem Aufenthalt am heiligen Ort werden die Pilger entlassen und nehmen nicht nur den Segen, sondern auch handfeste Erinnerungen mit nach Hause: Berührungsreliquien wie die mit heiligem Öl getränkten Wattebäusche vom Salbstein Jesu (Grabeskirche) vom Papst in einer Audienz gesegnete Rosenkränze; Kerzen aus der Osternacht; Heiligenbilder vom Ort der Marienerscheinung (Lourdes, Fatima), die Jakobsmuschel. Dies sind Formen der Erinnerung an das Heilsgeschehen, das den Pilgernden widerfahren ist – jenseits von (oder auch trotz) Ratio und Aufklärung.

Riten von Schuldbekenntnis und Vergebung: Schuldvergebung ist nicht ohne rituelles Handeln denkbar. Das Verstoßen des Sündenbocks in die Wüste diente in Israel der Reinigung des Volkes am Versöhnungsfest. Die Schuldvergebung in der Messfeier ist mit Bitten verknüpft: Das Schuldbekenntnis findet eine Entsprechung im „Agnus Dei": „Lamm Gottes, du nimmst hinweg die Sünde der Welt, erbarme dich unser." Die ursprünglich öffentliche Buße wurde zur persönlichen Beichte, bei der das Bekenntnis der Schuld die Vergebungsbitte impliziert. Die Worte der Vergebung sind festgelegt und dem Priester vorbehalten: „Gott, der barmherzige Vater, hat durch den Tod und die Auferstehung seines Sohnes die Welt mit sich versöhnt und den Heiligen Geist gesandt zur Vergebung der Sünden. Durch den Dienst der Kirche schenke er dir Verzeihung und Frieden. So spreche ich dich los von deinen Sünden im Namen des Vaters und des Sohnes und des Heiligen Geistes."

Rituale sind also in ihrer Bedeutung zu vermitteln, dem Leben, Glauben, Leiden und Lieben Form zu geben, eine Gebärden- und Handlungs-„Sprache" zu finden, die gemeinschaftsstiftend ist, Sicherheit bietet und sinnvoll ist. Rituale sind Ausdruck und Inhalt zugleich: Das Händefalten ist mehr als nur ein sichtbares Zeichen der Frömmigkeit. Es führt zur Sammlung im Unterschied zur Orantenhaltung, die das Empfangen sinnenfällig macht. Viele Menschen brauchen offensichtlich Be*greif*bares, um ihrem Glauben Gestalt, Halt und Zukunft zu geben. Ritualhandlungen scheinen wesentlich durch Unmittelbarkeit und Präsenz gekennzeichnet zu sein.
So kann der Religionsunterricht zum Ort werden,

- über Vergleichbares und Unterscheidendes zwischen dem „Kultigen" der Jugendszene und religiösem Kult zu sprechen,
- Zweifel und Unverständnis angesichts fremder Rituale zu artikulieren,
- integrative oder exklusive Funktionen, anthropologische und historische Bedingtheiten des Rituals zu erkennen,
- im konfessionellen Gegenüber oder Miteinander die religiösen Ausdrucksformen farbig zu erschließen.

Das Konzept eines solchen Religionsunterrichts ist nicht die Konfrontation des Heidnischen mit dem Sakralen, des Kultigen mit dem Kultus; vielmehr soll durch die Beschreibung der säkularen rituellen Vollzüge das Übersteigen des Alltags kritisch wahrgenommen, gedeutet und deren existenzielle Tragfähigkeit überprüft werden. Der Anspruch von säkularen wie religiösen Ritualen wird somit auf *Glaub*würdigkeit hin befragt.

Die Vermittlung der Bedeutung von Riten und Ritualen stellt eine Gratwanderung dar, sind sie doch häufig von Jugendlichen als inhaltsleer erfahren worden. Dem Religionsunterricht stellen sich daher Aufgaben der Sensibilisierung für die Notwendigkeit von Ritualen. Dabei gilt es, säkulare Phänomene ernst zu nehmen, zu beobachten, zu beschreiben und sie nicht vorschnell als religiöse Ausdrucksformen zu vereinnahmen. In korrelativer Absicht sollen kulturelle, säkulare und religiöse Symbolhandlungen nicht gegeneinander ausgespielt, sondern in ihrer je eigenen Bedeutung und Aussagekraft erschlossen und veranschaulicht, in einer ständigen Wechselbeziehung in ihrem Sinn erfasst und gefüllt werden. So kann möglicherweise die Faszination von fremden und fremd gewordenen religiösen Initiations-, Trauer- und Festriten ein Verständnis für eigene religiöse Lebensformen und für Toleranz auslösen. Dem Auftrag des christlichen Religionsunterrichts entsprechend gilt es, mit der je eigenen Konfession und ihren Ausdrucksformen vertraut zu machen.

Für Lehrende bedeutet dies,

- sich dem hohen Anspruch anderer Kulturen und Religionen zu stellen und sich behutsam mit ihrer Eigenart auseinander zu setzen,
- sich selbst über Rituale und Riten der eigenen Konfession und den anderen christlichen Konfessionen kundig zu machen,
- eine eigene Liturgiefähigkeit, eine Feierkultur und Gestaltungskriterien zu entwickeln,
- sich offen zu verhalten für den Glaubensausdruck anderer,
- Events von existenziell tragenden Ritualen unterscheiden zu lernen, das heißt, die Ausdrucks- und Tragfähigkeit von Ritualen rational zu durchdringen (auch gerade angesichts ihrer Eigenschaft, rationales Denken zu übersteigen).

Die folgenden Elemente sollen dazu ermutigen und Orientierung geben.

Konkretionen

Geformte Zeit: Riten und Gebräuche im Jahreskreis

Aufgrund der häufig fehlenden religiösen Sozialisation und gleichzeitigen Sehnsucht nach Sinn und Heil wird in der schulischen Religionspädagogik der Einbezug und die Vermittlung von Riten und Gebräuchen im Jahreskreis wieder an Bedeutung gewinnen. Die Möglichkeiten sind vielfältig: Die Lehrpläne erlauben individuelle Schwerpunktsetzungen, die zum Beispiel am Kirchenjahr orientiert sein können. So sollte die Advents- und Fastenzeit in ihrer eigenen Ausprägung Gestalt gewinnen. Folgende Festtage eignen sich zu einer Wiederentdeckung und bewussten Gestaltung:

Aschermittwoch – Buß- und Bettag – Rosch Ha-Schana: Umkehr – wohin und wozu?; Halloween – Allerheiligen: Faszination des Grusels oder Glaube an das ewige Leben?; Weihnachten: Weihnachtsmann und/oder Christkind?; „Heil-Fasten" in der Fastenzeit?; Kirchentage, Katholikentage, Weltjugendtage: Nur Events und sonst nichts?; Sommerfeste, Erntedank: wir haben doch Milch- und Butterberge – warum „danke" sagen?

Rituelle und liturgische Elemente im Religionsunterricht

Das Sprechen über Formen und die Vorbereitung liturgischer Feiern können gleichermaßen Inhalt des Religionsunterrichts sein.

Kinder und Jugendliche formulieren häufig das Bedürfnis nach Auszeiten. Nicht nur der Religionsunterricht kann darauf mit geeigneten Maßnahmen reagieren; so gibt es an einigen Schulen bewusst gestaltete kurze Regenerationszeiten zum Beispiel durch Gymnastik zur Musik. Der Religionsunterricht kann hier aber ein eigenes Profil zeigen:
Der Brauch des Betens im Religionsunterricht ist zwar weithin verschwunden und wird wohl nur noch an kirchlichen Schulen praktiziert. Dennoch sollte darüber nachgedacht werden, ob Stilleübungen und meditative Momente als ein Innehalten im Getriebe der Zeit heilsam sein können. Bei besonderen Anlässen finden Jugendliche häufig ihre eigenen Ausdrucksformen, die gefördert und unterstützt werden sollen: etwa eine Gedenkecke mit Kerzen und Gedenkbuch (wie im Erfurter Dom nach dem Attentat bis heute).

Auch die Vorbereitung eines gemeinsamen Gottesdienstes sollte in kleinen Schritten wesentliche rituelle Handlungen wiederentdecken und bewusst machen: Das Nachdenken über die Bedeutung von (Weih-)Wasser und Kreuzzeichen, über die Kniebeuge, über die Haltungen wie Sitzen, Knien, Stehen, über die angemessene Bewegung und die einzelnen Orte, an denen die liturgische Feier stattfindet (Vorraum, Taufbecken, Altarraum ...). Durch die gemeinsame Vorbereitung selbst sollten elementare liturgische Strukturen bewusster und klarer werden:

- Aufbau der Messfeier, der Abendmahlsfeier, des Wortgottesdienstes,
- Kerngebete und biblische Texte (Glaubensbekenntnis, Vaterunser, ausgewählte Psalmen, biblische Cantica: Magnifikat, Benediktus),
- Gesänge und Kirchenlieder an ihrem liturgischen Ort (etwa „Lumen Christi“ und „Christ ist erstanden“ in der Osternacht),
- Gebetsgesten und -haltungen.

Mögliche Themen und Inhalte für den Religionsunterricht

„Was mir heilig ist“: Rituale, Kulte und Kultgegenstände aus der Jugendszene (Disko, Kino, Fußballstadion):

- Wahrnehmen der Ausdrucksformen und -gehalte und ihrer identitätsstiftenden, kommunikativen und die Alltagswirklichkeit tranzendierenden Funktion,

- Beschreibung der Symbolgegenstände, Talismane, Erinnerungsstücke und ihrer Funktion,
- vergleichende Erschließung typischer liturgischer Gegenstände und Gewänder in Judentum, Christentum, Islam.

„Was anderen heilig ist“: Riten und Kulte in verschiedenen Religionen und Kulturen:

- Initiationsriten,
- Wallfahrt zu heiligen Orten,
- Verhalten in Tempeln und Verehrung der Götter,
- Gebetsgesten,
- akustische Signale und liturgische Musik.

„Was mich heil macht“ – Sakramente:

- mögliches Taufkatechumenat im Religionsunterricht und Taufe in der Schulgemeinde, mögliche Tauferinnerung der bereits Getauften,
- Vergleich der konfessionellen Ausprägungen von Sakramentenfeier (Taufe, Firmung/Konfirmation, Priesterweihe/Ordination) und sakramentalen Handlungen (Salbung und Handauflegung), Bedeutung von biblischen Losungstexten für den Lebensweg.

Impulse für die Schulpastoral

Die bisherigen Überlegungen führen zur Schulpastoral, die über den Religionsunterricht hinausgreifen kann in das gesamte Schulleben.

Gestaltung von Räumen für die Besinnung

Die Gestaltung eines Meditationsraums birgt viele Chancen, mit Schülerinnen und Schülern einen Ort der Ruhe zu schaffen. Dazu werden mit ihnen Entscheidungen zur Auswahl ihrer Symbole zu treffen sein. Intensiver Überlegung bedarf die Frage nach der Konfessionalität der Schülerschaft: Wie wird den Bedürfnissen von evangelischen, katholischen, orthodoxen, aber auch jüdischen, muslimischen Kindern Rechnung getragen? Können die 1. Koransure, das lateinische und das byzantinische Kreuz, die Menora nebeneinander existieren? Orientierung bieten Autobahnkirchen, die meist christlich-ökumenisch und zunehmend interreligiös gestaltet sind. Dialog und Kooperation sind sicherlich nicht immer einfach, aber notwendig (Leitlinien für multireligiöse Feiern von Christen, Juden und Muslimen der deutschen Bischofskonferenz 2003).

Gestaltung zeitlicher Freiräume

Schwierigkeiten bereitet nicht nur den Geistlichen, sondern auch den Lehrerinnen und Lehrern der Schulgottesdienst als Eucharistiefeier. Die liturgische Unmündigkeit ist weit fortgeschritten, nicht selten geht jemand versehentlich zur Erstkommunion (aus einer solchen Erfahrung ist ein gemeinsamer Taufkatechumenat in einer Klasse 7 erwachsen, an dessen Ende sich der Schüler im Kreis der Mitschülerinnen und -schüler taufen ließ; dokumentiert in: Steinmetz 1998). Dennoch gibt es viele Anlässe und Zeiten zu verschiedenartigen gottesdienstlichen Feiern: Einführung und Abschied von Schülerinnen und Schülern, aber auch von Lehrerinnen und Lehrern (und nicht nur der Schulleitung); Frühschichten in Advents- und Fastenzeit, ökumenische Wort-Gottes-Feiern zum Schuljahresbeginn und -ende, zu Anlässen von Feiern (Schuljubiläum) und Trauern, zu bestimmten Festtagen. Je nach Fest oder Feier bieten sich die alten Symbole und Symbolhandlungen an, zum Beispiel die Erteilung des Aschenkreuzes in einem ökumenischen Gottesdienst am Aschermittwoch. Aber auch neue Symbole können zu erinnernden Zeichen werden: So etwa die „Früchte aus dem gelobten Land" (Num 13), die von einer Klasse 5 gemalt und mit Segenssprüchen beschriftet den Abiturienten eines Jahrgangs als Symbol für eine neue Zukunft überreicht werden. Wichtig erscheint es, dass die Symbole aus sich selbst heraus sprechen. Jugendliche sind sensibel für textüberladene und rationalisierende Versuche der Auslegung.

Besinnungszeiten und Wallfahrten bedeuten nicht nur räumlichen Abstand, sondern eine neue Zeitrechnung. Sie schaffen einen Freiraum für eigene Gestaltungen rituellen Handelns.

Grundsätzlich ist es wichtig, die Jugendlichen selbst gestalten zu lassen – allerdings mit konstruktiver Hilfe. Die Einführung in rituelles Handeln bedeutet, bewusst zu machen, wie alltägliches Handeln auch mancherlei Riten unterliegt. Dieser Bereich der Schulpastoral unterliegt zudem der Freiwilligkeit und ist mit keinerlei Leistungsmessung verbunden.

Schulgottesdienste – Zumutung oder Angebot zur Lebensorientierung für Lehrende und Lernende?

Hier zeigt sich ein Problem, denn es ist nicht überall selbstverständlich, dass eine Schulgemeinschaft Liturgie feiert. (Zudem ist dies durch das Schulrecht in den einzelnen Bundesländern unterschiedlich geregelt.) Und nicht selten fühlen sich die Lehrenden nicht angesprochen ...
Es sollen einige Grundsätze, die zugleich **Ziele** sind, dargelegt werden:

Gottesdienstbesuch ist freiwillig.
Dies bedeutet, sich Zeit zu nehmen – im schulischen Umfeld also eine Herausforderung für Schülerinnen und Schüler, Lehrerinnen und Lehrer, aber auch eine Möglichkeit der Selbstbestimmung und Selbstverantwortung.
Im Gottesdienst kommt das Leben zur Sprache.
Gottesdienst heißt aber auch: Gewohntes hinter sich lassen, sich auf Neues einlassen, einen neuen Weg wagen.
Den Alltag für eine Zeit lang verlassen, aber nicht vergessen; einen geheiligten Ort aufsuchen, an die Orte des Alltags aber wieder mit neuem Mut zurückkehren; nicht die Welt negieren, sondern sich selbst, die eigenen Nöte und Sorgen ernst nehmen und offen sein, sich beschenken lassen von der Heilszusage Gottes in der Gemeinschaft mit den anderen.

Gottesdienst ist Ausdruck unseres gemeinsamen Suchens, Fragens und Glaubens.
Grund, Weg und Ziel des Lebens sind nicht immer sinnvoll, oftmals fehlt im menschlichen Leben die Ausrichtung. Eine Solidarität im Glauben bedeutet, auch die Fragen und Zweifel zuzulassen: Wo ist denn nun Gott? Welchen Sinn hat mein Leben? Wohin soll ich mich wenden, wenn ich keinen Sinn mehr sehe?

Gottesdienst der Schulgemeinde soll gelebte Ökumene sein.
Die christlichen Kirchen und Gemeinschaften warten seit Jahrhunderten auf eine Einheit – in Gebet, Meditation, im Hören auf das Wort Gottes in den biblischen Lesungen bewegen sie sich auf diese Einheit zu. Schülerinnen und Schüler können so wahrnehmen, dass es eine Einheit in der Vielfalt geben kann.

Gottesdienst ist Feier des Gebens und Nehmens.
Die wechselseitige Bedeutung des Begriffs kommt in den Blick. Gottes Dienst an den Menschen und die Glaubens- und Antwortversuche der Menschen sind gleichzeitig Inhalt des Gottesdienstes. Gottesdienst feiern in der Überzeugung, dass Gott die Menschen nicht sich selbst überlässt – und dabei festzuhalten an der biblischen Glaubenstradition: Dies vereint Christen mit dem Volk Israel, das durch seine (leidvolle) Geschichte hindurch an dem Glauben an Gott festgehalten hat.

Gottesdienst ist geschenkte Zeit.
In dieser Zeit muss niemand etwas leisten oder Ansprüchen und Erwartungen gerecht werden, sondern kann auftanken, Freude, Mut und Zukunftshoffnung mit anderen teilen. Dazu ist allerdings eine sorgfältig reflektierte Vorbereitung notwendig. Es reicht nicht, die Fürbitten in verteilten Rollen vortragen zu lassen. Aus intensiven Gesprächen im Unterricht können die Anliegen erwachsen, die im Gottesdienst zur Sprache kommen. Dazu gehört auch die bewusste Einbeziehung der räumlichen Möglichkeiten des Kirchen- oder Gottesdienstraums durch Bewegung (z. B. prozessionsähnliches Gestalten, liturgischen Tanz) oder Konzentration auf einzelne Einrichtungsgegenstände und Orte (Taufgedächtnis am Taufbrunnen).

Abschließend lässt sich zusammenfassen:

Zum Schulprogramm gehört entscheidend die religiöse und spirituelle Dimension des Lebens. Die regelmäßig stattfindenden Gottesdienste sollen dazu beitragen, nicht nur zu besonderen Anlässen wie zur Einschulung der neuen Jahrgänge oder zur Verabschiedung (Abiturfeier) die Möglichkeit zum Innehalten zu geben. An Festtagen wie Aschermittwoch und Buß- und Bettag wird die ökumenische Absicht besonders deutlich: Dies ist eben nicht nur der Festtag der einen Konfession, sondern Anlass zu gemeinsamem Gottesdienst, der dann in Kooperation oder auch von der jeweiligen Konfession vorbereitet werden kann.

Die Erfahrung, aus dem Alltag herauszutreten, ist besonders in Kirchenräumen möglich. Die je unterschiedliche Architektur aufgrund der Baustile und der konfessionellen Prägungen zeigt eine mögliche Vielfalt an gemeinschaftlicher Versammlung, die zu berücksichtigen ist. Die Ausrichtung auf den Altar, die spannungsvolle Beziehung zwischen Altar und Ambo, die Anordnung der Bänke, ein möglicherweise großer Chorraum, verschiedene Orte für die Sakramentenspendung – die Möglichkeiten zu einer „Inszenierung“ sollten immer bedacht werden.

Die Gottesdienste sollten immer mit den Schülerinnen und Schülern vorbereitet werden, ob im Religionsunterricht oder in einer Arbeitsgemeinschaft. Dabei kommen ihre Anliegen (Orientierung im schwierigen Alltag, Erfahrung von Angenommensein, Solidarität miteinander und mit Kindern weltweit, Glaubensfragen u. a. m.) zur Sprache.

Zu einem Geschenk gehört, dass es ein überraschender Ausdruck der Zuneigung und Liebe ist. Die vorbereitende Gruppe schenkt den anderen ihre Gedanken und Heilszusagen – weil sie sich selbst beschenken ließ. Die Vorbereitung eines Schulgottesdienstes ist also ein Einüben spirituellen Tuns und keine Aufforderung zur Selbstdarstellung, das Lesen der biblischen Texte ein verkündigender Akt, das Vortragen der Fürbitten stellvertretendes Beten – und deshalb entsprechend zu üben. Eine behutsame Einführung in diese Dimensionen erscheint deshalb zunächst auch für Lehrerinnen und Lehrer notwendig. Die Ausbildung zur Schulseelsorge wird deshalb inzwischen in vielen Bistümern angeboten.

Gottesdienste sollten die Solidarität Gottes mit den Elenden und Notleidenden widerspiegeln. Eine besonders harte Realität, die exemplarisch für viele andere weltweit stehen kann, ist das Schicksal der kranken, unterernährten Kinder in Palästina. Das Kinderkrankenhaus in Bethlehem stellt die einzige medizinische Versorgung in diesem Raum. Oftmals erreichen Mütter das Krankenhaus zu spät. In einem Adventsgottesdienst wurde an sie gedacht. Eine Kollekte zugunsten dieser Kinder ist im Anschluss an die Aufklärung im Religionsunterricht durchführbar. Jährlich wird das Friedenslicht aus Bethlehem kommend von Jugendlichen in den deutschen Kirchengemeinden und Familien verteilt (auch dies ein Ritual).

Literatur

Adam, Gottfried (1984): Der Religionslehrer: Beruf und Person. In: Ders./R. Lachmann (Hg.): Religionspädagogisches Kompendium. Göttingen, S. 96–121

Alkier, Stefan/Dressler, Bernhard (1998): Wundergeschichten als fremde Welten lesen lernen. In: Bernhard Dressler/M. Meyer-Blanck (Hg.): Religion zeigen – Religionspädagogik und Semiotik. Münster, S. 163–187

Angel (2002): Naturwissenschaft und Technik im Blick der neueren Religionspädagogik. In: Gottfried Bitter u. a. (Hg.): NHRPG. München, S. 161–165

Arnold, Ursula/Hanisch, Helmut/Orth, Gottfried (1997): Was Kinder glauben: 24 Gespräche über Gott und die Welt. Stuttgart

Barz, Heiner (1992): Postmoderne Religion. Bd. 1: Religion ohne Institution; Bd. 2: Die junge Generation in den Alten Bundesländern. Beide Opladen

Barz, Heiner (1993): Postmoderne Religion. Bd. 3: Postsozialistische Religion. Opladen

Baudler, Georg (1984): Korrelationsdidaktik: Leben durch Glauben erschließen. Theorie und Praxis der Korrelation von Glaubensüberlieferungen und Lebenserfahrung auf der Grundlage von Symbolen und Sakramenten. Paderborn

Baumann, Ulrike/Wermke, Michael (Hg.) (2002): Religionsbuch 9/10. Berlin

Baumgart, Norbert Clemens (2004): Die Bücher der Könige. In: Erich Zenger (Hg.): Stuttgarter Altes Testament. Einheitsübersetzung mit Kom./Lexikon. Stuttgart, S. 562–669

Becker, Michael (2002): Wunder und Wundertäter im frührabbinischen Judentum. Studien zum Phänomen und seiner Überlieferung im Horizont von Magie und Dämonismus. Tübingen

Bee-Schroedter, Heike (1998): Neutestamentliche Wundergeschichten im Spiegel vergangener und gegenwärtiger Rezeptionen. Historisch-exegetische und empirisch-entwicklungspsychologische Studien. Stuttgart

Beilner, Helmut (2003): Empirische Forschung in der Geschichtsdidaktik. Geschichte in Wissenschaft und Unterricht 54, S. 284–302

Bellebaum, Alfred (2002): Glück. Erscheinungsvielfalt und Bedeutungsreichtum. In: Ders. (Hg.): Glücksforschung. Konstanz, S. 13–42

Belliger, Andréa/Krieger, David J. (Hg.) (2003): Ritualtheorien. Ein einführendes Handbuch. [2]Wiesbaden

Ben-Chorin, Schalom (2000): Von Angesicht zu Angesicht. Beiträge zum Gespräch zwischen Judentum und Christentum. Weimar

Berg, Horst Klaus (1991): Ein Wort wie Feuer. Wege lebendiger Bibelauslegung. München/Stuttgart

Berg, Othmar (2001): Kirchenräume – Kirchenträume. In: Religion. Unterrichtsmaterialien Sek. I Nr. 5. Aachen

Berger, Klaus (1996): Darf man an Wunder glauben? Stuttgart

Biehl, Peter (1987): Beruf: Religionslehrer. Schwerpunkte der gegenwärtigen Diskussion. In: JRP[1] 2, S. 161–194

Bittner, Stefan (2001): Learning by Dewey? John Dewey und die deutsche Pädagogik 1900–2000. Bad Heilbrunn

---

1 RpB: Religionspädagogische Beiträge

2 JRp: Jahrbuch der Religionspädagogik

Blixen, Tania (1998): Babettes Fest. Zürich [1950]

Blum, H.-J. (1997): Biblische Wunder – heute. Eine Anfrage an die Religionspädagogik. Stuttgart

Böhm, Uwe (2001): Ökumenische Didaktik. Ökumenisches Lernen und konfessionelle Kooperation im Religionsunterricht deutschsprachiger Staaten. Göttingen

Böhm, Uwe / Buschmann, Gerd (2000): Christologie in der Popmusik: Das Jesus-Bild. In: Dies. (Hg.): Popmusik – Religion – Unterricht. Modelle und Materialien zur Didaktik von Popularkultur. Münster, S. 127–135

Brüning, Barbara (2001): Recht, Gerechtigkeit, Menschenrechte. Cornelsen-Kurshefte Ethik/Philosophie. Berlin

Bucher, Anton (1993): Das Umweltbewusstsein von Kindern: Unentwickelt oder unterschätzt? In: RpB[1] 31/1993: Natur als Schöpfung, S. 154–160

Bucher, Anton (1996): Religionsunterricht: Besser als sein Ruf? Empirische Einblicke in ein umstrittenes Fach. Innsbruck

Bucher, Anton (2001): Religionsunterricht zwischen Lernfach und Lebenshilfe. [3]Stuttgart

Bucher, Anton (2004): Zur Befindlichkeit der Religionslehrerschaft in den Bistümern Linz und Salzburg. o.O. o.J. (MS, vorläufiger Titel)

Büchmann, Georg (1959): Geflügelte Worte. München

Bultmann, Rudolf (1967): Neues Testament und Mythologie. Das Problem der Entmythologisierung der neutestamentlichen Verkündigung. In: Ders.: Kerygma und Mythos, Bd. 1 (hrsg. v. H.W. Bartsch). Hamburg, S. 15–48

Bürgel, Rainer (Hg.) (1995): Raum und Ritual. Kirchbau und Gottesdienst in theologischer und ästhetischer Sicht. Göttingen

Büttner, Gerhard (2002): „Jesus hilft!“. Untersuchungen zur Christologie von Schülerinnen und Schülern. Stuttgart, S. 27–90

Büttner, Gerhard/Rupp, Hartmut (1999): „Wer sagen die Leute, dass ich sei?“ (Mk 8,27). Christologische Konzepte von Kindern und Jugendlichen. In: JRp[2] 15, S. 31–47

Büttner, Gerhard/Thierfelder, Jörg (Hg.) (2001): Trug Jesus Sandalen? Kinder und Jugendliche sehen Jesus Christus. Göttingen

Caillet, Jean-Pierre (1998): Die Entstehung der christlichen Stadt. In: Rom und die Bibel. Welt und Umwelt der Bibel, H. 8, S. 16–25

Caselmann, Christian (1964): Wesensformen des Lehrers. Versuch einer Typenlehre. [3]Stuttgart

Cassirer, Ernst (1994): Philosophie der symbolischen Formen. Sonderausgabe in 3 Bänden. Darmstadt [= reprograf. Nachdruck der 2. Auflage Darmstadt 1953]

Combe, Arno (1983): Alles Schöne kommt danach. Die jungen Pädagogen – Lebensentwürfe und Lebensgeschichten. Reinbek bei Hamburg

Combe, A./Buchen, S. (1996): Belastung von Lehrerinnen und Lehrern. Fallstudien zur Bedeutung alltäglicher Handlungsabläufe an unterschiedl. Schulformen. Weinheim

Cyrill von Jerusalem (1992): Mystagogicae catecheses. Mystagogische Katechesen, übers. u. eingel. v. G. Röwekamp. Fontes Christiani Bd. 7. Freiburg/Basel/Wien

Degen, Roland (1999): Das Jesusbild in didaktischen Materialien. In: JRp[2] 15, S. 207–215

Deutsche Shell (Hg.) (2000): Jugend 2000. Bd. 1. Opladen

---

3 rhs: Jahrbuch der Religionspädagogik

Deutsche Shell (Hg.) (2002): Jugend 2002. Zwischen pragmatischem Idealismus und robustem Materialismus. Frankfurt/M.

DRESSLER, BERNHARD (2002): Gelebte und gelehrte Religion – eine produktive Spannung? Biographie und Religion bei Religionslehrerinnen und Religionslehrern. In: Schule und Kirche. H. 2, S. 7–12

DRESSLER, BERNHARD (2004): Religion geht zur Schule: Fachlichkeit und Interdisziplinarität religiöser Bildung. In: ZPT 56, S. 3–17

DREWERMANN, EUGEN (1991): Tiefenpsychologie und Exegese, Bd. 2: Wunder, Vision, Weissagung, Apokalypse, Geschichte, Gleichnis. [2]Olten

DUNCKER, LUDWIG/POPP, WALTER (Hg.) (1998): Fächerübergreifender Unterricht in der Sekundarstufe I und II. Prinzipien, Perspektiven, Beispiele. Bad Heilbrunn

EKD (Ev. Kirche in Deutschland) (1994): Identität und Verständigung. Standort und Perspektiven des Religionsunterrichts in der Pluralität. Eine Denkschrift der Evangelischen Kirche in Deutschland. Gütersloh

EKD (Ev. Kirche in Deutschland) (2003): Das Abendmahl. Eine Orientierungshilfe zu Verständnis und Praxis des Abendmahls in der evangelischen Kirche. Gütersloh

Elementarisierung (2000): Themenheft der „Zeitschrift für Pädagogik und Theologie“, H. 3 (ZPT 52, S. 239–292)

EMER, WOLFGANG/LENZEN, KLAUS-DIETER (2002): Projektunterricht gestalten – Schule verändern: Projektunterricht als Beitrag zur Schulentwicklung. Baltmannsweiler

ERIKSON, ERIK H. (1977): Identität und Lebenszyklus. Drei Aufsätze, [4]Frankfurt/M.

EXELER, A. (1981): Der Religionslehrer als Zeuge. In: Katechet. Blätter. 106. Jg., S. 3–14.

FEIGE, ANDREAS/DRESSLER, BERNHARD/LUKATIS, WOLFGANG/SCHÖLL, ALBRECHT (2000): ‚Religion‘ bei ReligionslehrerInnen. Religionspädagogische Zielvorstellungen und religiöses Selbstverständnis in empirisch-soziologischen Zugängen. Berufsbiographische Fallanalysen und eine repräsentative Meinungserhebung unter evangelischen ReligionslehrerInnen in Niedersachsen. Münster

FETZ, RETO LUZIUS/REICH, KARL HELMUT/VALENTIN, PETER (2001): Weltbildentwicklung und Schöpfungsverständnis. Eine strukturgenetische Untersuchung bei Kindern und Jugendlichen. Stuttgart/Berlin/Köln

FLITNER, A. (1978): Eine Wissenschaft für die Praxis? Zeitschr. für Päd. 24, S. 183–193

FOWLER, JAMES (1991): Stufen des Glaubens. Die Psychologie der menschlichen Entwicklung und die Suche nach Sinn. Gütersloh

FRANKEMÖLLE, HUBERT (1994): Matthäuskommentar 1: Die Welt der „Wundergeschichten“ der ersten Leser. Düsseldorf, S. 291–297

FREUD, SIEGMUND (1993): Das Unbehagen in der Kultur (1930). In: Studienausgabe Bd. IX: Fragen der Gesellschaft, Ursprünge der Religion. [6]Frankfurt/M., S. 191–270

FREY, KARL (2002): Die Projektmethode (9. überarb. Aufl.). Weinheim/Basel

GAMM, HANS-JOCHEN (1988): Pädagogische Ethik. Versuch zur Analyse der erzieherischen Verhältnisse. Weinheim

Gemeinsame Synode der Bistümer in der Bundesrepublik Deutschland (1976): Beschluß: Der Religionsunterricht in der Schule. In: Ludwig Bertsch u. a. (Hg.): Gemeinsame Synode der Bistümer in der Bundesrepublik Deutschland. Offizielle Gesamtausgabe I. Freiburg, S. 123–152

Geo Wissen 33/2004: Urknall. Sterne. Leben. Die Geheimnisse des Universums.

GERHARDS, A. (2001): Vom Glück und Elend des Schulgottesdienstes. In: rhs[3] 3, S. 180–189

GERHARDS, ALBERT/RASCHZOK, KLAUS (2003): Kirchenraum. In: MICHAEL MEYER-BLANCK/WALTER FÜRST (Hg.): Typisch katholisch – typisch evangelisch. Ein Leitfaden für die Ökumene im Alltag. Freiburg, S. 167–184

GEYER, HERMANN (2002): „Sprechende Räume"? Fragmente einer ‚Theologie' des Kirchenraumes. In: GLOCKZIN-BEVER/SCHWEBEL (Hg.): Kirchen-Raum-Pädagogik, Münster

GIEDION-WELCKER, CAROLA (2002): Paul Klee in Selbstzeugnissen und Bilddokumenten. [20]Reinbek [1961]

GOECKE-SEISCHAB, MARGARETHE/OHLEMACHER, JÖRG (1998): Kirchen erkunden, Kirchen erschließen. Ein Handbuch mit über 300 Sachzeichnungen und Übersichtstafeln, sowie einer Einführung in die Kirchenpädagogik. Lahr

GOTTWALD, ECKART (1999): Mehr als nur Hollywood – Jesus im Spiegel massenmedialer Kommunikation. In: JRP 15, S. 195–205

GUTMANN, HANS-MARTIN (1998): Der Herr der Heerscharen, die Prinzessin der Herzen und der König der Löwen. Religion lehren zwischen Kirche, Schule und populärer Kultur. Gütersloh

HAHN, ULLA (2003): Das verborgene Wort. [3]Stuttgart [2001]

HALBFAS, HUBERTUS (1983): Religionsunterricht in der Grundschule. Lehrerhandbuch 1. Düsseldorf

HALBFAS, HUBERTUS (1985): Religionsunterricht in der Grundschule. Lehrerhandbuch 3. Düsseldorf / Zürich

HALBFAS, HUBERTUS (1986): Religionsunterricht in der Grundschule. Lehrerhandbuch 4. Düsseldorf

HALBFAS, HUBERTUS (1989): Religionsbuch 5/6: Wundergeschichten. Düsseldorf, S. 145–154

HALBFAS, HUBERTUS (1993): Kirchenarchitektur als Symboldidaktik, Religionsunterricht in Sekundarschulen. Lehrerhandbuch 6, Patmos Düsseldorf, S. 594–597; vgl. auch die Erschließungen der Kirchenbauten in den Religionsbüchern und dazugehörigen Lehrerhandbüchern für Sekundarschulen

HÄUSSLING, ANGELUS A. (1995): Gottesdienst. In: [3]LThK, Bd. 4, S. 891–903

HEIMBROCK, HANS-GÜNTER (1998): Evangelische Schulseelsorge als Beitrag zu lebensweltbezogner Bildungsarbeit der Kirchen. In: Pastoraltheologie. 87. Jg., H. 10, S. 455–474

HEIMBROCK, H.-G. (1999): Wer fragt denn schon nach Erlösung? In: JRP 15, S. 147ff.–157ff.

HEITGER, MARIAN (1994): Vom vermeintlichen Ende einer konstruktiven Beziehung wissenschaftlicher Pädagogik in ihrer skeptischen Version auf ihre Praxis. Oder: Hat die Theorie der Praxis nichts mehr zu sagen? VJfWissPäd 70, S. 418–433

HENTIG, HARTMUT VON (1996): Bildung. Ein Essay. München.

HERMANS, CHRIS (1990): Wie werdet ihr Gleichnisse verstehen. Empirisch-theologische Forschung zur Gleichnisdidaktik. Kampen/Weinheim

HERRMANN, HANS-JÜRGEN/HINTSDORFER, CHRISTA (2002): Thema Religion: Dem Tod begegnen – leben lernen. Leipzig

HERRMANN, ULRICH / HERTRAMPH, HERBERT (1999): „Lehrer" – eine Selbstdefinition. Ein Ansatz zur Analyse von Lehrerpersönlichkeit und Kompetenzgenese durch das sozialkognitive Modell der Selbstwirksamkeitsüberzeugung. Jahrbuch für Lehrerforschung 2, S. 49–71

HIBS (Hessisches Institut für Bildungsplanung und Schulentwicklung) (1990): Miteinander leben. Materialien zum Unterricht Sekundarstufe I. H. 93. Wiesbaden

HILGER, GEORG (2001A): Art. „Korrelationsdidaktik". In: Lexikon der Religionspädagogik, hg. von Norbert Mette und Folkert Rickers. Bd. 2. Neukirchen-Vluyn, Sp. 1106–1111

HILGER, GEORG (2001b): Ästhetisches Lernen. In: GEORG HILGER/STEPHAN LEIMGRUBER/HANS-GEORG ZIEBERTZ: Religionsdidaktik. München, S. 305–318

HILGER, G./LEIMGRUBER, ST./ZIEBERTZ, H.-G. (2001): Religionsdidaktik. München

HILGER, GEORG/ROTHGANGEL, MARTIN (1999): Wahrnehmungskompetenz für religiös-relevante Äußerungen als hochschuldidaktische Herausforderung. Religionspädagogische Beiträge 42, S. 49–65

HIRSCH, GERTRUDE (1990): Biographie und Identität des Lehrers. Eine typol. Studie über den Zusammenhg. von Berufserfahrungen und beruflichem Selbstverständnis. Weinheim

HOFFMANN, JOHANNES/LUTZ, MATTHIAS (Hg.) (1992): Arm in einer reichen Stadt. Zur Armutssituation in Frankfurt. Frankfurt/M.

HUBERMANN, MICHAEL (1991): Der berufliche Lebenszyklus bei Lehrern. In: EWALD TERHART: Unterrichten als Beruf. Frankfurt/M., S. 249–267

IPFLING, HANS JÜRGEN/PEEZ, HELMUT/GAMSJÄGER, ERICH (1995): Wie zufrieden sind die Lehrer? Bad Heilbrunn

JONAS, HANS (1979): Prinzip Verantwortung – Versuch einer Ethik für die technologische Zivilisation. Frankfurt/M.

KANT, IMMANUEL (1981): Kritik der reinen Vernunft. Werkausgabe, hg. von WILHELM WEISCHEDEL. Taschenbuch-Ausgabe Bd. IV. [5]Frankfurt [1956]

KESSLER, ANDREAS (2003): Bejahung durch Gott, bleibende Atome ... In: RL, H. 1, S. 3–6

KLEIN, STEPHANIE: Gottesbilder von Mädchen. Bilder und Gespräche als Zugänge zur kindlichen religiösen Vorstellungswelt. Stuttgart 2000

KLIEMANN, PETER/RUPP, HARTMUT (Hg.) (2000): 1000 Stunden Religionsunterricht. Wie junge Erwachsene den Religionsunterricht erleben. Stuttgart

KOHLBERG, LAWRENCE (1978): Kognitive Entwicklung und moralische Erziehung. In: MAUERMANN/WEBER (Hg.): Der Erziehungsauftrag der Schule. Donauwörth, S. 107ff.–117ff.

KOHLBERG, LAWRENCE (1995): Die Psychologie der Moralentwicklung. Frankfurt/M.

KOLLMANN, BERND (2002): Neutestamentliche Wundergeschichten. Biblisch-theologische Zugänge und Impulse für die Praxis. Stuttgart

KOSCH, CLEMENS (2000): Kölns romanische Kirchen. Architektur und Liturgie im Hochmittelalter. Regensburg

KROLL, THOMAS (2001): Um Gottes willen über Filme reden! In: Pastoralblatt für die Diözesen Aachen, Berlin, Essen, Hamburg, Hildesheim, Köln, Osnabrück. H. 3, S. 75 –85

KROPAČ, ULRICH (2004): Naturwissenschaft und Theologie – eine spannungsreiche Beziehung im Horizont religiöser Bildung. In: rhs 47/2, S. 101–114

KULD, LOTHAR (2000): Religion in Lebenszusammenhängen – Das Compassion-Projekt. In: HARRY NOORMAN u. a. (Hg.): Ökumenisches Arbeitsbuch Religionspädagogik. Stuttgart/Berlin/Köln, S. 249–250

KULD, LOTHAR/GÖNNHEIMER, STEFAN (2000): Compassion – sozialverpflichtetes Lernen und Handeln. Stuttgart

KULD, LOTHAR/SCHMID, BRUNO (2001): Lernen aus Widersprüchen. Dilemmageschichten im Religionsunterricht. Donauwörth

4 KatBl: Katholische Blätter

KÜNG, HANS (1999): Spurensuche. Die Weltreligionen auf dem Weg. München

LACHMANN, RAINER (1999): Wundergeschichten „richtig" verstehen. Bibeldidaktik zwischen historisch-kritischer Exegese, existentialer Interpretation und Rezeptionsästhetik. In: G. LÄMMERMANN u. a. (Hg.): Bibeldidaktik in der Postmoderne. Stuttgart, S. 205–218

LANGE, GÜNTER/SCHLADOTH, PAUL (2001): Springen oder Tüfteln (Briefwechsel zur Christologie im Unterricht). In: KatBl4 126, S. 345–351

LANGER, KLAUS (1989): Warum noch Religionsunterricht? Religiosität und Perspektiven von Religionspädagogen heute. Gütersloh.

LANGEWIESCHE, DIETER (1996): Vom Gebildeten zum Bildungsbürger? Umrisse eines katholischen Bildungsbürgertums im wilhelminischen Deutschland. In: MARTIN HUBER/GERHARD LAUER (Hg.): Bildung und Konfession. Politik, Religion und literarische Identitätsbildung 1850–1918. Tübingen, S. 107–132

LANGMAACK, BARBARA (1996): Themenzentrierte Interaktion. Einführende Texte rund ums Dreieck. Weinheim

LEFFERS, J. (2003): Jeder dritte Lehrer ist ausgebrannt. Der Spiegel v. 10. 4. 2003

LEHMANN, CHRISTINE (1999): Religionslehrer/-in werden ... Lehramtsanwärter/-innen reflektieren ihre Ausbildung. Münster

LINDNER, HEIKE (2003): Musik im Religionsunterricht. Mit didaktischen Entfaltungen und Beispielen für die Schulpraxis. Münster

LINK, HANS-GEORG (2003): Berlin 2003. Streiflichter vom ersten Ökumenischen Kirchentag. Köln (Ökumenereferat beim Ev. Stadtkirchenverband)

LÖW, REINHARD (1994): Die neuen Gottesbeweise. Augsburg

LOHSE, BERNHARD (1974): Epochen der Dogmengeschichte. 3Stuttgart/Berlin [1963]

LOSCHER, KLAUS/HAHN, UDO (1987): „Ich habe nicht verleugnet". Georg Maus: Leben und Wirken eines Religionslehrers im Dritten Reich. Wuppertal

LÜKE, ULRICH (1993): Schöpfung als Evolution – Evolution als Schöpfung? Vom faulen Frieden in einem Jahrhundertkonflikt. In: RpB 31/1993, S. 56–73

Lutherischer Weltbund/Päpstlicher Einheitsrat (1999): Gemeinsame Erklärung zur Rechtfertigungslehre. Paderborn/Frankfurt [1997]

MATTHES, JOACHIM (Hg.) (2000): Fremde Heimat Kirche – Erkundungsgänge: Beiträge und Kommentare zur dritten EKD-Untersuchung über Kirchenmitgliedschaft. Gütersloh

MCGRATH, A. (2001): Naturwissenschaft und Religion. Eine Einführung. Freiburg

MEURER, THOMAS (2004): Bibeldidaktik als ästhetische Rekonstruktion. In: rhs 2, S. 79–89

MEYER, JOHANNES (1984): Das Berufsbild des Religionslehrers. Eine Untersuchung der religionspädagogischen Literatur von der Neuscholastik bis heute. Zürich

MEYER-BLANCK, MICHAEL (1998): Zwischen Exegese und Videoclip – Jesus in der Bibeldidaktik. In: ZNT 1, S. 65–77

MEYER-BLANCK, MICHAEL (2002): Aufgeklärte Gewissheit: Christliche, islamische und staatsbürgerliche Identität als schulische Bildungsaufgabe. In: S. SIELKE (Hg.): Der 11. September 2001. Fragen, Folgen, Hintergründe. Frankfurt/M. u. a., S. 173–182

MEYER-BLANCK, MICHAEL (2003a): Kleine Geschichte der evangelischen Religionspädagogik. Dargestellt anhand ihrer Klassiker. Gütersloh

MEYER-BLANCK, MICHAEL (Hg.) (2003b): Liturgiewissenschaft und Kirche. Ökumenische Perspektiven. Rheinbach

MEYER-BLANCK, MICHAEL (2003c): Religionsunterricht in der pluralistischen Gesellschaft. Praktisch-theologische Standortbestimmung. In: HEINRICH BEDFORD-STROHM (Hg.): Religion unterrichten. Aktuelle Standortbestimmung im Schnittfeld zwischen Kirche und Staat. Neukirchen-Vluyn, S. 96–106

MEYER-BLANCK, MICHAEL (2003d): Religion zeigen im heiligen Raum. Kirchenraumpädagogik und Liturgiedidaktik. In: Die Christenlehre 56, H. 2, S. 4–7

MEYER-BLANCK, MICHAEL (2003e): Art. „Die Konfirmation" I und III. In: Handbuch der Liturgik. 3Göttingen 2003, S. 481–494 und S. 503–508

MEYER-BLANCK, MICHAEL/FÜRST, WALTER (Hg.) (2003): Typisch katholisch. Typisch evangelisch. Ein Leitfaden für die Ökumene im Alltag. 1,2Rheinbach

Ministerium für Bildung, Jugend und Sport des Landes Brandenburg (Hg.) (2002): Lebensgestaltung, Ethik, Religionskunde: Forschungsbericht (erhältlich beim Ministerium, Referat 35, Steinstr. 104–106, 14480 Potsdam)

MOKROSCH, REINHOLD/REGENBOGEN, ARNIM (Hg.) (1999): Was heißt Gerechtigkeit? Ethische Perspektiven zu Erziehung, Politik und Religion. Donauwörth

MOLTMANN, JÜRGEN (1985): Gott in der Schöpfung – Ökol. Schöpfungslehre. München

MOXTER, MICHAEL (2002): Rechtfertigung und Anerkennung. Zur kulturellen Bedeutung der Unterscheidung von Person und Werk. In: Die Lehre von der Rechtfertigung des Gottlosen im kulturellen Kontext der Gegenwart, hg. von HANS MARTIN DOBER U. DAGMAR MENSINK. Stuttgart (Hohenheimer Protokolle 57), S. 20-42

MÜLLER, PETER/BÜTTNER, GERHARD/HEILIGENTHAL, ROMAN/THIERFELDER, JÖRG (2002): Die Gleichnisse Jesu. Ein Studien- und Arbeitsbuch für den Unterricht. Stuttgart

NIEHL, FRANZ W. (1984): Kann der Religionsunterricht Glück lehren?. Katechetische Blätter 109, S. 864–869

NIPKOW, KARL ERNST (1982): Grundfragen der Religionspädagogik. Bd. 3. Gütersloh

NIPKOW, KARL ERNST (1990): Erwachsenwerden ohne Gott? Gotteserfahrung im Lebenslauf. 3München [1987]

NIPKOW, KARL ERNST (1998a): Bildung in einer pluralen Welt. Bd. 2: Religionspädagogik im Pluralismus. Gütersloh

NIPKOW, KARL ERNST (1998b): Leidende Welt und Allmacht Gottes – theologische Aufklärung über das Theodizeeproblem. In: Ders. (Hg.): Bildung in einer pluralen Welt. Bd. 2: Religionspädagogik im Pluralismus. Gütersloh, S. 281–294

NIPKOW, KARL ERNST (2001): Leistung, Leistungsbewertung. In: Lexikon der Religionspädagogik, hg. von METTE/RICKERS , Bd. 2. Neukirchen-Vluyn, Sp. 1211ff.–1216ff.

NOACK, CHR. (1994): Stufen der Ich-Entwicklung und Geschichtsbewußtsein. In: BODO VON BORRIES/HANS-JÜRGEN PANDEL: Zur Genese historischer Denkformen: qualitative und quantitative empirische Zugänge. Pfaffenweiler, S. 9–46

NOCKE, FRANZ-JOSEF (2002): Tod – Auferstehung. In: GOTTFRIED BITTER u. a. (Hg.): Neues Handbuch religionspädagogischer Grundbegriffe. München

NOLLE, ALEXANDER (2003): Pädagogisches Wissen und Können von Lehramtsstudierenden. Eine Untersuchung zu Stand und Entwicklung ihrer Fach- und Sozialkompetenz. Journal für LehrerInnenbildung 3, S. 20–30

ODENTHAL, ANDREAS (2002): Liturgie als Ritual. Theologische und psychoanalytische Überlegungen zu einer praktisch-theologischen Theorie des Gottesdienstes als Symbolgeschehen. Kohlhammer, StuttgartOELKERS, J. (1986): Professionsmoral oder pädagogisches Ethos? Eine historische Kritik. In: Vierteljahresschrift für wissenschaftliche Pädagogik. 62. Jg., H. 4, S. 487–506

OSER, FRITZ/GMÜNDER, PAUL (1984): Der Mensch – Stufen seiner religiösen Entwicklung. Ein strukturgenetischer Ansatz. Zürich/Köln

PAWLOWSKI, HARALD (Hg.) (2000): Mein Credo. Persönliche Glaubensbekenntnisse, Kommentare und Informationen. Bd. 2. Publik – Forum Verlagsgesellschaft. München

PETERSSEN, WILHELM H. (2000): Fächerverbindender Unterricht. Begriff, Konzept, Planung, Beispiele. München

PIAGET, JEAN (1990): Das moralische Urteil beim Kinde. München [1932]

PIXNER, BARGIL (1992): Mit Jesus durch Galiläa nach dem fünften Evangelium. Rosh Pina (Israel)

PORZELT, BURKARD (1999): Jugendliche Intensiverfahrungen. Qualitativ-empirischer Zugang und religionspädagogische Relevanz. Graz

RAHNER, KARL (1967 ff.): Schriften zur Theologie. Zürich

RAHNER, KARL/VORGRIMLER, HERBERT (2002): Kleines Konzilskompendium. ^{29}Freiburg [1966]

RASCHZOK, KLAUS (2000): Spuren im Kirchenraum. Anstöße zur Raumwahrnehmung. In: PTh 89, S. 142–157

RASCHZOK, KLAUS (2001): „... an keine Stätte noch Zeit aus Not gebunden“ (Martin Luther). Zur Frage des heiligen Raumes nach lutherischem Verständnis. In: Kirche und Kunst 79, H. 1, S. 2–7

RASKE, M. (1978): Rollenkonflikte des Religionslehrers: KatechBl 103, S. 110–124

REICH, KARL HELMUT/SCHRÖDER, ANKE (1995): Komplementäres Denken im Religionsunterricht. Ein Werkstattbericht über ein Unterrichtsprojekt zum Thema „Schöpfung“ und „Jesus Christus“. Rehburg-Loccum

RHEINBERG, F./BROMME, R. (2001): Lehrende in Schulen. In: A. KRAPP/B. WEIDEMANN (Hg.): Pädagogische Psychologie. Ein Lehrbuch. ^{4}Weinheim, S. 295–332

RICHTER, KLEMENS (1998): Kirchenräume und Kirchenträume. Die Bedeutung des Kirchenraumes für eine lebendige Gemeinde. Freiburg

Richtlinien und Lehrpläne (1993): Für das Gymnasium – Sekundarstufe I – in Nordrhein-Westfalen: Ev. Religionslehre. Düsseldorf

RICKERS, FOLKERT 2002): Interreligiöses Lernen? In: Jahrbuch der Religionspädagogik. Bd. 18: Religionsdidaktik. Neukirchen-Vluyn, S. 182–192

RITTER, ADOLF MARTIN (1977): Alte Kirche (Kirchen- und Theologiegeschichte in Quellen Bd. 1). Neukirchen-Vluyn

RITTER, W. (1995): Kommen Wunder für Kinder zu früh? Wundergeschichten im Religionsunterricht. Katechetische Blätter 120, S. 832–842

ROPER, WILLIAM (1986): Das Leben des Thomas Morus. Heidelberg (erstm. 1626)

ROSIEN, PETER (Hg.) (1999): Mein Credo. Persönliche Glaubensbekenntnisse, Kommentare und Informationen. Bd. 1. Publik – Forum Verlagsgesellschaft. München

RÖSNER, HERIBERT (2002): Impulse für neue Erfahrungen. Klassentagungen als Beitrag zur Gestaltung von Schulseelsorge. In: Schule und Kirche. H. 1, S. 20–22

---

[5] LexRp: Lexikon der Religionspädagogik

[6] RL: Religionslehre, Gymnasium, Sek II

[7] ZPT: Zeitschrift für Pädagogik und Theologie

ROTH, HANS JÜRGEN (1999): Haus zweier Welten. 1200 Jahre Aachener Dom. B. Kühlen Verlag Mönchengladbach

ROTH, HANS JÜRGEN (2003): Haus zweier Welten. 1200 Jahre Aachener Dom. Arbeitshilfen in 2 Bänden. Domkapitel und Hauptabteilung Erziehung und Schule im Bischöflichen Generalvikariat (Hg.). Aachen

ROTHGANGEL, MARTIN (1999): Naturwissenschaft und Theologie. Wissenschaftstheoretische Gesichtspunkte im Horizont religionspädagogischer Überlegungen. Göttingen

ROTHGANGEL, MARTIN (2001): Naturwissenschaft und Theologie. In: LexRP5, Sp. 1398–1403

RUPP, HELMUT u. a. (Hg.) (2000): Gerechtigkeit lernen. Lehrerbuch 7/8. Leipzig

SAGEBIEL, F. (2000): „Wozu sind Geschichten gut, die nicht einmal wahr sind?" forum religion o.J., S. 35–39

SAUER, RALPH/MOKROSCH, REINHOLD (1994): Ökumene im Religionsunterricht. Glauben lernen im evangelisch-katholischen Dialog. Gütersloh

SCHACH, BERNHARD (1980): Der Religionslehrer im Rollenkonflikt. Eine religionssoziologische Untersuchung. München

SCHÄFFKE, WERNER (1985): Kölns romanische Kirchen. 3Köln

SCHAPP, W. (1985): In Geschichten verstrickt. 3Frankfurt/M.

SCHIBLER, HANSJAKOB (2003): Was kommt nach dem Tod? In: RL6, H. 1, S. 27–30

SCHIMMEL, ANNEMARIE (1995): Die Zeichen Gottes. Die religiöse Welt des Islam. München

SCHLEIERMACHER, FRIEDRICH (1960): Der christliche Glaube. Nach den Grundsätzen der ev. Kirche im Zusammenhang dargestellt. 2 Bde., hg. v. M. Redeker. 7Berlin

SCHLÜTER, RICHARD (1996): Konfessioneller Religionsunterricht heute? Hintergründe – Kontroversen – Perspektiven. Tübingen

SCHMID, HANS (1997): Die Kunst des Unterrichtens. Ein praktischer Leitfaden für den Religionsunterricht. München

SCHNEIDER, JAN HEINRICH (2001): Art. Schulseelsorge. In: Lexikon der Religionspädagogik, hg. von NORBERT METTE/FOLKERT RICKERS. Bd. 2. Neukirchen-Vluyn, Sp. 1960–1961

SCHNEIDER, ULRICH (1983): Rollenkonflikte des Religionslehrers. Bedingungen ihrer Entstehung und Aspekte ihrer Bearbeitung. Frankfurt/M.

SCHNOTZ, W. (2001): Conceptual Change. In: D. H. ROST (Hg.): Handwörterbuch Pädagogische Psychologie. Weinheim, S. 75–81

SCHOLZ, GÜNTER (1994): Didaktik neutestamentlicher Wundergeschichten. Göttingen

SCHREIER, HELMUT (1991): Umweltethik. Zur Bestimmung von Unterrichtszielen angesichts der Unentschiedenheit der ethischen Diskussion: Was soll, was kann der nachwachsenden Generation vermittelt werden?. In: HARALD GESING/RAINER DOLLASE (Hg.): Umwelterziehung in der Primarstufe. Heinsberg

SCHWEITZER, FRIEDRICH (1996): Die Suche nach dem eigenen Glauben. Einführung in die Religionspädagogik des Jugendalters. Gütersloh

SCHWEITZER, FRIEDRICH (2000): Elementarisierung als religionspädagogische Aufgabe: Erfahrungen und Perspektiven. In: ZPT7 52, S. 240–252

SCHWEITZER FRIEDRICH (Hg.) (2003): Elementarisierung im Religionsunterricht. Erfahrungen, Perspektiven, Beispiele. Neukirchen-Vluyn

SCHWEITZER, FRIEDRICH/BIESINGER, ALBERT u. a. (2002): Gemeinsamkeiten stärken – Unterschieden gerecht werden. Erfahrungen und Perspektiven zum konfessionell-kooperativen Religionsunterricht. Freiburg

SCHWEITZER, FRIEDRICH/BIESINGER, ALBERT (2003): Konfessionelle Kooperation im Religionsunterricht – eine neue didaktische Herausforderung. In: F. SCHWEITZER (Hg.): Elementarisierung im Religionsunterricht. Erfahrungen, Perspektiven, Beispiele. Neukirchen-Vluyn, S. 133–145

SCHWEITZER, FRIEDRICH/CONRAD, JÖRG (2002): Globalisierung, Jugend und religiöse Sozialisation. Neue Herausforderungen für die Religionspädagogik?. In: Pastoraltheologie, H. 7, S. 293–307

Sekretariat der deutschen Bischofskonferenz (Hg.) (1993): Kunst und Kultur in der theologischen Aus- und Fortbildung. Arbeitshilfen Nr. 115. Bonn

Sekretariat der deutschen Bischofskonferenz (Hg.) (1996a): Liturgie und Bild. Eine Orientierungshilfe. Die deutschen Bischöfe – Liturgiekommission, Arbeitshilfe Nr. 132. Bonn

Sekretariat der Deutschen Bischofskonferenz (Hg.) (1996b): Die bildende Kraft des Religionsunterrichts. Zur Konfessionalität des katholischen Religionsunterrichts. Bonn

Sekretariat der deutschen Bischofskonferenz (Hg.) (2003a): Räume der Stille. Gedanken zur Bewahrung eines bedrohten Gutes in unseren Kirchen. Die deutschen Bischöfe – Liturgiekommission, Nr. 26. Bonn

Sekretariat der deutschen Bischofskonferenz (Hg.) (2003b): Missionarisch Kirche sein. Offene Kirchen – Brennende Kerzen – Deutende Worte. Bonn

Sekretariat der Deutschen Bischofskonferenz (Hg.) (2003c): Ecclesia de Eucharistia. Enzyklika von Papst Johannes Paul II. vom 17. 4. 2003 (zit. nach: Verlautbarungen des Apostolischen Stuhls Nr. 159). Bonn

Sekretariat der Deutschen Bischofskonferenz (Hg.) (2003d): Leitlinien für multireligiöse Feiern von Christen, Juden und Muslimen. Die deutschen Bischöfe – Liturgiekommission, Arbeitshilfe Nr. 170. Bonn

SÖLLE, DOROTHEE (1976): Plädoyer für das Glück. In: Dies.: Phantasie und Gehorsam. ^{7}Stuttgart, S. 48–55

STEINMETZ, AGNES (1998): Taufkatechumenat in der Schule? Reflexionen über die Hinführung zur Taufe im Religionsunterricht und die Taufe während eines Schulgottesdienstes. In: GOTTFRIED BITTER/ALBERT GERHARDS (Hg.): Glauben lernen – Glauben feiern. Katechetisch-liturgische Versuche und Klärungen. Praktische Theologie heute, Bd. 30. Stuttgart/Berlin/Köln, S. 137–141

STRACKE, GOTTFRIED (2000): Bilder des Himmels in Köln. Kunstgeschichtliche Forschungen zu den geistlichen Strukturen der Stadt. In: ALBERT GERHARDS/ANDREAS ODENTHAL: Kölnische Liturgie und ihre Geschichte. Studien zur interdisziplinären Erforschung des Gottesdienstes im Erzbistum Köln. Münster, S. 98–126

STÜBIG, F./BOSSE, D./LUDWIG, P. (2002): Zur Wirksamkeit von fächerübergreifendem Unterricht. Eine empirische Untersg. der Sicht von Schülerinnen und Schülern. Kassel

STÜBIG, FRAUKE/BOSSE, DORIT/LUDWIG, PETER (2003): Über das Fach hinaus. Fächerübergreifender Unterricht im Urteil von Schülerinnen und Schülern. In: Die Deutsche Schule 95/2, S. 206–219 (Kurzfassung des Buches von 2002).

STÜTZER, HERBERT ALEXANDER (1991): Frühchristliche Kunst in Rom. Köln

TERHART, EWALD (1994): Berufsbiographien von Lehrern und Lehrerinnen. Frankfurt/M.

THEIS, JOACHIM (vorauss. Ende 2004): Biblische Texte verstehen lernen. Eine bibeldidaktische Studie mit einer empirischen Studie zum Gleichnis vom barmherzigen Samariter. Stuttgart/Berlin/Köln

TREPP, LEO (1992): Der jüdische Gottesdienst. Gestalt und Entwicklung. Stuttgart

TSCHIRCH, REINMAR (1997): Biblische Geschichten erzählen. Stuttgart

TURCAN, ROBERT (1998): Die Christianisierung Roms und die Kunst. In: Rom und die Bibel. Welt und Umwelt der Bibel, H. 8, S. 4–12

UHL, FLORIAN/BEOLDERL, ARTUR R. (Hg.) (1999): Rituale. Zugänge zu einem Phänomen. Düsseldorf/Bonn

VORGRIMLER, HERBERT (1993): Geschichte der Hölle. München

VORGRIMLER, H. (2004): Karl Rahner. Gotteserfahrung in Leben und Denken. Darmstadt

WEGENAST, KLAUS (1999): Wundergeschichten im Unterricht – ein religionspädagogisches Doppelproblem. Zeitschrift für Pädagogik und Theologie 51, S. 32–46

WEISER, A. (1982): Was die Bibel Wunder nennt. [5]Stuttgart

WEISSMAHR, BÉLA (1973): Gottes Wirken in der Welt. Ein Diskussionsbeitrag zur Frage der Evolution und des Wunders. Frankfurt

WERMKE, MICHAEL (2002): Religion in Gottesdienst und Unterricht. Von den zwei Seiten einer Medaille. In: Ders. (Hg.): Aus gutem Grund: Religionsunterricht. Göttingen

WERMKE, MICHAEL/STEINKÜHLER, MARTINA (2002): Reli ist okay. Schülerinnen erzählen von ihrem Religionsunterricht. In: MICHAEL WERMKE (Hg.): Aus gutem Grund: Religionsunterricht. Göttingen, S. 9–13

WESEL, U. (1989): The pursuit of happiness. Von den Verheißungen der Demokratie. Kursbuch 95: Das Glück, S. 21–29

WITTGENSTEIN, LUDWIG (1984): Tractatus logico-philosophicus. Werkausgabe, Bd. 1. Frankfurt/M., S. 7–85

WÜPPER, ANTJE (2000): Wahrnehmen lernen – Aspekte religionspädagogischer Bildbetrachtung am Beispiel religiöser Kunst des Expressionismus. Münster

ZIEBERTZ, HANS-GEORG/KALBHEIM, BORIS/RIEGEL, ULRICH (2003): Religiöse Signaturen heute. Ein religionspäd. Beitr. zur emp. Jugendforschung. Gütersloh/Freiburg

ZIEGLER, TOBIAS (2001): Abschied von Jesus, dem Gottessohn? Christologische Fragen Jugendlicher als religionspädagogische Herausforderung. In: GERHARD BÜTTNER/JÖRG THIERFELDER (Hg.) (2001): Trug Jesus Sandalen? Kinder und Jugendliche sehen Jesus Christus. Göttingen, S. 106–139

ZIEGLER, TOBIAS (2003): Jesus-Bilder Jugendlicher – in elementarisierender Perspektive. In: FRIEDRICH SCHWEITZER (Hg.) (2003): Elementarisierung im Religionsunterricht. Erfahrungen, Perspektiven, Beispiele. Neukirchen-Vluyn, S. 161–186

ZIRKER, H. (1983): Jesusgeschichten als phantastische Literatur: Der Evangelische Erzieher 35, S. 228–243

Register